高等职业教育"十四五"系列教材

高等职业教育土建类专业"互联网+"数字化创新教材

安装工程计量与计价

梅　钢　主　编
严晓红　吴　丹　陈明月　副主编
苟　洁　主　审

中国建筑工业出版社

图书在版编目（CIP）数据

安装工程计量与计价 / 梅钢主编；严晓红，吴丹，
陈明月副主编. — 北京：中国建筑工业出版社，2024.2（2025.8重印）
高等职业教育"十四五"系列教材 高等职业教育土
建类专业"互联网＋"数字化创新教材
ISBN 978-7-112-29549-4

Ⅰ. ①安… Ⅱ. ①梅… ②严… ③吴… ④陈… Ⅲ.
①建筑安装-工程造价-高等职业教育-教材 Ⅳ.
①TU723.3

中国国家版本馆 CIP 数据核字（2023）第 253456 号

本书共包括 5 个教学单元，分别为给排水工程计量与计价、消防工程计量
与计价、采暖工程计量与计价、通风空调工程计量与计价和电气工程计量与
计价。

本书适用于高等职业教育工程造价、建设工程管理、建设项目信息化管理
等专业教学，也可作为二级造价师（安装）的培训教材。

为方便教师授课，本教材作者自制免费课件并提供习题答案，索取方式
为：1. 邮箱 jckj@cabp.com.cn；2. 电话（010）58337285；3. 建工书院
http://edu.cabplink.com。

责任编辑：李天虹
责任校对：芦欣甜
校对整理：张惠雯

高等职业教育"十四五"系列教材
高等职业教育土建类专业"互联网＋"数字化创新教材

安装工程计量与计价

梅 钢 主 编
严晓红 吴 丹 陈明月 副主编
苟 洁 主 审

*

中国建筑工业出版社出版、发行（北京海淀三里河路 9 号）
各地新华书店、建筑书店经销
北京鸿文瀚海文化传媒有限公司制版
北京市密东印刷有限公司印刷

*

开本：787 毫米×1092 毫米 1/16 印张：15¼ 字数：376 千字
2024 年 1 月第一版 2025 年 8 月第二次印刷
定价：**48.00** 元（赠教师课件）
ISBN 978-7-112-29549-4
（42113）

前　言

本书共包括 5 个教学单元，分别为给排水、消防、采暖、通风空调、电气工程计量与计价。教学单元 1 涵盖了给排水管道、卫生器具、水表、阀门、支架、套管，教学单元 2 涵盖了消防管道、室内消火栓、灭火器、水喷头、水流指示器、阀门、支架、套管，教学单元 3 涵盖了采暖管道、供暖器具、热量表、阀门、支架、套管、刷油、绝热，教学单元 4 涵盖了通风管道、通风管道部件、空调设备、空调水管道及附件、刷油、绝热，教学单元 5 涵盖了配电箱、灯具、开关、插座、电缆、配管、配线。每个教学单元首先引入工程案例，然后逐项介绍教学单元所涵盖内容的工程量计算规则以及计算过程，得到每个分项工程的工程量，随后介绍了安装工程费用组成、计价程序以及按系数计取的费用，最后对各项工程用工程量清单计价或者全费用基价表清单计价得到最终工程造价。

本书编制的特色主要体现在以下几个方面：

（1）以《湖北省通用安装工程消耗量定额及全费用基价表》（2018）、《湖北省建筑安装工程费用定额》（2018）、《通用安装工程工程量计量规范》GB 50856—2013 为编写依据。

（2）将清单计算规则与定额计算规则分开列项比较，计算规则更加清晰明确，提高了工程量计算的准确性。

（3）系统性强，按照引入工程案例→分析计算规则→计算工程量→编制工程量综合单价分析表→编制工程清单与计价表的工作顺序展开进行，计量与计价思路清晰。

（4）配套了视频、课件、定额、规范、图集等数字资源，可扫描二维码获取。

（5）实用性强，适用于工程造价、建设工程管理、建设项目信息化管理等专业学生进行安装工程计量与计价的学习，也可作为二级造价师（安装）的培训教材。

本书主要针对安装工程案例的计量和计价，因此需要读者掌握一定的安装工程识图知识并具备一定的计算操作能力，方可达到最佳的学习效果。

本书由武汉交通职业学院交通工程学院教师梅钢担任主编，武汉交通职业学院交通工程学院工程管理教研室副主任严晓红、武汉交通职业学院交通工程学院教师吴丹、中建四局安装工程有限公司经理陈明月担任副主编，中建四局安装工程有限公司经理石益广担任参编，武汉交通职业学院交通工程学院副院长苟洁担任主审。由于编者水平有限，书中难免有不妥之处，敬请读者谅解。

目 录

Chapter 01

教学单元1
给排水工程计量与计价

知识目标

- 掌握给排水管道、卫生器具、水表、阀门、支架、套管的工程量计算规则；
- 掌握安装工程费用的组成及计价程序；
- 掌握给排水工程定额中按系数计取费用的计算方法。

能力目标

- 能够准确计算给排水工程的工程量；
- 能够准确编制给排水管道及附件的工程量清单综合单价分析表；
- 能够准确编制给排水工程清单与计价表。

素质目标

- 培养学生主动学习的意识、团队协作的能力以及严谨求实的态度；
- 培养学生实事求是的职业操守和敬业精神；
- 培养学生独立思考、做事认真负责的习惯。

1.1 给排水工程案例

1.1.1 给排水设计说明

（1）本工程为某办公楼室内给排水工程，地上 4 层，地下 1 层，建筑总高度为 14.4m。给水采用下行上给式系统，排水采用污废合流式系统。

（2）给水管道采用 PPR 管，热熔连接。排水管采用 UPVC 管，粘接连接。

（3）洗脸盆安装详见后文图 1-9，蹲式大便器安装详见图 1-12，小便器安装详见图 1-13，地漏采用不锈钢地漏，地面清扫口材质同排水管材质，阀门采用全铜截止阀。

（4）给水系统施工完毕后进行静水压力试验，试验压力为 0.6MPa；排水系统安装完毕后进行灌水试验，施工完毕后再进行通水、通球试验。

（5）给水进户管、排水排出管穿越基础外墙处宜设置刚性防水套管；给水干、立管穿墙及楼板处宜设置一般钢套管；排水干管穿墙处宜设置一般钢套管，排水立管穿楼板处预留孔洞即可，不需设置套管。

（6）未尽事宜按现行施工及验收规范的有关内容执行。

1.1.2 给排水图纸

本案例只画出了男卫生间的给排水平面图和系统图，如图 1-1～图 1-7 所示。图中标注尺寸标高以"m"计，其余均以"mm"计。

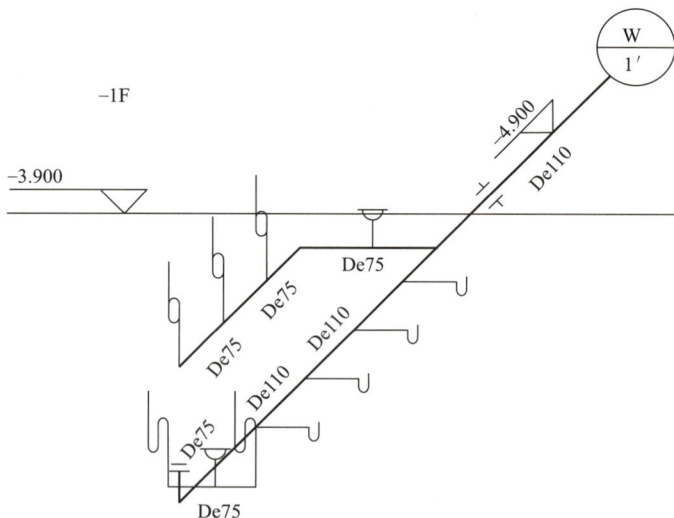

图 1-1　负一层排水系统图详图

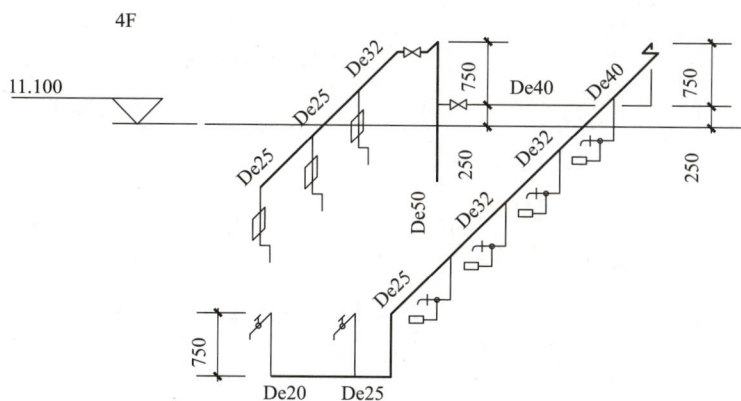

图 1-2　四层给水系统图详图

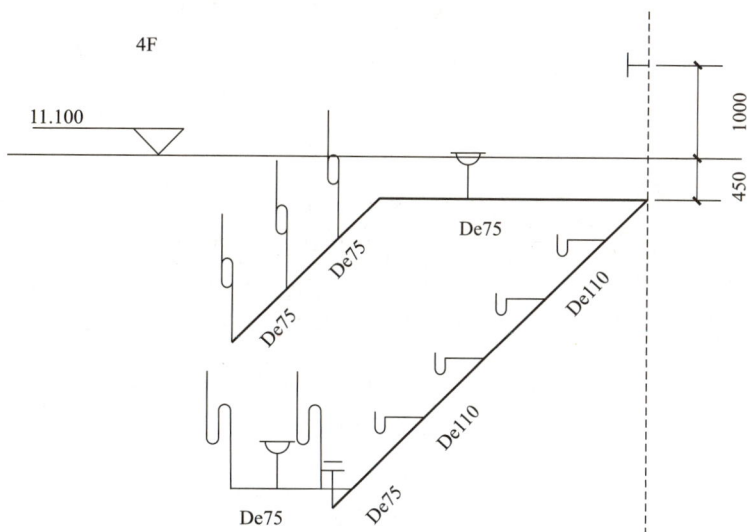

图 1-3　四层排水系统图详图

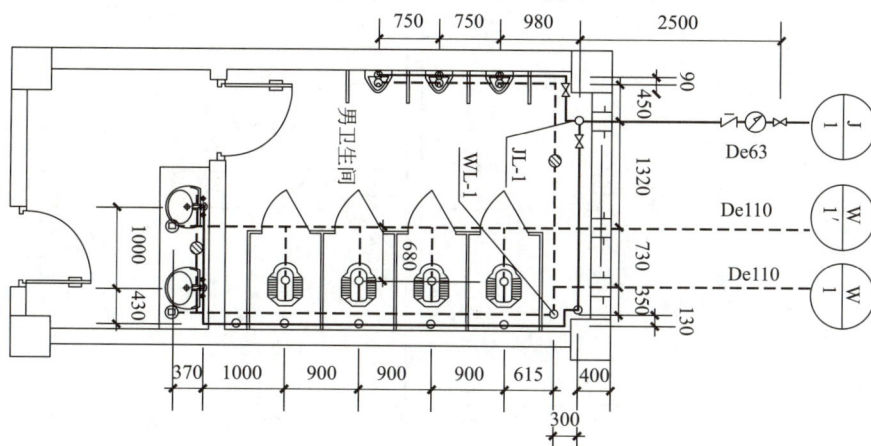

图 1-4　负一层卫生间给排水平面图

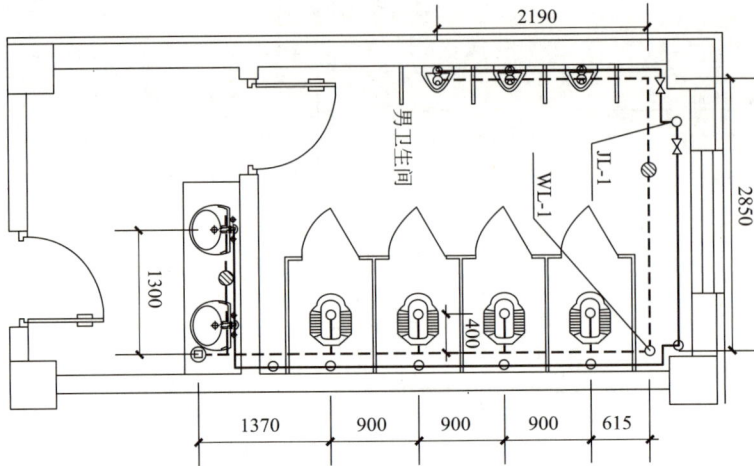

图 1-5　一至四层卫生间给排水平面图

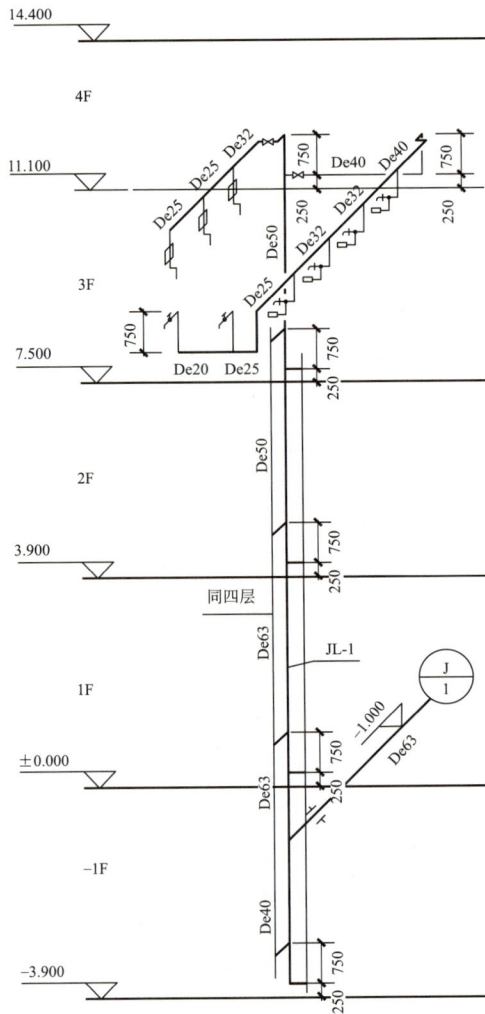

图 1-6　给水系统图

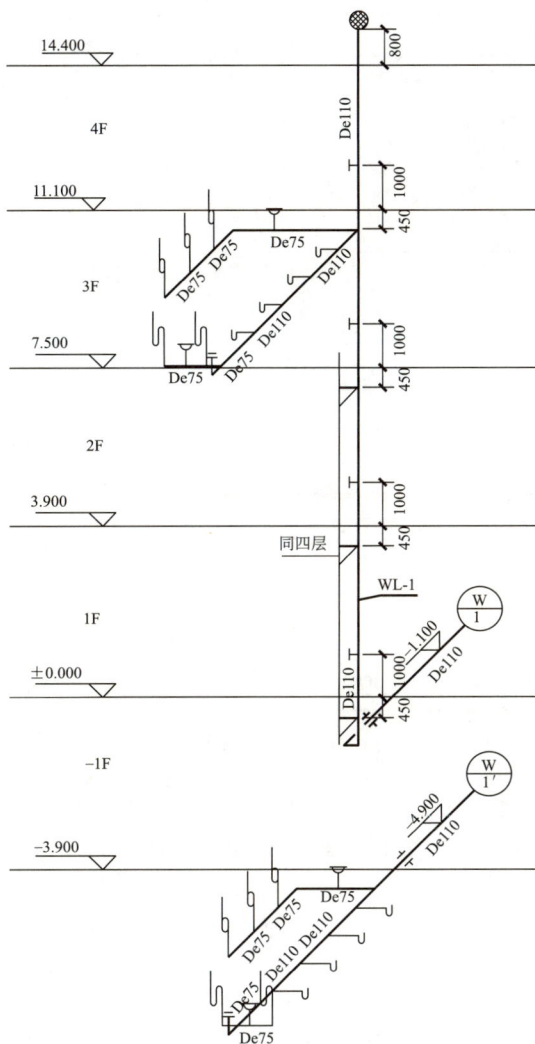

图 1-7　排水系统图

1.2　给排水管道计量

1.2.1　室内外管道界限划分

给水管道：以建筑物外墙皮 1.5m 为界，建筑物入口处设阀门者以阀门为界。

排水管道：以出户第一个排水检查井为界，无检查井时以出户距外墙皮 3m 为界。

如图 1-8 所示为室内外管道界限划分。

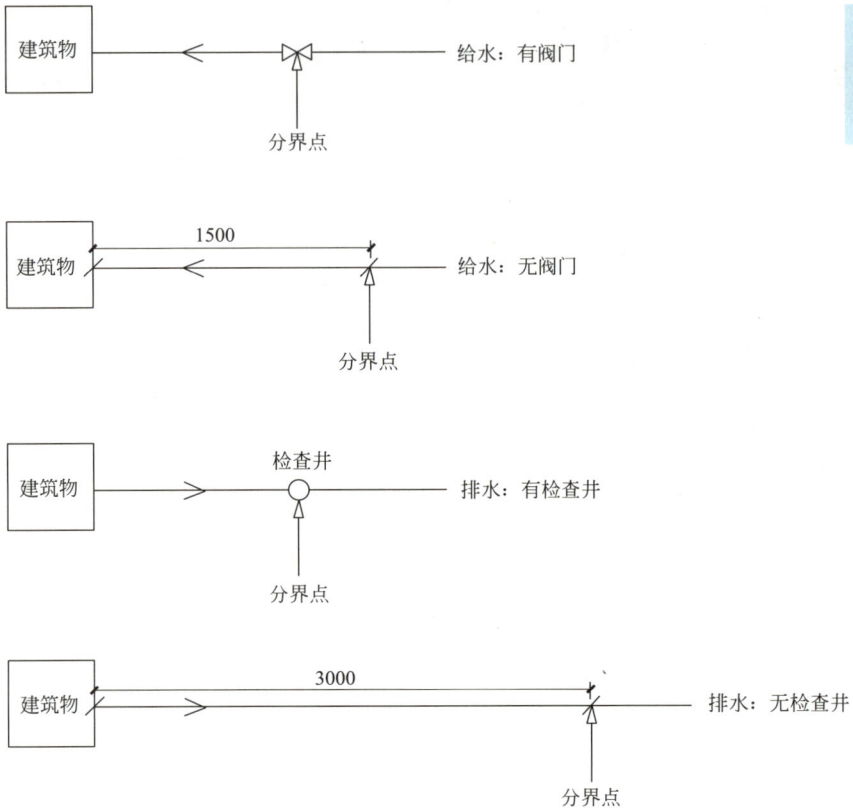

图 1-8　室内外管道界限划分

1.2.2　管道工程量计算规则

（1）清单计算规则：各类管道安装工程量均按设计图示管道中心线以长度计算，以"m"为计量单位，不扣除阀门、管件（包括减压器、疏水器、水表、伸缩器等组成安装）及附属构筑物所占长度；方形补偿器以其所占长度列入管道安装工程量。

如表 1-1 所示为管道工程量清单项目设置、项目特征描述的内容、计量单位及工程量计算规则。

管道工程量清单查询表　　　　　　　　　　　　　　　表 1-1

项目编码	项目名称	项目特征	计量单位	工程量计算规则
031001001	镀锌钢管	1. 安装部位 2. 介质 3. 规格、压力等级 4. 连接形式	m	按设计图示管道中心线以长度计算
031001002	钢管			
031001003	不锈钢管			
031001004	铜管			

项目编码	项目名称	项目特征	计量单位	工程量计算规则
031001005	铸铁管	1. 安装部位 2. 介质 3. 材质、规格 4. 连接形式	m	按设计图示管道中心线以长度计算
031001006	塑料管			
031001007	复合管			

注意：

1. 安装部位：指管道安装在室内、室外。

2. 介质：包括给水、排水、中水、雨水、热媒体、燃气、空调水等。

3. 方形补偿器制作安装：应包含在管道安装综合单价中。

4. 铸铁管安装：适用于承插铸铁管、球墨铸铁管、柔性抗震铸铁管等。

5. 塑料管安装：适用于 UPVC、PVC、PP-C、PP-R、PE、PB 管等塑料管材。

6. 复合管安装：适用于钢塑复合管、铝塑复合管、钢骨架复合管等复合型管道安装。

7. 排水管道安装：包括立管检查口、透气帽。

（2）定额计算规则：各类管道安装按室内外、材质、连接形式、规格分别列项，工程量均按设计管道中心线长度，以"10m"为计量单位，不扣除阀门、管件、附件（包括器具组成）及井类所占长度；定额中铜管、塑料管、复合管（除钢塑复合管外）按公称外径表示，其他管道均按公称直径表示。塑料管、复合管、铜管的公称直径与公称外径对照表如表 1-2 所示。

塑料管、复合管、铜管公称直径与公称外径对照表　　　　表 1-2

公称直径 DN(mm)	公称外径 De(mm)	
	塑料管、复合管	铜管
15	20	18
20	25	22
25	32	28
32	40	35
40	50	42
50	63	54
65	75	76
80	90	89
100	110	108
125	125	—
150	160	—
200	200	—
250	250	—
300	315	—
400	400	—

1.2.3　管道与卫生器具的分界点

　　给水管分界点：给水管道工程量计算至卫生器具（含附件）前与管道系统连接的第一个连接件（角阀、三通、弯头、管箍等）。

　　排水管分界点：排水管道工程量自卫生器具出口处的地面或墙面的设计尺寸算起；与地漏连接的排水管道自地面设计尺寸算起，不扣除地漏所占长度。

　　如图 1-9～图 1-14 所示分别为洗脸盆、洗涤盆、坐式大便器、蹲式大便器、小便器、淋浴器的安装图。

　　（1）洗脸盆（以单柄水嘴挂墙式洗脸盆为例）

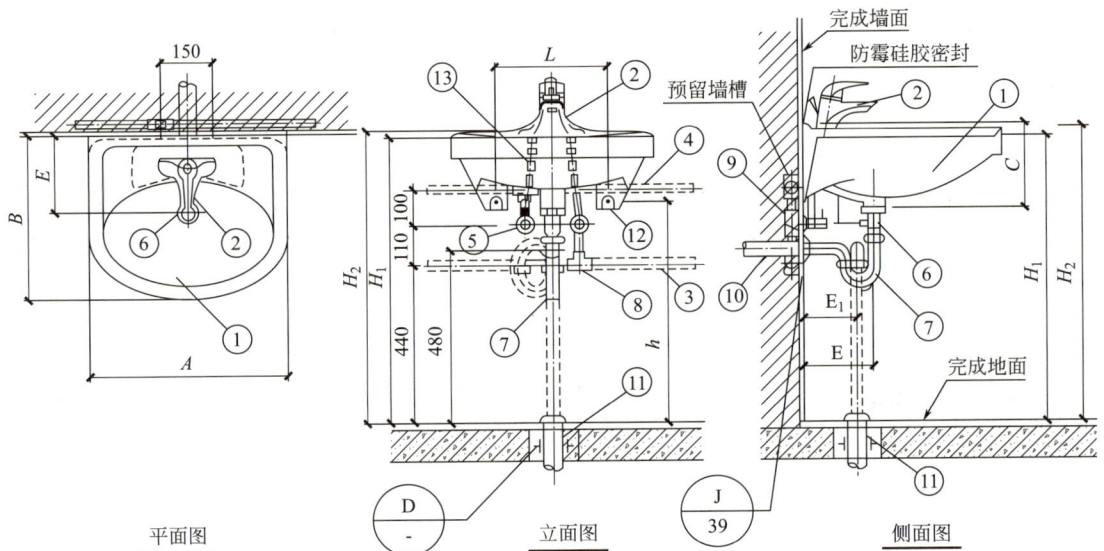

平面图　　　　　　　　　　　立面图　　　　　　　　　　侧面图

主要材料表

编号	名称	规格	材料	单位	数量
1	挂墙式洗脸盆	4″水嘴用	陶瓷	个	1
2	4″单柄混合水嘴	DN15	铜镀铬	个	1
3	冷水管	按设计	按设计	m	—
4	热水管	按设计	按设计	m	—
5	角式截止阀	DN15	铜镀铬	个	2
6	提拉排水栓	DN32	铜镀铬	套	1
7	存水弯	DN32	铜镀铬	个	1
8	三通	按设计	按设计	个	2
9	内螺纹弯头	DN15	按设计	个	2
10	排水管	dn40	PVC-U	m	1
11	排水管	dn50	PVC-U	m	—
12	挂钩或固定螺栓	配套	配套	套	1
13	进水软管	DN15	不锈钢	根	2

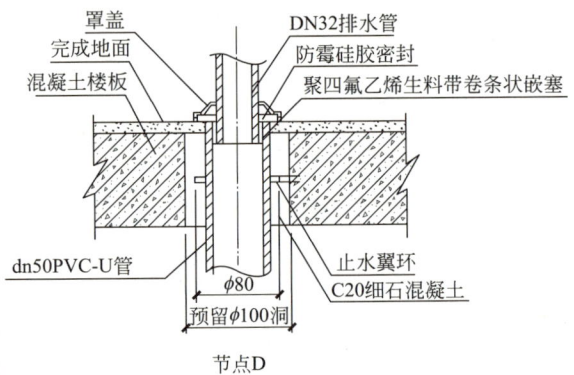

节点D

图 1-9　单柄水嘴挂墙式洗脸盆安装图

给水分界点：角式截止阀处（编号5），图中标高为地面标高＋0.55m。

排水分界点：完成地面或完成墙面处。

（2）洗涤盆（以单柄水嘴双槽厨房洗涤盆为例）

给水分界点：角式截止阀处（编号3），图中标高为地面标高＋0.55m。

排水分界点：完成地面或完成墙面处。

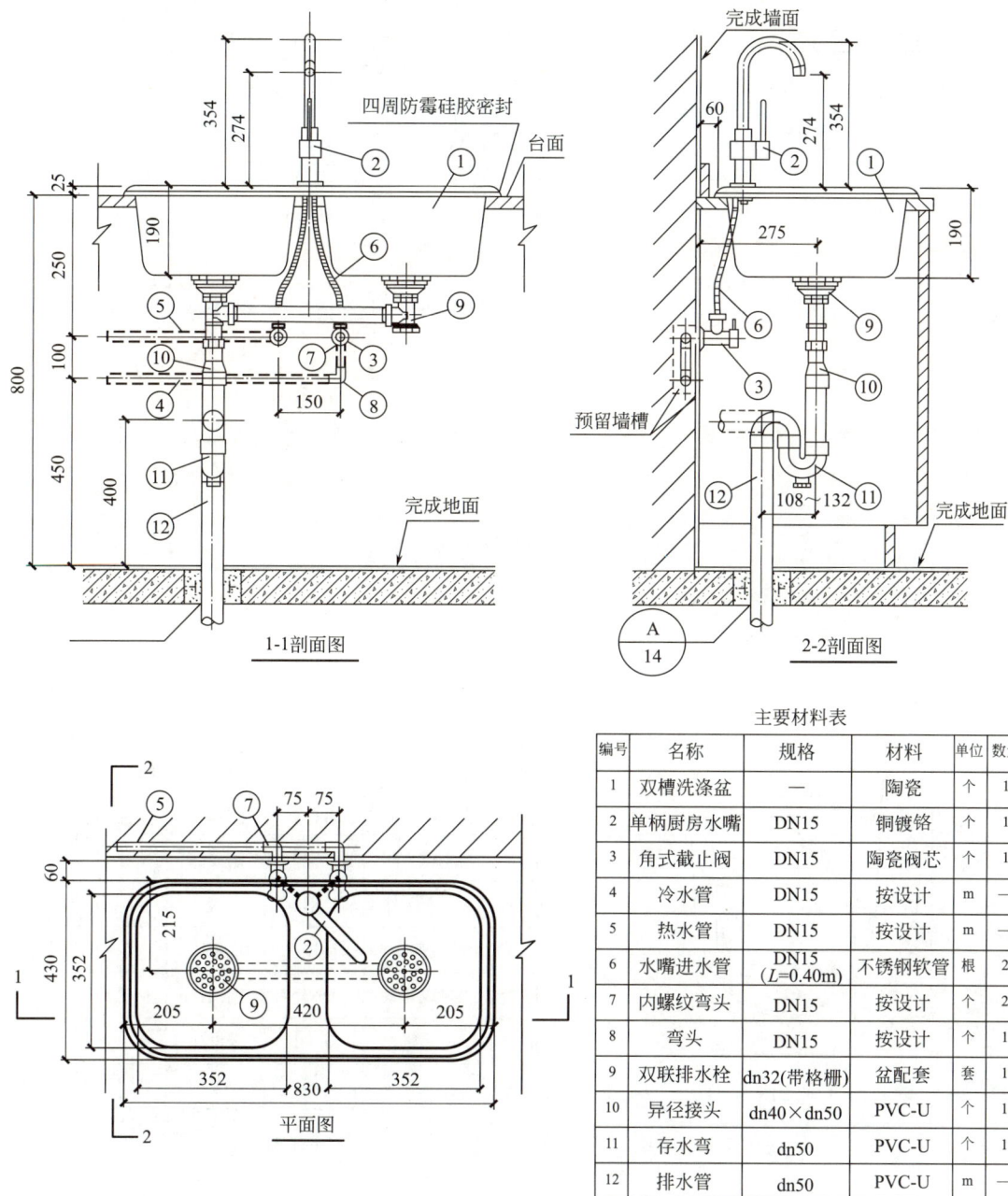

主要材料表

编号	名称	规格	材料	单位	数量
1	双槽洗涤盆	—	陶瓷	个	1
2	单柄厨房水嘴	DN15	铜镀铬	个	1
3	角式截止阀	DN15	陶瓷阀芯	个	1
4	冷水管	DN15	按设计	m	—
5	热水管	DN15	按设计	m	—
6	水嘴进水管	DN15 (L=0.40m)	不锈钢软管	根	2
7	内螺纹弯头	DN15	按设计	个	2
8	弯头	DN15	按设计	个	1
9	双联排水栓	dn32(带格栅)	盆配套	套	1
10	异径接头	dn40×dn50	PVC-U	个	1
11	存水弯	dn50	PVC-U	个	1
12	排水管	dn50	PVC-U	m	—

图1-10　单柄水嘴双槽厨房洗涤盆安装图

（3）坐式大便器（以连体式下排水坐便器为例）

给水分界点：角式截止阀处（编号2），图中标高为地面标高＋0.15m。

排水分界点：完成地面或完成墙面处。

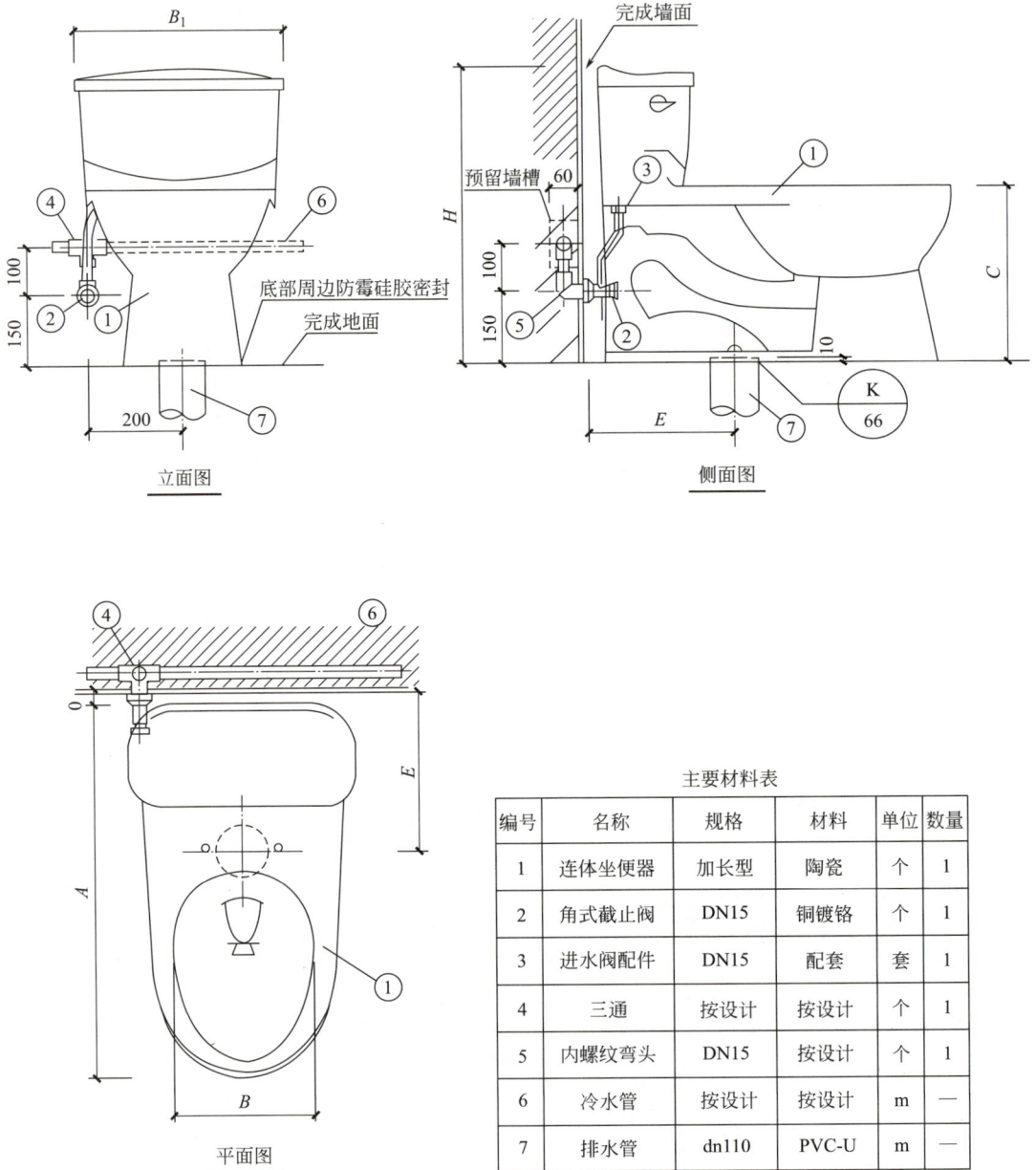

立面图

侧面图

平面图

主要材料表

编号	名称	规格	材料	单位	数量
1	连体坐便器	加长型	陶瓷	个	1
2	角式截止阀	DN15	铜镀铬	个	1
3	进水阀配件	DN15	配套	套	1
4	三通	按设计	按设计	个	1
5	内螺纹弯头	DN15	按设计	个	1
6	冷水管	按设计	按设计	m	—
7	排水管	dn110	PVC-U	m	—

图 1-11　连体式下排水（普通连接）坐便器安装图

（4）蹲式大便器（以液压脚踏冲洗阀蹲式大便器为例）

给水分界点：冲洗弯头处（编号 3），与冷水管的高差为 0.105m。

排水分界点：完成地面处。

主要材料表

编号	名称	规格	材料	单位	数量
1	蹲式大便器	有遮挡、无水封	陶瓷	个	1
2	液压蹲便器冲洗阀	6004-2B	不锈钢、铜	个	1
3	冲洗弯头	DN25	钢镀铬	个	1
4	内螺纹弯头	DN25	按设计	个	1
5	冷水管	按设计	按设计	m	—
6	三通	按设计	按设计	个	1
7	防污器	DN32	钢镀铬	个	1
8	冲洗弯管	DN32	不锈钢	根	1
9	胶皮碗	—	橡胶	个	1
10	液压脚踏开关	110×80×45	不锈钢, ABS, 铜	个	1
11	液压管	φ6×1	PE(配套)	m	2.60
12	穿线管	dn25	PVC-U	m	1.30
13	45°弯头	dn25	PVC-U	个	1
14	90°弯头	dn25	PVC-U	个	2
15	排水管	dn110	PVC-U	m	—
16	存水弯	dn110	PVC-U	个	1
17	顺水三通	dn110	PVC-U	个	1

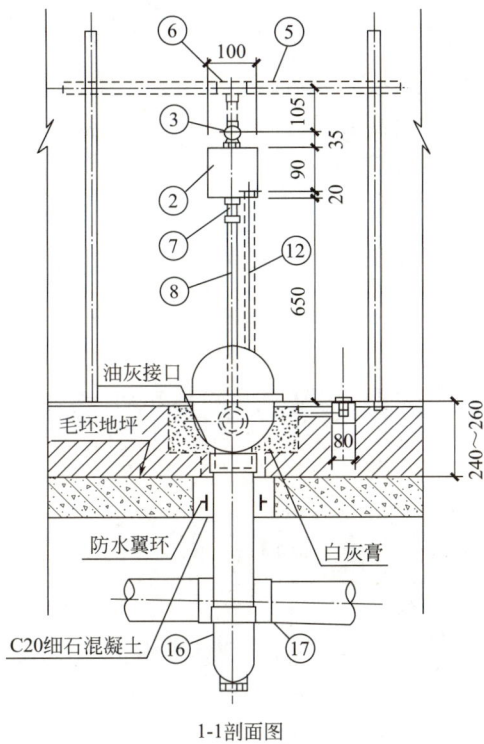

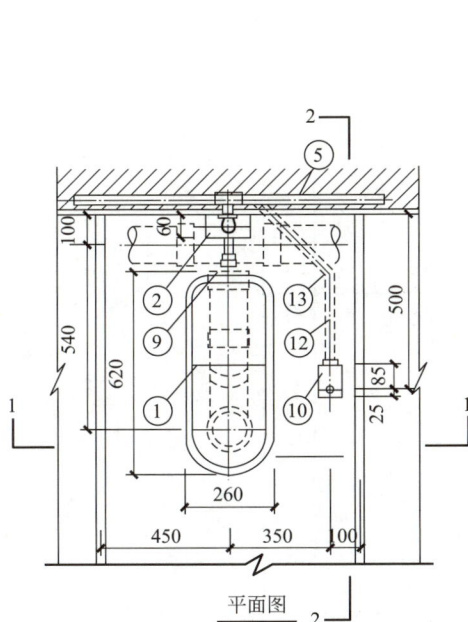

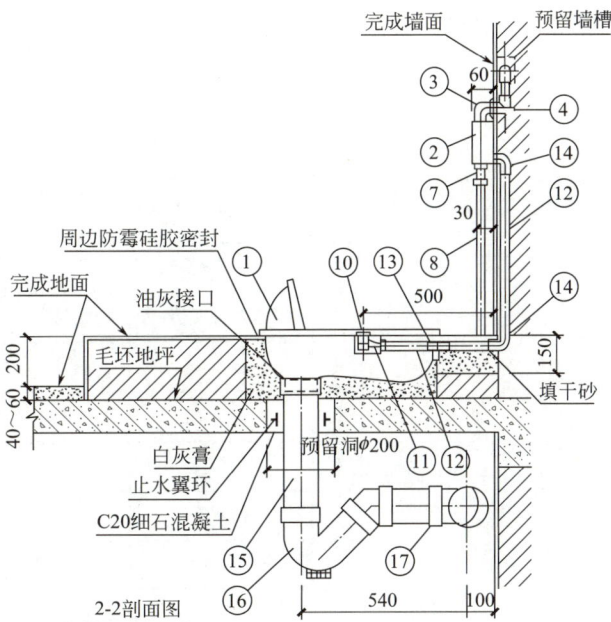

图 1-12　液压脚踏冲洗阀蹲式大便器安装图

（5）小便器（以自闭式冲洗阀落地式小便器为例）

给水分界点：自闭式冲洗阀处（编号2），与冷水管的高差为0.1m。

排水分界点：完成地面处。

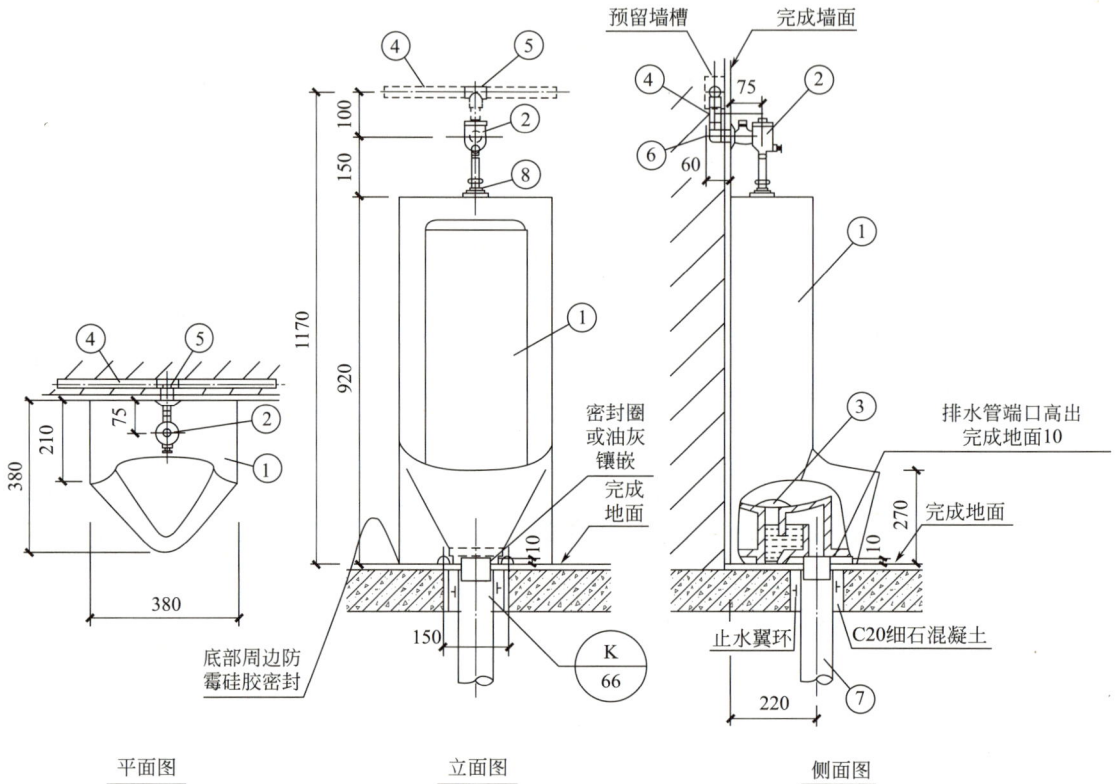

平面图　　　　　　立面图　　　　　　侧面图

主要材料表

编号	名称	规格	材料	单位	数量
1	落地式小便器	带水封	陶瓷	个	1
2	自闭式冲洗阀	DN15	铜镀铬	个	1
3	水封脱臭器	配套	陶瓷	个	1
4	冷水管	按设计	按设计	m	—
5	三通	按设计	按设计	个	1
6	内螺纹弯头	DN15	按设计	个	1
7	排水管	dn50	PVC-U	m	—
8	进水口连接件	TUP01-16	铜镀铬	个	1

图 1-13　自闭式冲洗阀落地式小便器安装图

（6）淋浴器（以调温阀挂墙式淋浴器为例）

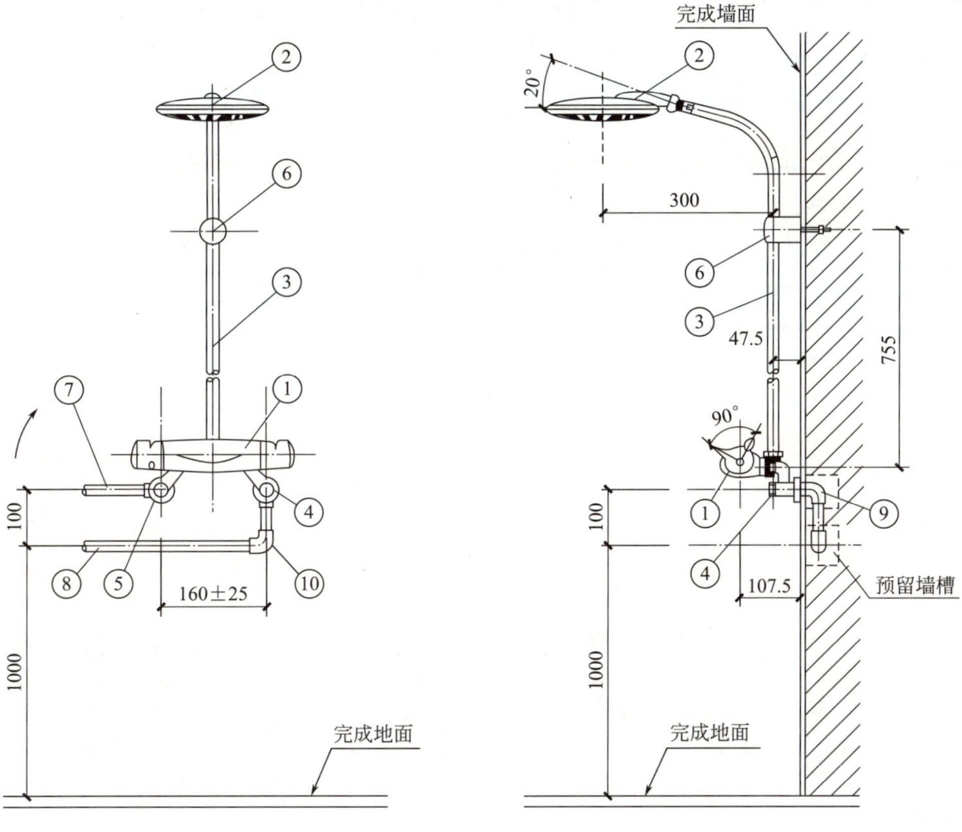

立面图

侧面图

平面图

主要材料表

编号	名称	规格	材料	单位	数量
1	淋浴调温阀	DN15	铜镀铬	套	1
2	挂墙式莲蓬头	DN15	铜镀铬(配套)	个	1
3	连接硬管	DN15	铜镀铬(配套)	根	1
4	角式截止阀	DN15	铜镀铬(配套)	个	2
5	装饰盖	—	铜镀铬(配套)	个	2
6	莲蓬头支架	—	铜镀铬(配套)	个	1
7	热水管	DN15	按设计	m	—
8	冷水管	DN15	按设计	m	—
9	内螺纹弯头	DN15	按设计	个	2
10	90°弯头	DN15	按设计	个	1

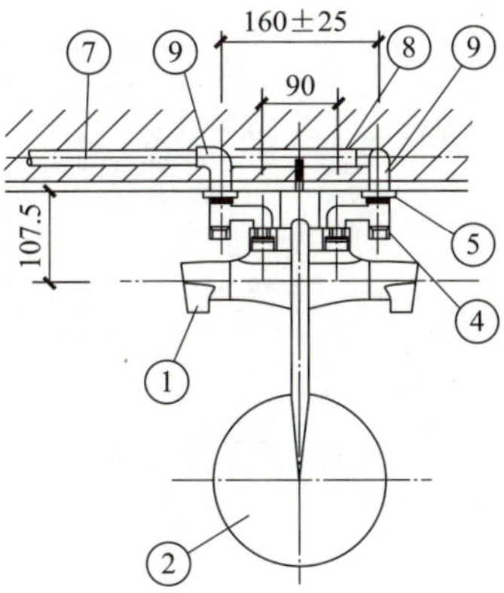

图 1-14 调温阀挂墙式淋浴器安装图

给水分界点：角式截止阀处（编号4），图中标高为地面标高＋1.1m。

排水分界点：完成地面处。

1.2.4　工程量计算

下面对1.1节中的给排水工程案例进行管道工程量计算，编制给排水管道工程量汇总表，如表1-3所示。

给排水管道工程量汇总表　　　　　　　　　　　　　　表1-3

名称	单位	计算式	工程量
PPR管 De63（热熔连接）	m	2.5(入口处以阀门为界)(进户管)+[(3.9+0.25+0.75)−(−1)](总立管) 其中超过3.6m部分:0.3(1F)+0.3(−1F)=0.6m	8.4
PPR管 De50（热熔连接）	m	[(11.1+0.25)−(3.9+0.25+0.75)](总立管)	6.45
PPR管 De40（热熔连接）	m	[(−1)−(−3.9+0.25)](总立管)+[1.32+0.73+0.35+0.13+0.75(立管)+0.3+0.615]×5(负一至四层)	23.625
PPR管 De32（热熔连接）	m	0.75(总立管)+[(0.98+0.09+0.45)(小便器处)+0.9×3(蹲便器处)+0.105×4(图1-12中与蹲便器分界线处)]×5(负一至四层)	23.95
PPR管 De25（热熔连接）	m	[0.75×2(小便器处)+(1+0.43+0.75立管)(大便器和洗脸盆处)]×5(负一至四层)	18.4
PPR管 De20（热熔连接）	m	[1(洗脸盆处)+0.1×3(图1-13中与小便器分界线处)+(0.55−0.25)×2(图1-9中与洗脸盆分界线处)]×5(负一至四层)	9.5
UPVC管 De50（粘接连接）	m	负一层:1×3(图1-13中与小便器分界处)+1×2(与地漏分界处)+1×2(图1-9中与洗脸盆分界处) 一至四层:[0.45×3(图1-13中与小便器分界处)+0.45×2(与地漏分界处)+0.45×2(图1-9中与洗脸盆分界处)]×4	19.6
UPVC管 De75（粘接连接）	m	负一层:(0.75×2+0.98−0.3+0.45+1.32)(小便器处)+(1+0.37+1)(大便器和洗脸盆处)+1(与清扫口分界处) 一至四层:(2.19+2.85+1.3+1.37)×4+0.45×4(与清扫口分界处)	39.96
UPVC管 De110（粘接连接）	m	负一层:0.9×3+0.615(蹲便器处)+(0.3+0.4+3)(排出管)+(1+0.68)×4(图1-12中与蹲便器分界处) 一至四层:(0.9×3+0.615)×4+[(14.4+0.8)−(−1.1)](总立管)+(0.35+0.3+0.4+1.5)(排出管)+(0.45+0.4)×4×4(图1-12中与蹲便器分界处) 其中超过3.6m部分:0.3(一层)+0.3(负一层)=0.6m	59.445

1.3　卫生器具计量

1.3.1　清单计算规则

各种卫生器具均按设计图示数量计算，浴缸、洗脸盆、洗涤盆、大便器、小便器、其他成品卫生器具以"组"为计量单位，淋浴器以"套"为计量单位，给排水附（配）件以"个（组）"为计量单位。

如表 1-4 所示为卫生器具工程量清单项目设置、项目特征描述的内容、计量单位及工程量计算规则。

卫生器具工程量清单查询表　　　　　　　　　表 1-4

项目编码	项目名称	项目特征	计量单位	工程量计算规则
031004001	浴缸	1. 材质 2. 规格、类型 3. 组装形式 4. 附件名称、数量	组	按设计图示数量计算
031004003	洗脸盆			
031004004	洗涤盆			
031004006	大便器			
031004007	小便器			
031004008	其他成品卫生器具			
031004010	淋浴器	1. 材质、规格 2. 组装形式 3. 附件名称、数量	套	
031004014	给排水附（配）件	1. 材质 2. 型号、规格 3. 安装方式	个（组）	

注意：

1. 成品卫生器具项目中的附件安装：主要指给水附件包括水嘴、阀门、喷头等，排水附件包括存水弯、排水栓、下水口等以及配备的连接管。

2. 洗脸盆：适用于洗脸盆、洗发盆、洗手盆安装。

3. 给排水附（配）件：指独立安装的水嘴、地漏、地面扫除口等。

1.3.2　定额计算规则

各种卫生器具均按设计图示数量计算，以"10 组"或"10 套"为计量单位。

各类卫生器具安装项目除另有标注外，均适用于各种材质。

各类卫生器具安装项目包括卫生器具本体、配套附件、成品支托架安装。各类卫生器具配套附件是指给水附件（水嘴、金属软管、阀门、冲洗管、喷头等）和排水附件（下水口、排水栓、存水弯、与地面或墙面排水口间的排水连接管等）。

1.3.3 工程量计算

下面对 1.1 节中的给排水工程案例进行卫生器具工程量计算，编制卫生器具工程量汇总表，如表 1-5 所示。

卫生器具工程量汇总表   表 1-5

名称	单位	计算式	工程量
洗脸盆	组	2×5（负一层、一层、二层、三层、四层）	10
蹲便器	组	4×5（负一层、一层、二层、三层、四层）	20
小便器	组	3×5（负一层、一层、二层、三层、四层）	15
地漏 De50	个	2×5（负一层、一层、二层、三层、四层）	10
清扫口 De75	个	1×5（负一层、一层、二层、三层、四层）	5

1.4 水表、阀门计量

1.4.1 清单计算规则

各种水表均按设计图示数量计算，以"组（个）"为计量单位；阀门按设计图示数量计算，以"个"为计量单位。

如表 1-6 所示为水表、阀门工程量清单项目设置、项目特征描述的内容、计量单位及工程量计算规则。

水表、阀门工程量清单查询表   表 1-6

项目编码	项目名称	项目特征	计量单位	工程量计算规则
031003001	螺纹阀门	1. 类型 2. 材质 3. 规格、压力等级 4. 连接形式	个	按设计图示数量计算
031003002	螺纹法兰阀门			
031003003	焊接法兰阀门			
031003013	水表	1. 安装部位（室内外） 2. 型号、规格 3. 连接形式 4. 附件配置	组（个）	

注意：法兰阀门安装包括法兰连接，不得另计。阀门安装如仅为一侧法兰连接时，应在项目特征中描述。

1.4.2　定额计算规则

各种阀门、普通水表、IC 卡水表安装，均按照不同连接方式、公称直径，以"个"为计量单位。

水表组成安装，按照不同组成结构、连接方式、公称直径，以"组"为计量单位。

1.4.3　工程量计算

下面对 1.1 节中的给排水工程案例进行水表、阀门工程量计算，编制水表、阀门工程量汇总表，如表 1-7 所示。

水表、阀门工程量汇总表　　　　　　表 1-7

名称	单位	计算式	工程量
截止阀 De63	个	1（进户管处）	1
截止阀 De40	个	1×5（负一层、一层、二层、三层、四层）	5
截止阀 De32	个	1×5（负一层、一层、二层、三层、四层）	5
止回阀 De63	个	1（进户管处）	1
水表 De63	个	1（进户管处）	1

1.5　支架、套管计量

1.5.1　清单计算规则

套管按设计图示数量计算，以"个"为计量单位。

如表 1-8 所示为套管、止水节、阻火圈工程量清单项目设置、项目特征描述的内容、计量单位及工程量计算规则。

支架、套管计量

套管、止水节、阻火圈工程量清单查询表　　　　表 1-8

项目编码	项目名称	项目特征	计量单位	工程量计算规则
031002001	管道支架	1. 材质 2. 形式	1. kg 2. 套	1. 以"kg"计量，按设计图示质量计算 2. 以"套"计量，按设计图示数量计算
031002002	设备支架	1. 材质 2. 形式		

项目编码	项目名称	项目特征	计量单位	工程量计算规则
031002003	套管	1. 名称、类型 2. 材质 3. 规格 4. 填料材质	个	按设计图示数量计算

注意：

1. 单件支架100kg以上的管道支吊架执行设备支吊架制作安装。

2. 成品支架安装执行相应管道支架或设备支架项目，不再计取制作费，支架本身价值含在综合单价中。

3. 套管制作安装：适用于穿基础、墙、楼板等部位的防水套管、填料套管、无填料套管及防火套管等，应分别列项。

1.5.2　定额计算规则

管道、设备支架制作安装按设计图示单件重量，以"100kg"为计量单位。

成品管卡、阻火圈安装、成品防火套管安装，按工作介质管道直径，区分不同规格以"个"为计量单位。

一般穿墙套管、柔性、刚性套管，按介质管道的公称直径执行定额子目，分规格、材质以"个"为计量单位。

1.5.3　工程量计算

管道穿外墙及顶层楼板采用刚性防水套管，穿内墙及其他楼板采用一般套管；排水立管穿楼板只需预留孔洞，无需穿套管。

该工程采用成品管卡固定管道，除负一层埋地排水管外，其他管道均为明装，均需计算成品管卡工程量，成品管卡用量参考表如表 1-9 所示。

成品管卡用量参考表（计量单位：个/10m）　　　　　　表 1-9

序号	公称直径（mm 以内）	给水管道			排水管道	
		塑料管			塑料管	
		立管	水平管		立管	横管
			冷水管	热水管		
1	15	11.11	16.67	33.33	—	—
2	20	10.00	14.29	28.57	—	—
3	25	9.09	12.50	25.00	—	—
4	32	7.69	11.11	20.00	—	—
5	40	6.25	10.00	16.67	8.33	25.00
6	50	5.56	9.09	14.29	8.33	20.00
7	65	5.00	8.33	12.50	6.67	13.33

序号	公称直径（mm 以内）	给水管道			排水管道	
		塑料管			塑料管	
		立管	水平管		立管	横管
			冷水管	热水管		
8	80	4.55	7.41	—	5.88	11.11
9	100	4.17	6.45	—	5.00	9.09
10	125	—	—	—	5.00	7.69
11	150	—	—	—	5.00	6.25

对表 1-3 中的数据按照给水管和排水管、水平管和垂直管进行分类整理：

PPR 给水管：

De20（DN15）：5（水平）+4.5（垂直）=9.5m

De25（DN20）：14.65（水平）+3.75（垂直）=18.4m

De32（DN25）：21.1（水平）+2.85（垂直）=23.95m

De40（DN32）：17.225（水平）+6.4（垂直）=23.625m

De50（DN40）：6.45（垂直）m

De63（DN50）：2.5（水平）+5.9（垂直）=8.4m

UPVC 排水管：

De50（DN40）：19.6（垂直）m

De75（DN65）：37.16（水平）+2.8（垂直）=39.96m

De110（DN100）：31.945（水平）+27.5（垂直）=59.445m

根据以上分类整理的数据值，查询表 1-9 进行管卡工程量计算，同时对 1.1 节中的给排水工程案例管道穿墙和楼板进行分析，编制支架、套管工程量汇总表，如表 1-10 所示。

支架、套管工程量汇总表　　　　　　　　　　　　表 1-10

名称	介质管道规格	单位	计算式	工程量
刚性防水套管	De63（DN50）	个	1（进户管处）	1
刚性防水套管	De110（DN100）	个	1（一层至四层排出管处）+1（伸顶通气管）	2
一般套管	De63（DN50）	个	1（立管穿一层楼板处）+1（立管穿二层楼板处）	2
一般套管	De50（DN40）	个	1（立管穿三层楼板处）+1（立管穿四层楼板处）	2
一般套管	De25（DN20）	个	1×5（给水横支管穿内墙处）（负一层至四层）	5
一般套管	De75（DN65）	个	1×4（排水横支管穿内墙处）（一层至四层）	4
成品管卡	De20（DN15）	个	16.67/10×5+11.11/10×4.5	13.33
成品管卡	De25（DN20）	个	14.29/10×14.65+10/10×3.75	24.68
成品管卡	De32（DN25）	个	12.50/10×21.1+9.09/10×2.85	28.97
成品管卡	De40（DN32）	个	11.11/10×17.225+7.69/10×6.4	24.06
成品管卡	De50（DN40）	个	6.25/10×6.45+8.33/10×19.6	20.36

续表

名称	介质管道规格	单位	计算式	工程量
成品管卡	De63（DN50）	个	9.09/10×2.5+5.56/10×5.9	5.55
成品管卡	De75（DN65）	个	13.33/10×37.16+6.67/10×2.8	51.40
成品管卡	De110（DN100）	个	9.09/10×31.945+5/10×27.5	42.79

1.6 给排水工程计价

1.6.1 安装工程费用组成

给排水工程计价-安装费用组成、计价程序及系数费用

安装工程费由分部分项工程费、措施项目费、其他项目费、规费和税金组成。

分部分项工程费、措施项目费、其他项目费包含人工费、材料（含工程设备）费、施工机具使用费、企业管理费和利润。

1.6.1.1 分部分项工程费

分部分项工程费是指各专业工程的分部分项工程应予列支的各项费用。分部分项工程是指按现行国家计量规范对各专业工程划分的项目，是分部工程和分项工程的总称。如房屋建筑与装饰工程划分的土石方工程、地基处理与边坡支护工程、桩基工程、砌筑工程、钢筋及钢筋混凝土工程等。

1. 人工费

人工费是指直接从事建筑安装工程施工的生产工人开支的各项费用，内容包括以下五项：

（1）计时工资或计件工资：是指按计时工资标准和工作时间或对已做工作按计件单价支付给个人的劳动报酬。

（2）奖金：是指对超额劳动和增收节支支付的劳动报酬。如节约奖、劳动竞赛奖等。

（3）津贴、补贴：是指为了补偿职工特殊或额外的劳动消耗和因其他特殊原因支付给个人的津贴，以及为了保证职工工资水平不受物价影响支付给个人的物价补贴。如流动施工津贴、特殊地区施工津贴、高温（寒）作业临时津贴、高空津贴等。

（4）加班、加点工资：是指按规定支付的在法定节假日工作的加班工资和在法定日工作时间外延时工作的加点工资。

（5）特殊情况下支付的工资：是指根据国家法律、法规和政策规定，因病、工伤、产假、计划生育假、婚丧假、事假、探亲假、定期休假、停工学习、执行国家或社会义务等原因按计时工资标准或计时工资标准的一定比例支付的工资。

2. 材料费

材料费是指施工过程中耗费的原材料、辅助材料、构配件、零件、半成品或成品、工

程设备的费用。内容包括以下四项：

（1）材料原价：是指材料的出厂价或商家供应价格。进口材料的原价按有关规定计算。工程设备是指构成或计划构成永久工程一部分的机电设备、金属结构设备、仪器装置及其他类似的设备和装置。

（2）材料运杂费：是指材料自来源地运至工地仓库或指定堆放地点所发生的全部费用。

（3）材料运输损耗费：是指材料在运输装卸过程中不可避免的损耗。

（4）材料采购及保管费：是指为组织采购、供应和保管材料过程中所需要的各项费用，包括采购费、仓储费、工地保管费、仓储损耗。

注意：施工机械台班价格中的燃料动力费并入消耗量定额的材料费中。

3. 施工机具使用费

施工机具使用费是指施工作业所发生的施工机械、仪器仪表使用费或其租赁费。

（1）施工机械使用费：以施工机械台班耗用量乘以台班单价表示，施工机械台班单价应由下列七项费用组成。

① 折旧费：指施工机械在规定的耐用总台班内，陆续收回其原值的费用。

② 检修费：指施工机械在规定的耐用总台班内，按规定的检修间隔进行必要的检修，以恢复其正常功能所需的费用。

③ 维护费：指施工机械在规定的耐用总台班内，按规定的维护间隔进行各级维护和临时故障排除所需的费用。保障机械正常运转所需替换设备与随机配备工具附具的摊销费用、机械运转及日常维护所需润滑与擦拭的材料费用及机械停滞期间的维护费用等。

④ 安拆费及场外运费：安拆费指施工机械在现场进行安装与拆卸所需的人工、材料、机械和试运转费用以及机械辅助设施的折旧、搭设、拆除等费用；场外运费指施工机械整体或分体自停放地点运至施工现场或由一施工地点运至另一施工地点的运输、装卸、辅助材料等费用。工地间移动较为频繁的小型机械及部分机械的安拆费及场外运费，已包含在机械台班单价中。

⑤ 人工费：指机上司机（司炉）和其他操作人员的人工费。

⑥ 燃料动力费：指施工机械在运转作业中所消耗的各种燃料及水、电等费用。

注意：各专业定额中施工机械台班价格不含燃料动力费，燃料动力费并入各专业定额的材料中。

⑦ 其他费：指施工机械按照国家规定应交纳的车船税、保险费及检测费等。

（2）仪器仪表使用费：是指工程施工所需使用的仪器仪表的折旧费、维护费、校验费、动力费。

4. 企业管理费

企业管理费是指建筑安装企业组织施工生产和经营管理所需费用。内容包括：

（1）管理人员工资：是指支付管理人员的工资、奖金、津贴补贴、加班加点工资及特殊情况下支付的工资等。

（2）办公费：是指企业管理办公用的文具、纸张、账表、印刷、邮电、书报、办公软件、现场监控、会议、水电、烧水和集体取暖降温（包括现场临时宿舍取暖降温）等费用。

（3）差旅交通费：是指职工因公出差、调动工作的差旅费、住勤补助费，市内交通费和误餐补助费，职工探亲路费，劳动力招募费，职工退休、退职一次性路费，工伤人员就医路费，工地转移费以及管理部门使用的交通工具的油料、燃料等费用。

（4）固定资产使用费：是指管理和试验部门及附属生产单位使用的属于固定资产的房屋、设备仪器等的折旧、大修、维修或租赁费。

（5）工具用具使用费：是指企业施工生产所需的价值低于 2000 元或管理使用的不属于固定资产的生产工具、器具、家具、交通工具和检验、试验、测绘、消防用具等的购置、维修和摊销费。

（6）劳动保险费和职工福利费：是指由企业支付的职工退职金、按规定支付给离休干部的经费，集体福利费、夏季防暑降温、冬季取暖补贴，上下班交通补贴等。

（7）劳动保护费：是指企业按规定发放的劳动保护用品的支出，如工作服、手套以及在有碍身体健康的环境中施工的保健费用等。

（8）检验试验费：是指企业按照有关标准规定，对建筑以及材料、构件和建筑安装物进行一般鉴定、检查所发生的费用，包括自设试验室进行试验所耗用的材料等费用。

新结构、新材料的试验费，对构件做破坏性试验及其他特殊要求检验试验的费用和按有关规定由发包人委托检测机构进行检测的费用，对此类检测发生的费用，由发包人在工程建设其他费用中列支。对承包人提供的具有合格证明的材料进行检测，不合格的，检测费用由承包人承担；合格的，检测费用由发包人承担。

（9）工会经费：是指企业按《中华人民共和国工会法》规定的全部职工工资总额比例计提的工会经费。

（10）职工教育经费：是指按职工工资总额的规定比例计提，企业为职工进行专业技术和职业技能培训，专业技术人员继续教育、职工职业技能鉴定、职业资格认定以及根据需要对职工进行各类文化教育所发生的费用。企业发生的职工教育经费支出，按企业职工工资薪金总额 1.5%～2.5% 计提。

（11）财产保险费：是指施工管理用财产、车辆等保险费用。

（12）财务费：是指企业为施工生产筹集资金或提供预付款担保、履约担保、职工工资支付担保等所发生的费用。

（13）税金：是指企业按规定缴纳的房产税、车船税、土地使用税、印花税、城市维护建设税、教育费附加以及地方教育附加等。

（14）其他：包括技术转让费、技术开发费、投标费、业务招待费、绿化费、广告费、公证费、法律顾问费、审计费、咨询费、保险费等。企业管理费中未考虑塔式起重机监控设施，发生时另行计算。

5. 利润

利润是指施工企业完成所承包工程获得的盈利。

1.6.1.2 措施项目费

措施项目费是指为完成建设工程项目施工，发生于该工程施工前和施工过程中技术、生活、安全、环境保护等方面的费用。措施项目费分为总价措施项目费和单价措施项目费。

1. 总价措施项目费

（1）安全文明施工费：是指按照国家现行的施工安全、施工现场环境与卫生标准和有关规定，购置、更新和安装施工安全防护用具及设施、改善安全生产条件和作业环境，以及施工企业为进行工程施工所必须搭设的生活和生产用的临时建筑物、构筑物和其他临时设施的搭设、维修、拆除、清理费或摊销的费用等。该费用包括：

① 安全施工费：是指按国家现行的建筑施工安全标准和有关规定，购置和更新施工安全防护用具及设施，改善安全生产条件所需的各项费用。

② 文明施工费：是指施工现场文明施工所需要的各项费用。

③ 环境保护费：是指施工现场为达到国家环保部门要求的环境和卫生标准，改善生产条件和作业环境所需要的各项费用。

④ 临时设施费：是指施工企业为进行建设工程施工所必须搭设的生活和生产用的临时建筑物、构筑物和其他临时设施的搭设、维修、拆除、清理费或摊销费等。

安全文明施工费内容包含：安全警示标志牌、现场围挡、五板一图、企业标志、场容场貌、材料堆放、垃圾清运（指至场内指定地点）、现场防火等；楼板、屋面、阳台等临边防护、通道口防护、预留洞口防护、电梯井口防护、楼梯边防护、垂直方向交叉作业防护、高层作业防护费用；现场办公生活设施、施工现场临时用电的配电线路、配电箱开关箱、接地保护装置。不含《建设工程施工现场消防安全技术规范》GB 50720—2011 规定的临时消防设施内容，发生时另行计算。

（2）夜间施工增加费：是指因夜间施工所发生的夜班补助费、夜间施工降效、夜间施工照明设备摊销及照明用电等费用。

（3）二次搬运费：是指因施工场地狭小等特殊情况而发生的材料、构配件、半成品等一次运输不能到达堆放地点，必须进行二次或多次搬运所发生的费用。

（4）冬雨季施工增加费：是指冬季或雨季施工需增加的临时设施、防滑、排除雨雪，人工及施工机械效率降低等费用。

（5）工程定位复测费：是指工程施工过程中进行全部施工测量放线和复测工作的费用。

2. 单价措施项目费

（1）已完工程及设备保护费：是指竣工验收前，对已完工程及设备采取的必要保护措施所发生的费用。

（2）其他单价措施项目费用内容详见现行国家各专业工程工程量计算规范。

3. 其他项目费

（1）暂列金额：是指建设单位在工程量清单中暂定并包括在工程合同价款中的一笔款项。用于施工合同签订时尚未确定或者不可预见的所需材料、服务的采购，施工中可能发生的工程变更、合同约定调整因素出现时的工程价款调整以及发生的索赔、现场签证确认等的费用。

（2）暂估价：是指招标人在工程量清单中提供的用于支付必然发生但暂时不能确定价格的材料的单价以及专业工程的金额。暂估价分为材料暂估单价、工程设备暂估单价和专业工程暂估金额。

（3）计日工：是指在施工过程中，承包人完成发包人提供的工程合同范围以外的零星项目或工作，按合同中约定单价计算的费用。

（4）总承包服务费：是指总承包人为配合、协调发包人进行的专业工程发包，对发包人自行采购的材料等进行保管以及施工现场管理、竣工资料汇总整理等服务所需的费用。

4. 规费

规费是指按国家法律、法规规定，由省级政府和省级有关权力部门规定必须缴纳或计取的费用。内容包括：

（1）社会保险费

① 养老保险费：是指企业按照规定标准为职工缴纳的基本养老保险费。

② 失业保险费：是指企业按照规定标准为职工缴纳的失业保险费。

③ 医疗保险费：是指企业按照规定标准为职工缴纳的基本医疗保险费。

④ 生育保险费：是指企业按照规定标准为职工缴纳的生育保险费。

⑤ 工伤保险费：是指企业按照规定标准为职工缴纳的工伤保险费。

（2）住房公积金：是指企业按规定标准为职工缴纳的住房公积金。

（3）工程排污费：是指按规定缴纳的施工现场工程排污费。

其他应列而未列入的规费，按实际发生计取。

5. 税金

税金是指国家税法规定的应计入建筑安装工程造价内的增值税。

1.6.2 安装工程计价程序

1.6.2.1 一般性规定及说明

（1）《湖北省建筑安装工程费用定额》（2018）（以下简称《定额》）适用于湖北省境内新建、扩建和改建工程的房屋建筑与装饰工程、通用安装工程、市政工程、园林绿化工程、土石方工程施工发承包及实施阶段的计价活动，《定额》适用于工程量清单计价和定额计价。

（2）各专业工程的适用范围如下：

① 房屋建筑工程：适用于工业与民用临时性和永久性的建筑物（含构筑物）。包括各种房屋、设备基础、钢筋混凝土、砖石砌筑、木结构、钢结构、门窗工程及零星金属构件、烟囱、水塔、水池、围墙、挡土墙、化粪池、窖井、室内外管道沟砌筑等。装配式建筑适用于房屋建筑工程。

② 装饰工程：适用于楼地面工程、墙柱面装饰工程、天棚装饰工程和玻璃幕墙工程及油漆、涂料、裱糊工程等。

③ 通用安装工程：适用于机械设备安装工程、热力设备安装工程、静置设备与工艺金属结构制作安装工程、电气设备安装工程、建筑智能化工程、自动化控制仪表安装工程、通风空调工程、工业管道工程、消防工程、给排水、采暖、燃气工程、通信设备及线路工程、刷油、防腐蚀、绝热工程等。

④ 市政工程：适用于城镇管辖范围内的道路工程、桥涵工程、隧道工程、管网工程、水处理工程、生活垃圾处理工程，钢筋工程、拆除工程、路灯工程。

⑤ 园林绿化工程：适用于园林建筑及绿化工程。内容包括：绿化工程、园建工程（园路、园桥、园林景观）。

⑥ 土石方工程：适用于各专业工程的土石方工程。桩基工程、地基处理与边坡支护

工程适用于各专业工程。

（3）各专业工程的计费基数：以人工费与施工机具使用费之和为计费基数。

（4）人工单价见表 1-11。

人工单价（单位：元/工日）　　　　　　　　　表 1-11

人工级别	普工	技工	高级技工
工日单价	92	142	212

注意：

1. 此价格为《定额》编制期的人工发布价。

2. 普工为技术等级 1～3 级的技工，技工为技术等级 4～7 级的技工，高级技工为技术等级 7 级以上的技工。

（5）《定额》是编制投资估算、设计概算的基础，是编制招标控制价、施工图预算的依据，供投标报价、工程结算时参考。

（6）总价措施项目费中的安全文明施工费、规费和税金是不可竞争性费用，应按规定计取。

（7）工程排污费是指承包人按环境保护部门的规定，对施工现场超标准排放的噪声污染缴纳的费用，编制招标控制价或投标报价时按费率计取，结算时按实际缴纳金额计算。

（8）费率实行动态管理。《定额》费率是根据湖北省各专业消耗量定额及全费用基价表编制期人工、材料、机械价格水平进行测算的，省造价管理机构应根据人工、机械台班市场价格的变化，适时调整总价措施项目费、企业管理费、利润、规费等费率。

（9）总承包服务费。总承包服务费应依据招标人在招标文件中列出的分包专业工程内容和供应材料、设备情况，按照招标人提出协调、配合和服务要求和施工现场管理需要自主确定，也可参照下列标准计算。

① 招标人仅要求对分包的专业工程进行总承包管理和协调时，按分包的专业工程造价的 1.5% 计算。

② 招标人要求对分包的专业工程进行总承包管理和协调，并同时要求提供配合服务时，根据招标文件中列出的配合服务内容和提出的要求，按分包的专业工程造价的 3%～5% 计算。配合服务的内容包括：对分包单位的管理、协调和施工配合等费用；施工现场水电设施、管线敷设的摊销费用；共用脚手架搭拆的摊销费用；共用垂直运输设备，加压设备的使用、折旧、维修费用等。

③ 招标人自行供应材料、工程设备的，按招标人供应材料、工程设备价值的 1% 计算。

（10）甲供材。发包人提供的材料和工程设备（简称甲供材）不计入综合单价和工程造价中。

（11）暂列金额和暂估价。一般计税法时，暂列金额和专业工程暂估价为不含进项税额的费用。简易计税法时，暂列金额和专业工程暂估价为含进项税额的费用。

（12）施工过程中发生的索赔与现场签证费，发承包双方办理竣工结算时：以实物量形式表示的索赔与现场签证，列入分部分项工程和单价措施项目费中；以费用形式表示的索赔与现场签证费，不含增值税，列入其他项目费中，另有说明的除外。

（13）增值税。《定额》根据增值税的性质，分为一般计税法和简易计税法。

① 一般计税法

一般计税法下的增值税指国家税法规定的应计入建筑安装工程造价内的增值税销项税。一般计税法下，分部分项工程费、措施项目费、其他项目费等的组成内容为不含进项税的价格，计税基础为不含进项税额的不含税工程造价，其计算式见式（1-1）。

$$应纳税额＝当期销项税额－当期进项税额$$
$$当期销项税额＝销售额×增值税税率（11\%）$$
（1-1）

式（1-1）中的销售额指纳税人发生应税行为取得的全部价款和价外费用。

② 简易计税法

简易计税法下的增值税是指国家税法规定的应计入建筑安装工程造价内的应交增值税。简易计税法下，分部分项工程费、措施项目费、其他项目费等的组成内容均为含进项税的价格，计税基础为含进项税额的不含税工程造价，其计算式见式（1-2）。

$$应纳税额＝销售额×征收率（3\%）$$
（1-2）

式（1-2）中的销售额指纳税人发生应税行为取得的全部价款和价外费用，扣除支付的分包款后的余额为销售额。应纳税额的计税基础是含进项税额的工程造价。

（14）湖北省各专业消耗量定额及全费用基价表中的全费用由人工费、材料费、施工机具使用费、费用、增值税组成。

（15）费用的内容包括总价措施项目费、企业管理费、利润、规费。各项费用是以人工费加施工机具使用费之和为计费基数，按相应费率计取。

（16）湖北省各专业消耗量定额及全费用基价表中的增值税指按一般计税方法的税率（11%）计算的。

在工程造价活动中，符合简易计税方法规定，且承发包双方采用了简易计税方法的，计价时可根据《湖北省建设工程公共专业消耗量定额及全费用基价表》的附录中材料与机械台班的含税价和各专业消耗量定额、本费用定额计算工程造价。

1.6.2.2 费率标准

1. 一般计税法的费率标准

（1）总价措施项目费费率。总价措施项目费费率按安全文明施工费费率和其他总价措施项目费费率分类统计。

① 安全文明施工费费率，见表 1-12。

安全文明施工费费率（单位：%）　　　　　　　　表 1-12

专业		房屋建筑工程	装饰工程	通用安装工程	市政工程	园建工程	绿化工程	土石方工程
计费基础		人工费＋施工机具使用费						
费率		13.64	5.39	9.29	12.44	4.30	1.76	6.58
其中	安全施工费	7.72	3.05	3.67	3.97	2.33	0.95	2.01
	文明施工费	3.15	1.20	2.02	5.41	1.19	0.49	2.74
	环境保护费							
	临时设施费	2.77	1.14	3.60	3.06	0.78	0.32	1.83

② 其他总价措施项目费费率，见表 1-13。

其他总价措施项目费费率（单位:%）　　　　　表 1-13

专业		房屋建筑工程	装饰工程	通用安装工程	市政工程	园建工程	绿化工程	土石方工程
计费基础		人工费＋施工机具使用费						
费率		0.70	0.60	0.66	0.90	0.49	0.49	1.29
其中	夜间施工增加费	0.16	0.14	0.15	0.18	0.13	0.13	0.32
	二次搬运费	按施工组织设计						
	冬雨季施工增加费	0.40	0.34	0.38	0.54	0.26	0.26	0.71
	工程定位复测费	0.14	0.12	0.13	0.18	0.10	0.10	0.26

（2）企业管理费费率，见表 1-14。

企业管理费费率（单位:%）　　　　　表 1-14

专业	房屋建筑工程	装饰工程	通用安装工程	市政工程	园建工程	绿化工程	土石方工程
计费基础	人工费＋施工机具使用费						
费率	28.27	14.19	18.86	25.61	17.89	6.58	15.42

（3）利润率，见表 1-15。

利润率（单位:%）　　　　　表 1-15

专业	房屋建筑工程	装饰工程	通用安装工程	市政工程	园建工程	绿化工程	土石方工程
计费基础	人工费＋施工机具使用费						
费率	19.73	14.64	15.31	19.32	18.15	3.57	9.42

（4）规费费率，见表 1-16。

规费费率（单位:%）　　　　　表 1-16

专业		房屋建筑工程	装饰工程	通用安装工程	市政工程	园建工程	绿化工程	土石方工程
计费基础		人工费＋施工机具使用费						
费率		26.85	10.15	11.97	26.34	11.78	10.67	11.57
社会保险费		20.08	7.58	8.94	19.70	8.78	8.50	8.65
其中	养老保险金	12.68	4.87	5.75	12.45	5.65	5.55	5.49
	失业保险金	1.27	0.48	0.57	1.24	0.56	0.55	0.55
	医疗保险金	4.02	1.43	1.68	3.94	1.65	1.62	1.73
	工伤保险金	1.48	0.57	0.67	1.45	0.66	0.52	0.61
	生育保险金	0.63	0.23	0.27	0.62	0.26	0.26	0.27

续表

专业	房屋建筑工程	装饰工程	通用安装工程	市政工程	园建工程	绿化工程	土石方工程
住房公积金	5.29	1.91	2.26	5.19	2.21	2.17	2.28
工程排污费	1.48	0.66	0.77	1.45	0.79	—	0.64

注意：绿化工程规费中不含工程排污费。

（5）增值税税率，见表1-17。

增值税税率（单位:%） 表 1-17

增值税计税基数	不含税工程造价
税率	11

2. 简易计税法的费率标准

（1）总价措施项目费费率。总价措施项目费费率按安全文明施工费费率和其他总价措施项目费费率分类统计。

① 安全文明施工费费率，见表1-18。

安全文明施工费费率（单位:%） 表 1-18

专业		房屋建筑工程	装饰工程	通用安装工程	市政工程	园建工程	绿化工程	土石方工程
计费基础		人工费＋施工机具使用费						
费率		13.63	5.38	9.28	12.37	4.30	1.74	6.19
其中	安全施工费	7.71	3.05	3.66	3.94	2.33	0.94	1.89
	文明施工费	3.15	1.19	2.02	5.38	1.19	0.48	2.58
	环境保护费							
	临时设施费	2.77	1.14	3.60	3.05	0.78	0.32	1.72

② 其他总价措施项目费费率，见表1-19。

其他总价措施项目费费率（单位:%） 表 1-19

专业		房屋建筑工程	装饰工程	通用安装工程	市政工程	园建工程	绿化工程	土石方工程
计费基础		人工费＋施工机具使用费						
费率		0.70	0.60	0.66	0.90	0.49	0.49	1.21
其中	夜间施工增加费	0.16	0.14	0.15	0.18	0.13	0.13	0.30
	二次搬运费	按施工组织设计						
	冬雨季施工增加费	0.40	0.34	0.38	0.54	0.26	0.26	0.67
	工程定位复测费	0.14	0.12	0.13	0.18	0.10	0.10	0.24

（2）企业管理费费率，见表1-20。

企业管理费费率（单位：%）　　　　　　　　　　　表1-20

专业	房屋建筑工程	装饰工程	通用安装工程	市政工程	园建工程	绿化工程	土石方工程
计费基础	人工费＋施工机具使用费						
费率	28.22	14.18	18.83	25.46	17.88	6.55	14.51

（3）利润率，见表1-21。

利润率（单位：%）　　　　　　　　　　　表1-21

专业	房屋建筑工程	装饰工程	通用安装工程	市政工程	园建工程	绿化工程	土石方工程
计费基础	人工费＋施工机具使用费						
费率	19.70	14.63	15.29	19.21	18.14	3.55	8.87

（4）规费费率，见表1-22。

规费费率（单位：%）　　　　　　　　　　　表1-22

专业		房屋建筑工程	装饰工程	通用安装工程	市政工程	园建工程	绿化工程	土石方工程
计费基础		人工费＋施工机具使用费						
费率		26.79	10.14	11.96	26.20	11.77	10.62	10.90
社会保险费		20.04	7.57	8.93	19.60	8.77	8.46	8.14
其中	养老保险金	12.66	4.87	5.74	12.38	5.64	5.52	5.17
	失业保险金	1.27	0.48	0.57	1.24	0.56	0.55	0.52
	医疗保险金	4.01	1.43	1.68	3.92	1.65	1.61	1.63
	工伤保险金	1.47	0.56	0.67	1.44	0.66	0.52	0.57
	生育保险金	0.63	0.23	0.27	0.62	0.26	0.26	0.25
住房公积金		5.28	1.91	2.26	5.16	2.21	2.16	2.15
工程排污费		1.47	0.66	0.77	1.44	0.79	—	0.61

注意：绿化工程规费中不含工程排污费。

（5）增值税税率，见表1-23。

增值税税率（单位：%）　　　　　　　　　　　表1-23

增值税计税基数	不含税工程造价
税率	3

1.6.2.3 计价程序

1. 工程量清单计价

（1）计价相关说明

① 工程量清单指载明建设工程分部分项工程项目、措施项目、其他项目的名称和相应数量以及规费、税金项目等内容的明细清单。

② 工程量清单计价指投标人完成由招标人提供的工程量清单所需的全部费用，包括分部分项工程费、措施项目费、其他项目费和规费、税金。

③ 综合单价是指完成一个规定清单项目所需的人工费、材料和工程设备费、施工机具使用费和企业管理费、利润以及一定范围内的风险费用。

④ 措施项目清单包括总价措施项目清单和单价措施项目清单。单价措施项目清单计价的综合单价，按消耗量定额，结合工程的施工组织设计或施工方案计算。总价措施项目清单计价按《定额》中规定的费率和计算方法计算。

⑤ 采用工程量清单计价招投标的工程，在编制招标控制价时，应按《定额》规定的费率计算各项费用。

⑥ 暂列金额、专业工程暂估价、总包服务费、结算价和以费用形式表示的索赔与现场签证费均不含增值税。

（2）计算程序

① 分部分项工程及单价措施项目综合单价计算程序，见表1-24。

分部分项工程及单价措施项目综合单价计算程序　　　　　表1-24

序号	费用项目	计算方法
1	人工费	Σ（人工费）
2	材料费	Σ（材料费）
3	施工机具使用费	Σ（施工机具使用费）
4	企业管理费	（1＋3）×费率
5	利润	（1＋3）×费率
6	风险因素	按招标文件或约定
7	综合单价	1＋2＋3＋4＋5＋6

② 总价措施项目费计算程序，见表1-25。

总价措施项目费计算程序　　　　　表1-25

序号	费用项目		计算方法
1	分部分项工程和单价措施项目费		Σ（分部分项工程和单价措施项目费）
1.1	其中	人工费	Σ（人工费）
1.2		施工机具使用费	Σ（施工机具使用费）
2	总价措施项目费		2.1＋2.2
2.1	安全文明施工费		（1.1＋1.2）×费率
2.2	其他总价措施项目费		（1.1＋1.2）×费率

③ 其他项目费计算程序，见表 1-26。

其他项目费计算程序　　　　　　　　　　表 1-26

序号	费用项目		计算方法
1	暂列金额		按招标文件
2	专业工程暂估价/结算价		按招标文件/结算价
3	计日工		3.1+3.2+3.3+3.4+3.5
3.1	其中	人工费	Σ（人工价格×暂定数量）
3.2		材料费	Σ（材料价格×暂定数量）
3.3		施工机具使用费	Σ（机械台班价格×暂定数量）
3.4		企业管理费	(3.1+3.3)×费率
3.5		利润	(3.1+3.3)×费率
4	总包服务费		4.1+4.2
4.1	其中	发包人发包专业工程	Σ（项目价值×费率）
4.2		发包人提供材料	Σ（材料价值×费率）
5	索赔与现场签证费		Σ（价格×数量）/Σ费用
6	其他项目费		1+2+3+4+5

④ 单位工程造价计算程序，见表 1-27。

单位工程造价计算程序　　　　　　　　　　表 1-27

序号	费用项目		计算方法
1	分部分项工程和单价措施项目费		Σ（分部分项工程和单价措施项目费）
1.1	其中	人工费	Σ（人工费）
1.2		施工机具使用费	Σ（施工机具使用费）
2	总价措施项目费		Σ（总价措施项目费）
3	其他项目费		Σ（其他项目费）
3.1	其中	人工费	Σ（人工费）
3.2		施工机具使用费	Σ（施工机具使用费）
4	规费		(1.1+1.2+3.1+3.2)×费率
5	增值税		(1+2+3+4)×费率
6	含税工程造价		1+2+3+4+5

2. 定额计价

（1）定额计价相关说明

① 定额计价是以全费用基价表中的全费用为基础，依据《定额》的计算程序计算工程造价。

② 材料市场价格是指发、承包人双方认定的价格，也可以是当地建设工程造价管理机构发布的市场信息价格。双方应在相关文件上约定。

③ 人工发布价、材料市场价格、机械台班价格进入全费用。

④ 包工不包料工程、计时工按定额计算出的人工费的 25% 计取综合费用。综合费用包括总价措施项目费、企业管理费、利润和规费。施工用的特殊工具，如手推车等，由发包人解决。综合费用中不包括税金，由总包单位统一支付。

⑤ 总包服务费和以费用形式表示的索赔与现场签证费均不含增值税。

⑥ 二次搬运费按施工组织设计计取。

（2）计算程序，见表 1-28。

计算程序   表 1-28

序号	费用项目		计算方法
1	分部分项工程和单价措施项目费		1.1＋1.2＋1.3＋1.4＋1.5
1.1	其中	人工费	Σ（人工费）
1.2		材料费	Σ（材料费）
1.3		施工机具使用费	Σ（施工机具使用费）
1.4		费用	Σ（费用）
1.5		增值税	Σ（增值税）
2	其他项目费		2.1＋2.2＋2.3
2.1	其中	总包服务费	项目价值×费率
2.2		索赔与现场签证费	Σ（价格×数量）/Σ 费用
2.3		增值税	（2.1＋2.2）×税率
3	含税工程造价		1＋2

3. 全费用基价表清单计价

（1）清单计价相关说明

① 工程造价计价活动中，可以根据需要选择全费用清单计价方式。全费用计价依据下面的计算程序，需要明示相关费用的，可根据全费用基价表中的人工费、材料费、施工机具使用费和《定额》的费率进行计算。

② 选择全费用清单计价方式，可根据投标文件或实际的需求，修改或重新设计适合全费用清单计价方式的工程量清单计价表格。

③ 暂列金额、专业工程暂估价、结算价和以费用形式表示的索赔与现场签证费均不含增值税。

（2）计算程序

① 分部分项工程及单价措施项目综合单价计算程序，见表 1-29。

分部分项工程及单价措施项目综合单价计算程序   表 1-29

序号	费用项目	计算方法
1	人工费	Σ（人工费）
2	材料费	Σ（材料费）
3	施工机具使用费	Σ（施工机具使用费）
4	费用	Σ（费用）

续表

序号	费用项目	计算方法
5	增值税	Σ（增值税）
6	综合单价	1＋2＋3＋4＋5

② 其他项目费计算程序，见表 1-30。

其他项目费计算程序　　　　　　　　　　　　　　表 1-30

序号	费用项目		计算方法
1	暂列金额		按招标文件
2	专业工程暂估价		按招标文件
3	计日工		3.1＋3.2＋3.3＋3.4
3.1	其中	人工费	Σ（人工价格×暂定数量）
3.2		材料费	Σ（材料价格×暂定数量）
3.3		施工机具使用费	Σ（机械台班价格×暂定数量）
3.4		费用	(3.1＋3.3)×费率
4	总包服务费		4.1＋4.2
4.1	其中	发包人发包专业工程	Σ（项目价值×费率）
4.2		发包人提供材料	Σ（材料价值×费率）
5	索赔与现场签证费		Σ（价格×数量）/Σ 费用
6	增值税		(1＋2＋3＋4＋5)×税率
7	其他项目费		1＋2＋3＋4＋5＋6

注意：3.4 中费用包含企业管理费、利润和规费。

③ 单位工程造价计算程序，见表 1-31。

单位工程造价计算程序　　　　　　　　　　　　　表 1-31

序号	费用项目	计算方法
1	分部分项工程和单价措施项目费	Σ（全费用单价×工程量）
2	其他项目费	Σ（其他项目费）
3	单位工程造价	1＋2

1.6.3　按系数计取的费用

定额系数是预算定额的重要组成部分，《湖北省通用安装工程消耗量定额及全费用基价表》（2018）把定额系数按其实质内容分为子目系数、工程系统系数和综合系数。

子目系数：当分项工程内容与定额子目考虑的编制环境不同时，所需进行的定额调整内容。如各章节规定的定额子目调整系数、操作高度增加费系数、暗室施工系数等。

工程系统系数：与工程建筑形式或工程系统调试有关的费用。如建筑物超高增加费系数，通风工程检测、调试系数，采暖工程系统调试费系数等。

综合系数：与工程本体形态无直接关系，而与施工方法和施工环境有关的系数。如脚手架搭拆费系数，安装与生产同时进行增加系数，有害环境影响增加系数等。

子目系数是计取工程系统系数的基础，子目系数和工程系统系数是计算综合系数的基础。

1. 操作高度增加费

给排水工程定额操作高度，均按 3.6m 以下编制；安装高度超过 3.6m 时，超过部分工程量按定额人工乘以表 1-32 中系数计算。该费用为分部分项工程费，属于子目系数费用。

操作高度增加费系数 表 1-32

操作物高度（m）	≤10	≤30	≤50
系数	1.10	1.20	1.50

2. 建筑物超高增加费

高度在 6 层或者 20m 以上的工业与民用建筑物上进行安装时增加的费用，按表 1-33 计算，其费用中人工费占 65%。该费用为单价措施项目费，属于工程系统系数费用。

建筑物超高增加费系数 表 1-33

建筑物檐高（m）	≤40	≤60	≤80	≤100	≤120	≤140	≤160	≤180	≤200
建筑层数（层）	≤12	≤18	≤24	≤30	≤36	≤42	≤48	≤54	≤60
按人工费的（%）	2	5	9	14	20	26	32	38	44

3. 脚手架搭拆费

按定额人工费的 5% 计算，其费用中人工费占 35%。该费用为单价措施项目费，属于综合系数费用。

4. 在洞库、暗室、已封闭的管道间（井）、地沟、吊顶内安装的项目，人工、机械费乘以系数 1.20。该费用为分部分项工程费，属于子目系数费用。

5. 采暖工程系统调整费

按采暖系统工程人工费的 10% 计算，其费用中人工费占 35%。该费用为单价措施项目费，属于工程系统系数费用。

6. 空调水系统调整费

按空调水系统工程（含冷凝水管）人工费的 10% 计算，其费用中人工费占 35%。该费用为单价措施项目费，属于工程系统系数费用。

1.6.4　工程量清单计价

1. 工程量清单综合单价分析表

查询《湖北省通用安装工程消耗量定额及全费用基价表》（2018）第十册 给排水、采暖、燃气工程，完成工程量清单综合单价分析表，见表 1-34 至表 1-70。

给排水工程计价-工程量清单计价

室内塑料给水管（热熔连接）

PPR 管 De63 工程量清单综合单价分析表　　　　　　　　表 1-34

项目编码	031001006001	项目名称	塑料管	计量单位	m	工程量	7.8

清单综合单价组成明细

定额编号	定额名称	定额单位	数量	单价				合价			
				人工费	材料费	施工机具使用费	管理费和利润	人工费	材料费	施工机具使用费	管理费和利润
C10-1-350	室内塑料给水管(热熔连接)公称外径(63mm 以内)	10m	0.1	123.43	2.98	0.49	42.34	12.34	0.30	0.05	4.23

人工单价	小计				12.34	0.30	0.05	4.23
技工 142 元/工日；普工 92 元/工日	未计价材料费				44.74			
清单综合单价					61.66			

材料费明细	主要材料名称、规格、型号	单位	数量	单价	合价	暂估单价	暂估合价
	PPR 塑料给水管 De63	m	1.016	26.24	26.66	—	—
	室内 PPR 塑料给水管热熔管件 De63	个	0.659	27.43	18.08	—	—
	其他材料费				0.30		
	材料费小计				45.04		

PPR 管 De63 超过 3.6m 部分工程量清单综合单价分析表　　　　表 1-35

项目编码	031001006002	项目名称	塑料管	计量单位	m	工程量	0.6

清单综合单价组成明细

定额编号	定额名称	定额单位	数量	单价				合价			
				人工费	材料费	施工机具使用费	管理费和利润	人工费	材料费	施工机具使用费	管理费和利润
C10-1-350	室内塑料给水管(热熔连接)公称外径(63mm 以内)	10m	0.1	135.77	2.98	0.49	46.56	13.58	0.30	0.05	4.66

人工单价	小计				13.58	0.30	0.05	4.66
技工 142 元/工日；普工 92 元/工日	未计价材料费				44.74			
清单综合单价					63.33			

材料费明细	主要材料名称、规格、型号	单位	数量	单价	合价	暂估单价	暂估合价
	PPR 塑料给水管 De63	m	1.016	26.24	26.66	—	—
	室内 PPR 塑料给水管热熔管件 De63	个	0.659	27.43	18.08	—	—
	其他材料费				0.30		
	材料费小计				45.04		

PPR 管 De50 工程量清单综合单价分析表　　表 1-36

项目编码	031001006003	项目名称	塑料管	计量单位	m	工程量	6.45
清单综合单价组成明细							

定额编号	定额名称	定额单位	数量	单价				合价			
				人工费	材料费	施工机具使用费	管理费和利润	人工费	材料费	施工机具使用费	管理费和利润
C10-1-349	室内塑料给水管（热熔连接）公称外径（50mm 以内）	10m	0.1	112.94	2.53	0.49	38.76	11.29	0.25	0.05	3.88
人工单价		小计						11.29	0.25	0.05	3.88
技工 142 元/工日；普工 92 元/工日		未计价材料费						29.96			
清单综合单价								45.43			

材料费明细	主要材料名称、规格、型号	单位	数量	单价	合价	暂估单价	暂估合价
	PPR 塑料给水管 De50	m	1.016	16.33	16.59	—	—
	室内 PPR 塑料给水管热熔管件 De50	个	0.742	18.02	13.37	—	—
	其他材料费				0.25		
	材料费小计				30.21		

PPR 管 De40 工程量清单综合单价分析表　　表 1-37

项目编码	031001006004	项目名称	塑料管	计量单位	m	工程量	23.625
清单综合单价组成明细							

定额编号	定额名称	定额单位	数量	单价				合价			
				人工费	材料费	施工机具使用费	管理费和利润	人工费	材料费	施工机具使用费	管理费和利润
C10-1-348	室内塑料给水管（热熔连接）公称外径（40mm 以内）	10m	0.1	97.12	2.36	0.48	33.35	9.71	0.24	0.05	3.34
人工单价		小计						9.71	0.24	0.05	3.34
技工 142 元/工日；普工 92 元/工日		未计价材料费						20.02			
清单综合单价								33.36			

材料费明细	主要材料名称、规格、型号	单位	数量	单价	合价	暂估单价	暂估合价
	PPR 塑料给水管 De40	m	1.016	10.72	10.89	—	—
	室内 PPR 塑料给水管热熔管件 De40	个	0.887	10.29	9.13	—	—
	其他材料费				0.24		
	材料费小计				20.26		

PPR 管 De32 工程量清单综合单价分析表　　　　　　　　　　表 1-38

项目编码	031001006005	项目名称	塑料管	计量单位	m	工程量	23.95

清单综合单价组成明细

定额编号	定额名称	定额单位	数量	单价				合价			
				人工费	材料费	施工机具使用费	管理费和利润	人工费	材料费	施工机具使用费	管理费和利润
C10-1-347	室内塑料给水管（热熔连接）公称外径（32mm 以内）	10m	0.1	86.25	1.98	0.32	29.58	8.63	0.20	0.03	2.96

人工单价	小计	8.63	0.20	0.03	2.96
技工 142 元/工日；普工 92 元/工日	未计价材料费	18.14			
清单综合单价		29.96			

材料费明细	主要材料名称、规格、型号	单位	数量	单价	合价	暂估单价	暂估合价
	PPR 塑料给水管 De32	m	1.016	6.51	6.61	—	—
	室内 PPR 塑料给水管热熔管件 De32	个	1.081	10.67	11.53	—	—
	其他材料费				0.20		
	材料费小计				18.34		

PPR 管 De25 工程量清单综合单价分析表　　　　　　　　　　表 1-39

项目编码	031001006006	项目名称	塑料管	计量单位	m	工程量	18.4

清单综合单价组成明细

定额编号	定额名称	定额单位	数量	单价				合价			
				人工费	材料费	施工机具使用费	管理费和利润	人工费	材料费	施工机具使用费	管理费和利润
C10-1-346	室内塑料给水管（热熔连接）公称外径（25mm 以内）	10m	0.1	79.88	1.70	0.32	27.40	7.99	0.17	0.03	2.74

人工单价	小计	7.99	0.17	0.03	2.74
技工 142 元/工日；普工 92 元/工日	未计价材料费	12.92			
清单综合单价		23.85			

材料费明细	主要材料名称、规格、型号	单位	数量	单价	合价	暂估单价	暂估合价
	PPR 塑料给水管 De25	m	1.016	4.13	4.20	—	—
	室内 PPR 塑料给水管热熔管件 De25	个	1.225	7.12	8.72	—	—
	其他材料费				0.17		
	材料费小计				13.09		

PPR 管 De20 工程量清单综合单价分析表　　　　　　　　表 1-40

项目编码	031001006007		项目名称	塑料管	计量单位	m	工程量	9.5
清单综合单价组成明细								

定额编号	定额名称	定额单位	数量	单价				合价			
				人工费	材料费	施工机具使用费	管理费和利润	人工费	材料费	施工机具使用费	管理费和利润
C10-1-345	室内塑料给水管(热熔连接)公称外径(20mm 以内)	10m	0.1	71.97	1.53	0.32	24.70	7.20	0.15	0.03	2.47

人工单价	小计			7.20	0.15	0.03	2.47
技工 142 元/工日；普工 92 元/工日	未计价材料费			13.88			
清单综合单价				23.73			

	主要材料名称、规格、型号	单位	数量	单价	合价	暂估单价	暂估合价
材料费明细	PPR 塑料给水管 De20	m	1.016	2.86	2.91	—	—
	室内 PPR 塑料给水管热熔管件 De20	个	1.52	7.22	10.97	—	—
	其他材料费				0.15		
	材料费小计				14.03		

室内塑料排水管（粘接）

UPVC 管 De50 工程量清单综合单价分析表　　　　　　　表 1-41

项目编码	031001006008		项目名称	塑料管	计量单位	m	工程量	19.6
清单综合单价组成明细								

定额编号	定额名称	定额单位	数量	单价				合价			
				人工费	材料费	施工机具使用费	管理费和利润	人工费	材料费	施工机具使用费	管理费和利润
C10-1-387	室内塑料排水管(粘接)公称外径(50mm 以内)	10m	0.1	119.87	3.39	0.16	41.01	11.99	0.34	0.02	4.10

人工单价	小计			11.99	0.34	0.02	4.10
技工 142 元/工日；普工 92 元/工日	未计价材料费			11.78			
清单综合单价				28.23			

	主要材料名称、规格、型号	单位	数量	单价	合价	暂估单价	暂估合价
材料费明细	UPVC 塑料排水管 De50	m	1.012	9.97	10.09	—	—
	室内 UPVC 塑料排水管粘接管件 De50	个	0.690	2.45	1.69	—	—
	其他材料费				0.34		
	材料费小计				12.12		

UPVC 管 De75 工程量清单综合单价分析表　　　表 1-42

项目编码	031001006009	项目名称	塑料管	计量单位	m	工程量	39.96
清单综合单价组成明细							

定额编号	定额名称	定额单位	数量	单价				合价			
				人工费	材料费	施工机具使用费	管理费和利润	人工费	材料费	施工机具使用费	管理费和利润
C10-1-388	室内塑料排水管(粘接)公称外径(75mm 以内)	10m	0.1	160.61	6.19	0.16	54.94	16.06	0.62	0.02	5.49
人工单价		小计						16.06	0.62	0.02	5.49
技工 142 元/工日；普工 92 元/工日		未计价材料费						25.48			
清单综合单价							47.67				

材料费明细	主要材料名称、规格、型号	单位	数量	单价	合价	暂估单价	暂估合价
	UPVC 塑料排水管 De75	m	0.98	17.97	17.61	—	—
	室内 UPVC 塑料排水管粘接管件 De75	个	0.885	8.89	7.87	—	—
	其他材料费					0.62	
	材料费小计					26.1	

UPVC 管 De110 工程量清单综合单价分析表　　　表 1-43

项目编码	031001006010	项目名称	塑料管	计量单位	m	工程量	58.845
清单综合单价组成明细							

定额编号	定额名称	定额单位	数量	单价				合价			
				人工费	材料费	施工机具使用费	管理费和利润	人工费	材料费	施工机具使用费	管理费和利润
C10-1-389	室内塑料排水管(粘接)公称外径(110mm 以内)	10m	0.1	179.01	9.49	0.31	61.27	17.90	0.95	0.03	6.13
人工单价		小计						17.90	0.95	0.03	6.13
技工 142 元/工日；普工 92 元/工日		未计价材料费						52.49			
清单综合单价							77.5				

材料费明细	主要材料名称、规格、型号	单位	数量	单价	合价	暂估单价	暂估合价
	UPVC 塑料排水管 De110	m	0.95	37.08	35.23	—	—
	室内 UPVC 塑料排水管粘接管件 De110	个	1.156	14.93	17.26	—	—
	其他材料费					0.95	
	材料费小计					53.44	

UPVC 管 De110 超过 3.6m 部分工程量清单综合单价分析表　　　　表 1-44

项目编码	031001006011		项目名称		塑料管		计量单位	m	工程量	0.6
清单综合单价组成明细										
定额编号	定额名称	定额单位	数量	单价				合价			

定额编号	定额名称	定额单位	数量	人工费	材料费	施工机具使用费	管理费和利润	人工费	材料费	施工机具使用费	管理费和利润
C10-1-389	室内塑料排水管（粘接）公称外径（110mm 以内）	10m	0.1	196.91	9.49	0.31	67.39	19.69	0.95	0.03	6.74
人工单价			小计					19.69	0.95	0.03	6.74
技工 142 元/工日；普工 92 元/工日			未计价材料费					52.49			
清单综合单价								79.9			

材料费明细	主要材料名称、规格、型号	单位	数量	单价	合价	暂估单价	暂估合价
	UPVC 塑料排水管 De110	m	0.95	37.08	35.23	—	—
	室内 UPVC 塑料排水管粘接管件 De110	个	1.156	14.93	17.26	—	—
	其他材料费				0.95		
	材料费小计				53.44		

洗脸盆安装

洗脸盆工程量清单综合单价分析表　　　　表 1-45

项目编码	031004003001		项目名称		洗脸盆		计量单位	组	工程量	10
清单综合单价组成明细										

定额编号	定额名称	定额单位	数量	单价				合价			
				人工费	材料费	施工机具使用费	管理费和利润	人工费	材料费	施工机具使用费	管理费和利润
C10-6-17	挂墙式洗脸盆成套安装（冷热水）	10组	0.1	469.75	95.24	0	160.51	46.98	9.52	0	16.05
人工单价			小计					46.98	9.52	0	16.05
技工 142 元/工日；普工 92 元/工日			未计价材料费					497.43			
清单综合单价								569.98			

续表

	主要材料名称、规格、型号	单位	数量	单价	合价	暂估单价	暂估合价
材料费明细	洗脸盆	个	1.01	210.35	212.45	—	—
	洗脸盆托架	副	1.01	20.91	21.12	—	—
	洗脸盆排水附件	套	1.01	43.12	43.55	—	—
	混合冷热水龙头	个	1.01	110.62	111.73	—	—
	角型阀 带铜活 DN15	个	2.02	17.25	34.85	—	—
	螺纹管件 DN15	个	2.02	16.91	34.16	—	—
	金属软管 $\phi15$	根	2.02	19.59	39.57	—	—
	其他材料费				9.52		
	材料费小计				506.95		

蹲式大便器安装

蹲便器工程量清单综合单价分析表 表 1-46

项目编码	031004006001	项目名称	大便器	计量单位	组	工程量	20

				清单综合单价组成明细						
定额编号	定额名称	定额单位	数量	单价				合价			
				人工费	材料费	施工机具使用费	管理费和利润	人工费	材料费	施工机具使用费	管理费和利润
C10-6-38	蹲式大便器安装（脚踏开关）	10套	0.1	391.41	273.61	0	133.74	39.14	27.36	0	13.37
人工单价		小计						39.14	27.36	0	13.37
技工 142 元/工日；普工 92 元/工日		未计价材料费						330.67			
清单综合单价								410.54			

材料费明细	主要材料名称、规格、型号	单位	数量	单价	合价	暂估单价	暂估合价
	瓷蹲式大便器	个	1.01	193.16	195.09	—	—
	大便器脚踏阀	个	1.01	19.80	20.00	—	—
	防污器 DN32	个	1.01	22.13	22.35	—	—
	冲洗管 DN32	个	1.01	60.34	60.94	—	—
	大便器存水弯 DN100	个	1.01	31.97	32.29	—	—
	其他材料费				27.36		
	材料费小计				358.03		

小便器工程量清单综合单价分析表　　　　　　　　　　　表 1-47

项目编码	031004007001		项目名称	小便器	计量单位	组	工程量	15
清单综合单价组成明细								
定额编号	定额名称	定额单位	数量	单价				
				人工费	材料费	施工机具使用费	管理费和利润	
C10-6-48	落地式小便器安装（手动开关）	10套	0.1	265.97	67.88	0	90.88	

合价部分：

定额编号	定额名称	定额单位	数量	合价			
				人工费	材料费	施工机具使用费	管理费和利润
C10-6-48	落地式小便器安装（手动开关）	10套	0.1	26.60	6.79	0	9.09
人工单价		小计		26.60	6.79	0	9.09
技工 142 元/工日；普工 92 元/工日		未计价材料费		590.94			
		清单综合单价		633.42			

材料费明细	主要材料名称、规格、型号	单位	数量	单价	合价	暂估单价	暂估合价
	立式小便器	个	1.01	507.76	512.84	—	—
	小便器冲水连接管 DN15	根	1.01	15.53	15.69	—	—
	螺纹管件 DN15	个	1.01	16.91	17.08	—	—
	角式长柄截止阀 DN15	个	1.01	27.55	27.83	—	—
	排水栓 DN50	套	1.01	17.33	17.50	—	—
	其他材料费				6.79		
	材料费小计				597.73		

落地式小便器安装

地漏、地面扫除口安装

地漏 De50 工程量清单综合单价分析表　　　　　　　　　　　表 1-48

项目编码	031004014001		项目名称	给排水附件	计量单位	个	工程量	10
清单综合单价组成明细								
定额编号	定额名称	定额单位	数量	单价				
				人工费	材料费	施工机具使用费	管理费和利润	
C10-6-92	地漏安装公称直径（50mm 以内）	10个	0.1	85.78	2.48	0	29.31	

合价部分：

定额编号	定额名称	定额单位	数量	合价			
				人工费	材料费	施工机具使用费	管理费和利润
C10-6-92	地漏安装公称直径（50mm 以内）	10个	0.1	8.58	0.25	0	2.93
人工单价		小计		8.58	0.25	0	2.93
技工 142 元/工日；普工 92 元/工日		未计价材料费		13.81			
		清单综合单价		25.57			

材料费明细	主要材料名称、规格、型号	单位	数量	单价	合价	暂估单价	暂估合价
	地漏 De50	个	1.01	13.67	13.81	—	—
	其他材料费				0.25		
	材料费小计				14.06		

清扫口 De75 工程量清单综合单价分析表　　表 1-49

项目编码	031004014002	项目名称	给排水附件	计量单位	个	工程量	5
清单综合单价组成明细							

定额编号	定额名称	定额单位	数量	单价				合价			
				人工费	材料费	施工机具使用费	管理费和利润	人工费	材料费	施工机具使用费	管理费和利润
C10-6-98	地面扫除口安装 公称直径（80mm 以内）	10 个	0.1	62.65	4.29	0	21.41	6.27	0.43	0	2.14
人工单价		小计						6.27	0.43	0	2.14
技工 142 元/工日；普工 92 元/工日		未计价材料费						17.47			
清单综合单价								26.31			

材料费明细	主要材料名称、规格、型号	单位	数量	单价	合价	暂估单价	暂估合价
	地面扫除口 De75	个	1.01	17.3	17.47	—	—
	其他材料费				0.43		
	材料费小计				17.9		

螺纹阀门安装

截止阀 De63 工程量清单综合单价分析表　　表 1-50

项目编码	031003001001	项目名称	螺纹阀门	计量单位	个	工程量	1
清单综合单价组成明细							

定额编号	定额名称	定额单位	数量	单价				合价			
				人工费	材料费	施工机具使用费	管理费和利润	人工费	材料费	施工机具使用费	管理费和利润
C10-5-6	螺纹阀门安装 公称直径（50mm 以内）	个	1	17	18.4	3.24	6.92	17	18.4	3.24	6.92
人工单价		小计						17	18.4	3.24	6.92
技工 142 元/工日；普工 92 元/工日		未计价材料费						131.40			
清单综合单价								176.96			

材料费明细	主要材料名称、规格、型号	单位	数量	单价	合价	暂估单价	暂估合价
	螺纹截止阀 De63	个	1.01	130.1	131.40	—	—
	其他材料费				18.4		
	材料费小计				149.8		

截止阀 De40 工程量清单综合单价分析表　　　　　　表 1-51

项目编码	031003001002	项目名称	螺纹阀门	计量单位	个	工程量	5

| | | | | 清单综合单价组成明细 | | | | | | |

定额编号	定额名称	定额单位	数量	单价				合价			
				人工费	材料费	施工机具使用费	管理费和利润	人工费	材料费	施工机具使用费	管理费和利润
C10-5-4	螺纹阀门安装 公称直径（32mm 以内）	个	1	8.85	7.36	1.42	3.51	8.85	7.36	1.42	3.51
人工单价		小计						8.85	7.36	1.42	3.51
技工 142 元/工日；普工 92 元/工日		未计价材料费						74.55			
清单综合单价								95.69			

材料费明细	主要材料名称、规格、型号	单位	数量	单价	合价	暂估单价	暂估合价
	螺纹截止阀 De40	个	1.01	73.81	74.55	—	—
	其他材料费				7.36		
	材料费小计				81.91		

截止阀 De32 工程量清单综合单价分析表　　　　　　表 1-52

项目编码	031003001003	项目名称	螺纹阀门	计量单位	个	工程量	5

| | | | | 清单综合单价组成明细 | | | | | | |

定额编号	定额名称	定额单位	数量	单价				合价			
				人工费	材料费	施工机具使用费	管理费和利润	人工费	材料费	施工机具使用费	管理费和利润
C10-5-3	螺纹阀门安装 公称直径（25mm 以内）	个	1	6.84	5.28	1.28	2.77	6.84	5.28	1.28	2.77
人工单价		小计						6.84	5.28	1.28	2.77
技工 142 元/工日；普工 92 元/工日		未计价材料费						60.07			
清单综合单价								76.24			

材料费明细	主要材料名称、规格、型号	单位	数量	单价	合价	暂估单价	暂估合价
	螺纹截止阀 De32	个	1.01	59.48	60.07	—	—
	其他材料费				5.28		
	材料费小计				65.35		

止回阀 De63 工程量清单综合单价分析表　　　　　　　　　　　表 1-53

项目编码	031003001004	项目名称	螺纹阀门	计量单位	个	工程量	1
清单综合单价组成明细							

定额编号	定额名称	定额单位	数量	单价 人工费	材料费	施工机具使用费	管理费和利润	合价 人工费	材料费	施工机具使用费	管理费和利润
C10-5-6	螺纹阀门安装 公称直径（50mm 以内）	个	1	17	18.4	3.24	6.92	17	18.4	3.24	6.92

人工单价	小计		17	18.4	3.24	6.92
技工 142 元/工日；普工 92 元/工日	未计价材料费		125.85			
清单综合单价			171.41			

材料费明细	主要材料名称、规格、型号	单位	数量	单价	合价	暂估单价	暂估合价
	螺纹止回阀 De63	个	1.01	124.6	125.85	—	—
	其他材料费				18.4		
	材料费小计				144.25		

普通水表安装（螺纹连接）

水表 De63 工程量清单综合单价分析表　　　　　　　　　　　表 1-54

项目编码	031003013001	项目名称	水表	计量单位	个	工程量	1
清单综合单价组成明细							

定额编号	定额名称	定额单位	数量	单价 人工费	材料费	施工机具使用费	管理费和利润	合价 人工费	材料费	施工机具使用费	管理费和利润
C10-5-292	普通水表安装 螺纹连接 公称直径（50mm 以内）	个	1	47.2	5.66	0.38	16.26	47.2	5.66	0.38	16.26

人工单价	小计		47.2	5.66	0.38	16.26
技工 142 元/工日；普工 92 元/工日	未计价材料费		151.5			
清单综合单价			221			

材料费明细	主要材料名称、规格、型号	单位	数量	单价	合价	暂估单价	暂估合价
	普通螺纹水表 De63	个	1	151.5	151.5	—	—
	其他材料费				5.66		
	材料费小计				157.16		

刚性防水套管 De63 制作工程量清单综合单价分析表　　　　表 1-55

项目编码	031002003001	项目名称			套管		计量单位	个	工程量	1
清单综合单价组成明细										
定额编号	定额名称	定额单位	数量	单价				合价			

定额编号	定额名称	定额单位	数量	人工费	材料费	施工机具使用费	管理费和利润	人工费	材料费	施工机具使用费	管理费和利润
C10-11-69	刚性防水套管制作 介质管道公称直径（50mm 以内）	个	1	46.73	33.92	3.13	17.04	46.73	33.92	3.13	17.04
人工单价		小计						46.73	33.92	3.13	17.04
技工 142 元/工日；普工 92 元/工日		未计价材料费						16.32			
清单综合单价								117.14			

材料费明细	主要材料名称、规格、型号	单位	数量	单价	合价	暂估单价	暂估合价
	无缝钢管 φ89×4	m	0.424	38.5	16.32	—	—
	其他材料费				33.92		
	材料费小计				50.24		

刚性防水套管制作、安装

刚性防水套管 De63 安装工程量清单综合单价分析表　　　　表 1-56

项目编码	031002003002	项目名称			套管		计量单位	个	工程量	1
清单综合单价组成明细										
定额编号	定额名称	定额单位	数量	单价				合价			

定额编号	定额名称	定额单位	数量	人工费	材料费	施工机具使用费	管理费和利润	人工费	材料费	施工机具使用费	管理费和利润
C10-11-81	刚性防水套管安装 介质管道公称直径（50mm 以内）	个	1	37.65	6.88	0	12.87	37.65	6.88	0	12.87
人工单价		小计						37.65	6.88	0	12.87
技工 142 元/工日；普工 92 元/工日		未计价材料费						54.81			
清单综合单价								112.21			

材料费明细	主要材料名称、规格、型号	单位	数量	单价	合价	暂估单价	暂估合价
	刚性防水套管 DN100	个	1	54.81	54.81	—	—
	其他材料费				6.88		
	材料费小计				61.69		

刚性防水套管 De110 制作工程量清单综合单价分析表　　　　　**表 1-57**

项目编码	031002003003	项目名称	套管	计量单位	个	工程量	2

清单综合单价组成明细											
定额编号	定额名称	定额单位	数量	单价				合价			
				人工费	材料费	施工机具使用费	管理费和利润	人工费	材料费	施工机具使用费	管理费和利润
C10-11-71	刚性防水套管制作 介质管道公称直径（100mm 以内）	个	1	72.58	54.85	5.53	26.69	72.58	54.85	5.53	26.69
人工单价		小计						72.58	54.85	5.53	26.69
技工 142 元/工日；普工 92 元/工日		未计价材料费						32.55			
清单综合单价								192.2			

材料费明细	主要材料名称、规格、型号	单位	数量	单价	合价	暂估单价	暂估合价
	无缝钢管 φ159×4.5	m	0.424	76.77	32.55	—	—
	其他材料费				54.85		
	材料费小计				87.4		

刚性防水套管 De110 安装工程量清单综合单价分析表　　　　　**表 1-58**

项目编码	031002003004	项目名称	套管	计量单位	个	工程量	2

清单综合单价组成明细											
定额编号	定额名称	定额单位	数量	单价				合价			
				人工费	材料费	施工机具使用费	管理费和利润	人工费	材料费	施工机具使用费	管理费和利润
C10-11-83	刚性防水套管安装 介质管道公称直径（100mm 以内）	个	1	41.77	9.34	0	14.27	41.77	9.34	0	14.27
人工单价		小计						41.77	9.34	0	14.27
技工 142 元/工日；普工 92 元/工日		未计价材料费						85.64			
清单综合单价								151.02			

材料费明细	主要材料名称、规格、型号	单位	数量	单价	合价	暂估单价	暂估合价
	刚性防水套管 DN150	个	1	85.64	85.64	—	—
	其他材料费				9.34		
	材料费小计				94.98		

一般钢套管制作安装 De25 工程量清单综合单价分析表　　　　表 1-59

项目编码	031002003005		项目名称	套管	计量单位	个	工程量	5
清单综合单价组成明细								
定额编号	定额名称	定额单位	数量	单价				合价			
				人工费	材料费	施工机具使用费	管理费和利润	人工费	材料费	施工机具使用费	管理费和利润
C10-11-25	一般钢套管制作安装 介质管道公称直径（20mm 以内）	个	1	6.84	2.6	0.19	2.40	6.84	2.6	0.19	2.40
人工单价			小计					6.84	2.6	0.19	2.40
技工 142 元/工日；普工 92 元/工日			未计价材料费					4.02			
清单综合单价								16.05			
材料费明细	主要材料名称、规格、型号				单位	数量	单价	合价	暂估单价	暂估合价
	焊接钢管 DN32				m	0.318	12.63	4.02	—	—
	其他材料费							2.6		
	材料费小计							6.62		

一般钢套管制作安装

一般钢套管制作安装 De50 工程量清单综合单价分析表　　　　表 1-60

项目编码	031002003006		项目名称	套管	计量单位	个	工程量	2
清单综合单价组成明细								
定额编号	定额名称	定额单位	数量	单价				合价			
				人工费	材料费	施工机具使用费	管理费和利润	人工费	材料费	施工机具使用费	管理费和利润
C10-11-27	一般钢套管制作安装 介质管道公称直径（50mm 以内）	个	1	11.1	6.11	0.25	3.88	11.1	6.11	0.25	3.88
人工单价			小计					11.1	6.11	0.25	3.88
技工 142 元/工日；普工 92 元/工日			未计价材料费					10.63			
清单综合单价								31.97			
材料费明细	主要材料名称、规格、型号				单位	数量	单价	合价	暂估单价	暂估合价
	焊接钢管 DN80				m	0.318	33.42	10.63	—	—
	其他材料费							6.11		
	材料费小计							16.74		

一般钢套管制作安装 De63 工程量清单综合单价分析表　　　　**表 1-61**

项目编码	031002003007	项目名称		套管		计量单位	个	工程量	2
清单综合单价组成明细									
定额编号	定额名称	定额单位	数量	单价				合价	
				人工费	材料费	施工机具使用费	管理费和利润	人工费	材料费	施工机具使用费	管理费和利润

定额编号	定额名称	定额单位	数量	人工费	材料费	施工机具使用费	管理费和利润	人工费	材料费	施工机具使用费	管理费和利润
C10-11-27	一般钢套管制作安装 介质管道公称直径（50mm 以内）	个	1	11.1	6.11	0.25	3.88	11.1	6.11	0.25	3.88
人工单价		小计						11.1	6.11	0.25	3.88
技工 142 元/工日；普工 92 元/工日		未计价材料费						10.63			
清单综合单价								31.97			

材料费明细	主要材料名称、规格、型号	单位	数量	单价	合价	暂估单价	暂估合价
	焊接钢管 DN80	m	0.318	33.42	10.63	—	—
	其他材料费				6.11		
	材料费小计				16.74		

一般钢套管制作安装 De75 工程量清单综合单价分析表　　　　**表 1-62**

项目编码	031002003008	项目名称		套管		计量单位	个	工程量	4
清单综合单价组成明细									

定额编号	定额名称	定额单位	数量	人工费	材料费	施工机具使用费	管理费和利润	人工费	材料费	施工机具使用费	管理费和利润
C10-11-28	一般钢套管制作安装 介质管道公称直径（65mm 以内）	个	1	14.98	8.55	0.27	5.21	14.98	8.55	0.27	5.21
人工单价		小计						14.98	8.55	0.27	5.21
技工 142 元/工日；普工 92 元/工日		未计价材料费						13.83			
清单综合单价								42.84			

材料费明细	主要材料名称、规格、型号	单位	数量	单价	合价	暂估单价	暂估合价
	焊接钢管 DN100	m	0.318	43.49	13.83	—	—
	其他材料费				8.55		
	材料费小计				22.38		

成品管卡安装 De20 工程量清单综合单价分析表 表 1-63

项目编码	031002001001	项目名称	管道支架	计量单位	个	工程量	13.33
			清单综合单价组成明细				

定额编号	定额名称	定额单位	数量	单价				合价			
				人工费	材料费	施工机具使用费	管理费和利润	人工费	材料费	施工机具使用费	管理费和利润
C10-11-11	成品管卡安装公称直径（20mm 以内）	个	1	1.31	1.05	0	0.45	1.31	1.05	0	0.45
人工单价		小计						1.31	1.05	0	0.45
技工 142 元/工日；普工 92 元/工日		未计价材料费						1.39			
清单综合单价								4.2			

材料费明细	主要材料名称、规格、型号	单位	数量	单价	合价	暂估单价	暂估合价
	成品管卡 De20	套	1.05	1.32	1.39	—	—
	其他材料费				1.05		
	材料费小计				2.44		

成品管卡安装 De25 工程量清单综合单价分析表 表 1-64

项目编码	031002001002	项目名称	管道支架	计量单位	个	工程量	24.68
			清单综合单价组成明细				

定额编号	定额名称	定额单位	数量	单价				合价			
				人工费	材料费	施工机具使用费	管理费和利润	人工费	材料费	施工机具使用费	管理费和利润
C10-11-11	成品管卡安装公称直径（20mm 以内）	个	1	1.31	1.05	0	0.45	1.31	1.05	0	0.45
人工单价		小计						1.31	1.05	0	0.45
技工 142 元/工日；普工 92 元/工日		未计价材料费						1.51			
清单综合单价								4.32			

材料费明细	主要材料名称、规格、型号	单位	数量	单价	合价	暂估单价	暂估合价
	成品管卡 De25	套	1.05	1.44	1.51	—	—
	其他材料费				1.05		
	材料费小计				2.56		

成品管卡安装 De32 工程量清单综合单价分析表　　　　　　　　　　　　表 1-65

项目编码	031002001003	项目名称	管道支架	计量单位	个	工程量	28.97
清单综合单价组成明细							

定额编号	定额名称	定额单位	数量	单价				合价			
				人工费	材料费	施工机具使用费	管理费和利润	人工费	材料费	施工机具使用费	管理费和利润
C10-11-12	成品管卡安装公称直径（32mm 以内）	个	1	1.4	1.05	0	0.48	1.4	1.05	0	0.48

人工单价	小计				1.4	1.05	0	0.48
技工 142 元/工日；普工 92 元/工日	未计价材料费				1.70			
清单综合单价					4.63			

材料费明细	主要材料名称、规格、型号	单位	数量	单价	合价	暂估单价	暂估合价
	成品管卡 De32	套	1.05	1.62	1.70	—	—
	其他材料费				1.05		
	材料费小计				2.75		

成品管卡安装 De40 工程量清单综合单价分析表　　　　　　　　　　　　表 1-66

项目编码	031002001004	项目名称	管道支架	计量单位	个	工程量	24.06
清单综合单价组成明细							

定额编号	定额名称	定额单位	数量	单价				合价			
				人工费	材料费	施工机具使用费	管理费和利润	人工费	材料费	施工机具使用费	管理费和利润
C10-11-12	成品管卡安装公称直径（32mm 以内）	个	1	1.4	1.05	0	0.48	1.4	1.05	0	0.48

人工单价	小计				1.4	1.05	0	0.48
技工 142 元/工日；普工 92 元/工日	未计价材料费				2.24			
清单综合单价					5.17			

材料费明细	主要材料名称、规格、型号	单位	数量	单价	合价	暂估单价	暂估合价
	成品管卡 De40	套	1.05	2.13	2.24	—	—
	其他材料费				1.05		
	材料费小计				3.29		

成品管卡安装 De50 工程量清单综合单价分析表　　　　　　表 1-67

项目编码	031002001005	项目名称	管道支架	计量单位	个	工程量	14.53
清单综合单价组成明细							

定额编号	定额名称	定额单位	数量	单价				合价			
				人工费	材料费	施工机具使用费	管理费和利润	人工费	材料费	施工机具使用费	管理费和利润
C10-11-13	成品管卡安装公称直径（40mm 以内）	个	1	1.55	1.05	0	0.53	1.55	1.05	0	0.53
人工单价			小计					1.55	1.05	0	0.53
技工 142 元/工日；普工 92 元/工日			未计价材料费					2.44			
清单综合单价								5.57			

材料费明细	主要材料名称、规格、型号		单位	数量	单价	合价	暂估单价	暂估合价
	成品管卡 De50		套	1.05	2.32	2.44	—	—
	其他材料费					1.05		
	材料费小计					3.49		

成品管卡安装 De63 工程量清单综合单价分析表　　　　　　表 1-68

项目编码	031002001006	项目名称	管道支架	计量单位	个	工程量	5.55
清单综合单价组成明细							

定额编号	定额名称	定额单位	数量	单价				合价			
				人工费	材料费	施工机具使用费	管理费和利润	人工费	材料费	施工机具使用费	管理费和利润
C10-11-14	成品管卡安装公称直径（50mm 以内）	个	1	1.78	1.61	0	0.61	1.78	1.61	0	0.61
人工单价			小计					1.78	1.61	0	0.61
技工 142 元/工日；普工 92 元/工日			未计价材料费					2.71			
清单综合单价								6.71			

材料费明细	主要材料名称、规格、型号		单位	数量	单价	合价	暂估单价	暂估合价
	成品管卡 De63		套	1.05	2.58	2.71	—	—
	其他材料费					1.61		
	材料费小计					4.32		

成品管卡安装 De75 工程量清单综合单价分析表 表 1-69

项目编码		031002001007	项目名称		管道支架	计量单位	个	工程量	52.07
清单综合单价组成明细									
定额编号	定额名称	定额单位	数量	单价				合价	
				人工费	材料费	施工机具使用费	管理费和利润	人工费	材料费	施工机具使用费	管理费和利润
C10-11-15	成品管卡安装 公称直径 （80mm 以内）	个	1	2.01	1.69	0	0.69	2.01	1.69	0	0.69
人工单价		小计						2.01	1.69	0	0.69
技工 142 元/工日； 普工 92 元/工日		未计价材料费						3.32			
清单综合单价								7.71			
材料费明细	主要材料名称、规格、型号			单位	数量	单价	合价	暂估单价	暂估合价
	成品管卡 De75			套	1.05	3.16	3.32	—	—
	其他材料费						1.69		
	材料费小计						5.01		

成品管卡安装 De110 工程量清单综合单价分析表 表 1-70

项目编码		031002001008	项目名称		管道支架	计量单位	个	工程量	43.06
清单综合单价组成明细									
定额编号	定额名称	定额单位	数量	单价				合价	
				人工费	材料费	施工机具使用费	管理费和利润	人工费	材料费	施工机具使用费	管理费和利润
C10-11-16	成品管卡安装 公称直径 （100mm 以内）	个	1	2.25	2.54	0	0.77	2.25	2.54	0	0.77
人工单价		小计						2.25	2.54	0	0.77
技工 142 元/工日； 普工 92 元/工日		未计价材料费						4.44			
清单综合单价								10			
材料费明细	主要材料名称、规格、型号			单位	数量	单价	合价	暂估单价	暂估合价
	成品管卡 De110			套	1.05	4.23	4.44	—	—
	其他材料费						2.54		
	材料费小计						6.98		

2. 分部分项工程和单价措施项目清单与计价表，见表1-71。

分部分项和单价措施项目清单与计价表   表 1-71

序号	项目编码	项目名称	项目特征描述	计量单位	工程量	金额（元）		
						综合单价	合价	其中：暂估价
1	031001006001	塑料管	1. 安装部位：室内 2. 介质：给水 3. 材质、规格：PPR 管、De63 4. 连接形式：热熔连接	m	7.8	61.66 人 12.34 机 0.05	480.95 人 92.55 机 0.38	—
2	031001006002	塑料管	1. 安装部位：室内 2. 介质：给水 3. 材质、规格：PPR 管、De63（超过3.6m部分） 4. 连接形式：热熔连接	m	0.6	63.33 人 13.58 机 0.05	38 人 8.15 机 0.03	—
3	031001006003	塑料管	1. 安装部位：室内 2. 介质：给水 3. 材质、规格：PPR 管、De50 4. 连接形式：热熔连接	m	6.45	45.43 人 11.29 机 0.05	293.02 人 72.82 机 0.32	—
4	031001006004	塑料管	1. 安装部位：室内 2. 介质：给水 3. 材质、规格：PPR 管、De40 4. 连接形式：热熔连接	m	23.625	33.36 人 9.71 机 0.05	788.13 人 229.4 机 1.18	—
5	031001006005	塑料管	1. 安装部位：室内 2. 介质：给水 3. 材质、规格：PPR 管、De32 4. 连接形式：热熔连接	m	23.95	29.96 人 8.63 机 0.03	717.54 人 206.69 机 0.72	—
6	031001006006	塑料管	1. 安装部位：室内 2. 介质：给水 3. 材质、规格：PPR 管、De25 4. 连接形式：热熔连接	m	18.4	23.85 人 7.99 机 0.03	438.84 人 147.02 机 0.55	—
7	031001006007	塑料管	1. 安装部位：室内 2. 介质：给水 3. 材质、规格：PPR 管、De20 4. 连接形式：热熔连接	m	9.5	23.73 人 7.2 机 0.03	225.44 人 68.4 机 0.29	—
8	031001006008	塑料管	1. 安装部位：室内 2. 介质：排水 3. 材质、规格：UPVC 管、De50 4. 连接形式：粘接	m	19.6	28.23 人 11.99 机 0.02	553.31 人 235 机 0.39	—
9	031001006009	塑料管	1. 安装部位：室内 2. 介质：排水 3. 材质、规格：UPVC 管、De75 4. 连接形式：粘接	m	39.96	47.67 人 16.06 机 0.02	1904.89 人 641.76 机 0.8	—

续表

序号	项目编码	项目名称	项目特征描述	计量单位	工程量	金额(元)		
						综合单价	合价	其中：暂估价
10	031001006010	塑料管	1. 安装部位:室内 2. 介质:排水 3. 材质、规格:UPVC 管、De110 4. 连接形式:粘接	m	58.85	77.5 人 17.9 机 0.03	4560.88 人 1053.42 机 1.77	—
11	031001006011	塑料管	1. 安装部位:室内 2. 介质:排水 3. 材质、规格:UPVC 管、De110 （超过 3.6m 部分） 4. 连接形式:粘接	m	0.6	79.9 人 19.69 机 0.03	47.94 人 11.81 机 0.02	—
12	031004003001	洗脸盆	1. 材质:陶瓷 2. 规格、类型:挂墙式冷热水洗脸盆	组	10	569.98 人 46.98 机 0	5699.8 人 469.8 机 0	—
13	031004006001	大便器	1. 材质:陶瓷 2. 规格、类型:脚踏开关蹲式大便器	组	20	410.54 人 39.14 机 0	8210.8 人 782.8 机 0	—
14	031004007001	小便器	1. 材质:陶瓷 2. 规格、类型:落地式手动开关小便器	组	15	633.42 人 26.6 机 0	9501.3 人 399 机 0	—
15	031004014001	给排水附件	1. 材质:不锈钢 2. 型号、规格:De50 地漏	个	10	25.57 人 8.58 机 0	255.7 人 85.8 机 0	—
16	031004014002	给排水附件	1. 材质:UPVC 2. 型号、规格:De75 地面扫除口	个	5	26.31 人 6.27 机 0	131.55 人 31.35 机 0	—
17	031003001001	螺纹阀门	1. 类型:截止阀 2. 材质:J11H-40 3. 规格、压力等级:De63、4.0MPa 4. 连接形式:螺纹连接	个	1	176.96 人 17 机 3.24	176.96 人 17 机 3.24	—
18	031003001002	螺纹阀门	1. 类型:截止阀 2. 材质:J11H-40 3. 规格、压力等级:De40、4.0MPa 4. 连接形式:螺纹连接	个	5	95.69 人 8.85 机 1.42	478.45 人 44.25 机 7.1	—
19	031003001003	螺纹阀门	1. 类型:截止阀 2. 材质:J11H-40 3. 规格、压力等级:De32、4.0MPa 4. 连接形式:螺纹连接	个	5	76.24 人 6.84 机 1.28	381.2 人 34.2 机 6.4	—

序号	项目编码	项目名称	项目特征描述	计量单位	工程量	金额(元)		
						综合单价	合价	其中：暂估价
20	031003001004	螺纹阀门	1. 类型：止回阀 2. 材质：H14W-16T 3. 规格、压力等级：De63、1.6MPa 4. 连接形式：螺纹连接	个	1	171.41 人 17 机 3.24	171.41 人 17 机 3.24	—
21	031003013001	水表	1. 安装部位：室内 2. 型号、规格：普通螺纹水表、De63 3. 连接形式：螺纹连接	个	1	221 人 47.2 机 0.38	221 人 47.2 机 0.38	—
22	031002003001	套管	1. 名称、类型：刚性防水套管制作 De63 2. 材质：无缝钢管 3. 规格：$\phi89\times4$	个	1	117.14 人 46.73 机 3.13	117.14 人 46.73 机 3.13	—
23	031002003002	套管	1. 名称、类型：刚性防水套管安装 De63 2. 材质：刚性防水套管 3. 规格：DN100	个	1	112.21 人 37.65 机 0	112.21 人 37.65 机 0	—
24	031002003003	套管	1. 名称、类型：刚性防水套管制作 De110 2. 材质：无缝钢管 3. 规格：$\phi159\times4.5$	个	2	192.2 人 72.58 机 5.53	384.4 人 145.16 机 11.06	—
25	031002003004	套管	1. 名称、类型：刚性防水套管安装 De110 2. 材质：刚性防水套管 3. 规格：DN150	个	2	151.02 人 41.77 机 0	302.04 人 83.54 机 0	—
26	031002003005	套管	1. 名称、类型：一般钢套管制作安装 De25 2. 材质：焊接钢管 3. 规格：DN32	个	5	16.05 人 6.84 机 0.19	80.25 人 34.2 机 0.95	—
27	031002003006	套管	1. 名称、类型：一般钢套管制作安装 De50 2. 材质：焊接钢管 3. 规格：DN80	个	2	31.97 人 11.1 机 0.25	63.94 人 22.2 机 0.5	—
28	031002003007	套管	1. 名称、类型：一般钢套管制作安装 De63 2. 材质：焊接钢管 3. 规格：DN80	个	2	31.97 人 11.1 机 0.25	63.94 人 22.2 机 0.5	—
29	031002003008	套管	1. 名称、类型：一般钢套管制作安装 De75 2. 材质：焊接钢管 3. 规格：DN100	个	4	42.84 人 14.98 机 0.27	171.36 人 59.92 机 1.08	—

续表

序号	项目编码	项目名称	项目特征描述	计量单位	工程量	综合单价	合价	其中：暂估价
30	031002001001	管道支架	1. 材质：塑料管卡 2. 管架形式：成品管卡 De20	个	13.33	4.2 人 1.31 机 0	55.99 人 17.46 机 0	—
31	031002001002	管道支架	1. 材质：塑料管卡 2. 管架形式：成品管卡 De25	个	24.68	4.32 人 1.31 机 0	106.62 人 32.33 机 0	—
32	031002001003	管道支架	1. 材质：塑料管卡 2. 管架形式：成品管卡 De32	个	28.97	4.63 人 1.4 机 0	134.13 人 40.56 机 0	—
33	031002001004	管道支架	1. 材质：塑料管卡 2. 管架形式：成品管卡 De40	个	24.06	5.17 人 1.4 机 0	124.39 人 33.68 机 0	—
34	031002001005	管道支架	1. 材质：塑料管卡 2. 管架形式：成品管卡 De50	个	14.53	5.57 人 1.55 机 0	80.93 人 22.52 机 0	—
35	031002001006	管道支架	1. 材质：塑料管卡 2. 管架形式：成品管卡 De63	个	5.55	6.71 人 1.78 机 0	37.24 人 9.88 机 0	—
36	031002001007	管道支架	1. 材质：塑料管卡 2. 管架形式：成品管卡 De75	个	52.07	7.71 人 2.01 机 0	401.46 人 104.66 机 0	—
37	031002001008	管道支架	1. 材质：塑料管卡 2. 管架形式：成品管卡 De110	个	43.06	10 人 2.25 机 0	430.6 人 96.89 机 0	—
		分部分项工程费					37943.75 人 5505 机 44.03	
38	031301017001	脚手架搭拆	1. 场内、场外材料搬运 2. 搭、拆脚手架 3. 拆除脚手架后材料的堆放		脚手架搭拆费按定额人工费的 5% 计算，其费用中人工费占 35%，材料费占 65%		275.25 人 96.34 机 0	
		单价措施项目费					275.25 人 96.34 机 0	
		合计（分部分项工程费及单价措施项目费）					38219 人 5601.34 机 44.03	

3. 总价措施项目清单与计价表，见表1-72。

总价措施项目清单与计价表　　　　　　　　　　　　表 1-72

序号	费用项目		计算方法	金额（元）
1	分部分项工程和单价措施项目费		Σ（分部分项工程和单价措施项目费）	38219
1.1	其中	人工费	Σ（人工费）	5601.34
1.2		施工机具使用费	Σ（施工机具使用费）	44.03
2	总价措施项目费		2.1+2.2	561.71
2.1	安全文明施工费		（1.1+1.2）×费率	524.45
2.2	其他总价措施项目费		（1.1+1.2）×费率	37.26

4. 其他项目清单与计价汇总表，见表1-73。

其他项目清单与计价汇总表　　　　　　　　　　　　表 1-73

序号	费用项目		计算方法	金额（元）
1	暂列金额		按招标文件	2000
2	专业工程暂估价/结算价		按招标文件/结算价	0
3	计日工		3.1+3.2+3.3+3.4+3.5	617.19
3.1	其中	人工费	Σ（人工价格×暂定数量）	460
3.2		材料费	Σ（材料价格×暂定数量）	0
3.3		施工机具使用费	Σ（机械台班价格×暂定数量）	0
3.4		企业管理费	（3.1+3.3）×费率	86.76
3.5		利润	（3.1+3.3）×费率	70.43
4	总包服务费		4.1+4.2	0
4.1	其中	发包人发包专业工程	Σ（项目价值×费率）	0
4.2		发包人提供材料	Σ（材料价值×费率）	0
5	索赔与现场签证费		Σ（价格×数量）/Σ费用	0
6	其他项目费		1+2+3+4+5	2617.19

5. 单位工程造价汇总表，见表1-74。

单位工程造价汇总表　　　　　　　　　　　　表 1-74

序号	费用项目		计算方法	金额（元）
1	分部分项工程和单价措施项目费		Σ（分部分项工程和单价措施项目费）	38219
1.1	其中	人工费	Σ（人工费）	5601.34
1.2		施工机具使用费	Σ（施工机具使用费）	44.03
2	总价措施项目费		Σ（总价措施项目费）	561.71

续表

序号	费用项目		计算方法	金额(元)
3	其他项目费		∑(其他项目费)	2617.19
3.1	其中	人工费	∑(人工费)	460
3.2		施工机具使用费	∑(施工机具使用费)	0
4	规费		(1.1+1.2+3.1+3.2)×费率	730.81
5	增值税		(1+2+3+4)×税率	4634.16
6	含税工程造价		1+2+3+4+5	46762.87

自测练习1

一、单项选择题

1. 排水管道室内外界限划分是以（　　）为界。

A. 入口处设阀门者以阀门　　　　　B. 出户第一个检查井

C. 建筑物外墙皮 1.5m　　　　　　D. 外墙三通

2. 给排水管道工程量计算时按设计图示管道中心线以长度计算，以（　　）为计量单位。

A. mm　　　　　B. m　　　　　C. kg　　　　　D. 组

3. 塑料管的项目编码为（　　）。

A. 031001004　　B. 031001005　　C. 031001006　　D. 031001007

4. 下列管道按公称直径表示的是（　　）。

A. 镀锌钢管　　　B. 铜管　　　　C. 塑料管　　　D. 铝塑复合管

5. 洗脸盆按设计图示数量计算，以（　　）为计量单位。

A. 个　　　　　B. 组　　　　　C. 套　　　　　D. 台

6. 成品卫生器具项目中的排水附件包括（　　）。

A. 水嘴　　　　B. 阀门　　　　C. 喷头　　　　D. 存水弯

7. 螺纹截止阀的计量单位为（　　）。

A. 个　　　　　B. 组　　　　　C. 套　　　　　D. 块

8. 管道支架按设计图示质量计算时以（　　）为计量单位。

A. t　　　　　B. kg　　　　　C. 套　　　　　D. 个

9. 下列不属于分部分项工程费中的材料费的是（　　）。

A. 材料运杂费　　B. 运输损耗费　　C. 检验试验费　　D. 采购及保管费

10. 下列不属于安全文明施工费的是（　　）。

A. 环境保护费　　B. 安全施工费　　C. 临时设施费　　D. 夜间施工增加费

11. 用于施工合同签订时尚未确定或者不可预见的所需材料、服务的采购，施工中可能发生的工程变更、索赔以及现场签证确认等的费用的是（　　）。

A. 暂列金额　　　B. 暂估价　　　C. 计日工　　　D. 总承包服务费

12. 湖北省各专业消耗量定额及全费用基价表中的全费用由人工费、材料费、施工机具使用费、费用、增值税组成，其中费用的内容不包括（   ）。

A. 总价措施项目费   B. 企业管理费

C. 规费   D. 税金

13. 某给排水工程建筑物檐高为 45.6m、层数为 12 层，该建筑物的超高增加费按人工费的（   ）计取。

A. 2%   B. 5%   C. 9%   D. 14%

14. 在编制某给排水管道综合单价分析表时，假设其人工费、材料费、机械费分别为 100 元、10 元、5 元，查询定额得到企业管理费的费率为 18.86%、利润的费率为 15.31%，该管道的企业管理费和利润之和为（   ）元。

A. 34.17   B. 37.59   C. 35.88   D. 39.30

15. 某给排水工程的分部分项工程费为 10000 元，其中人工费为 1000 元、材料费为 8000 元、机械费为 10 元，查询定额得到脚手架搭拆费的系数为 5%，该工程的脚手架搭拆费为（   ）元。

A. 50   B. 50.5   C. 450.5   D. 500

二、判断题

1. 给排水管道工程量计算时，需要扣除阀门、管件、水表、伸缩器等所占长度。（   ）

2. 排水管道工程量自卫生器具出口处的地面或墙面的设计尺寸算起。（   ）

3. 淋浴器按设计图示数量计算，以组为计量单位。（   ）

4. 地漏套用清单中的项目名称为给排水附（配）件。（   ）

5. 水表组成安装，按照不同组成结构、连接方式、公称直径，以"组"为计量单位。（   ）

6. 一般穿墙套管、柔性、刚性套管，按介质管道的公称直径执行定额子目，分规格、材质以"套"为计量单位。（   ）

7. 已完工程及设备保护费和脚手架搭拆费均属于单价措施项目费。（   ）

8. 安装工程各项费用是以人工费、材料费、施工机具使用费之和为计费基数，按相应费率计取。（   ）

9. 工程量清单时的综合单价是指完成一个规定清单项目所需的人工费、材料和工程设备费、施工机具使用费和企业管理费、利润以及一定范围内的风险费用。（   ）

10. 给排水工程定额操作高度，均按 5m 以下编制；安装高度超过 5m 时需要计算操作高度增加费。（   ）

三、案例题

工程案例背景资料如下：

（1）某加压泵房工艺管道系统安装图

① 图 1-15 为泵房工艺管道安装平面图、图 1-16 为 1-1 剖面图、图 1-17 为 2-2 剖面图、表 1-75 为设备材料表。泵的入口设计工作压力为 1.0MPa，出口设计工作压力为 2.0MPa。

② 图注尺寸单位：标高以"m"计，其余均以"mm"计。

③ 管道为碳钢无缝钢管、氩电联焊，采用成品管件。

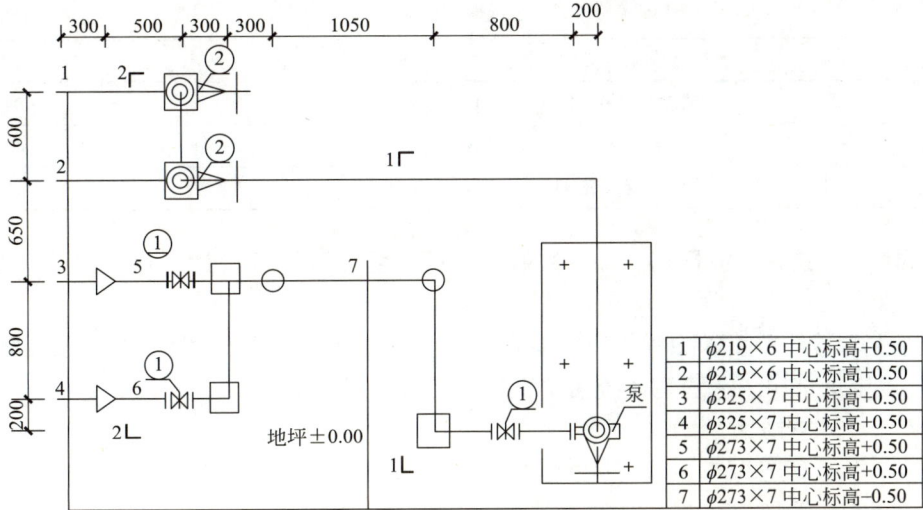

1	φ219×6 中心标高+0.50
2	φ219×6 中心标高+0.50
3	φ325×7 中心标高+0.50
4	φ325×7 中心标高+0.50
5	φ273×7 中心标高+0.50
6	φ273×7 中心标高+0.50
7	φ273×7 中心标高-0.50

图 1-15　泵房工艺管道安装平面图

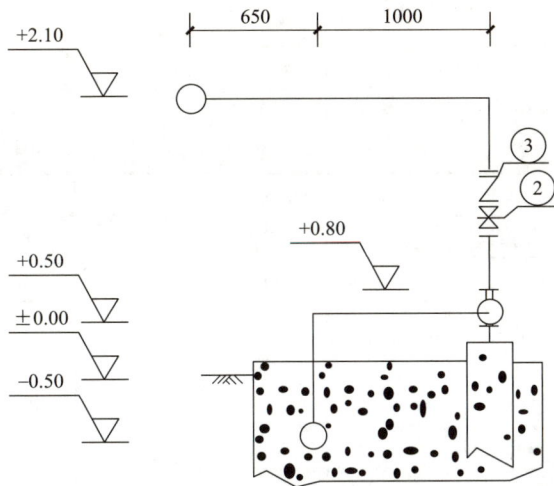

图 1-16　1-1 剖面图

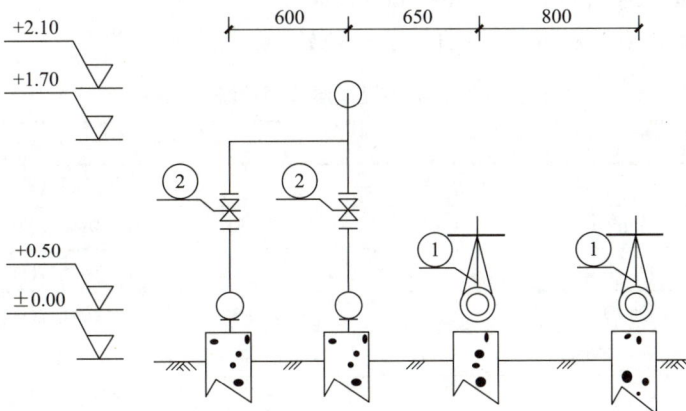

图 1-17　2-2 剖面图

设备材料表　　　　　　　　　　　　　　　　表 1-75

编号	名称编号及规格	单位	数量
①	法兰止回阀 H44H-25C DN200	个	1
②	法兰闸阀 Z41H-25C DN200	个	3
③	法兰闸阀 Z41H-16C DN250	个	3

④ 焊口 100％超声波探伤、15％X 射线复探。管道系统按设计工作压力的 1.25 倍进行水压试验。

⑤ 地上管道外壁喷砂除锈，环氧漆防腐；埋地管道外壁机械除锈，煤焦油漆防腐。

（2）设定该泵房工艺管道系统清单工程量有关情况如下：

① $\phi219\times6$ 管道为 9.5m；

② $\phi273\times7$ 管道为 6.5m，其中地下 2.0m；

③ $\phi325\times7$ 管道为 0.5m。

（3）管道安装工程的相关定额见表 1-76。

管道安装工程的相关定额　　　　　　　　　　表 1-76

序号	项目名称	计量单位	安装费（元）			主材	
			人工费	材料费	施工机具使用费	单价（元/kg）	耗量（m）
1	中压碳钢管（电弧焊）$\phi219\times6$	10m	158.00	37.00	154.00	6.00	9.5
2	中压碳钢管（氩电联焊）$\phi219\times6$	10m	185.00	40.00	180.00	6.00	9.5
3	高压管道水压试验 DN200 以内	100m	360.00	120.50	90.00		
4	中低压管道水压试验 DN200 以内	100m	295.00	97.00	27.00		
5	管道机械除锈	10m²	31.25	18.60	41.50		
6	管道喷砂除锈	10m²	42.50	35.80	62.20		
7	煤焦油漆防腐	10m²	48.40	285.00	43.50		
8	环氧漆防腐	10m²	48.40	310.00	45.60		

管理费和利润分别为人工费的 85％和 35％。

（4）相关分部分项工程量清单项目统一编码见表 1-77。

相关分部分项工程量清单项目统一编码　　　　表 1-77

项目编码	项目名称
030801001	低压碳钢管
030802001	中压碳钢管
030804001	低压碳钢管件
030805001	中压碳钢管件
030807003	低压法兰阀门
030808003	中压法兰阀门

根据以上工程案例背景资料，回答下列问题：

1. 按照背景资料（1）泵房工艺管道系统安装图所示内容，列式计算管道（区分地上、地下）项目的清单工程量。

2. 按照背景资料（2）、（4）中给出的管道系统清单工程量及相关项目统一编码，背景资料（1）中所示的阀门数量和规定的管道安装技术要求，编制管道、阀门项目"分部分项工程量清单与计价表"（表 1-78）。（注：不计算计价部分。）

分部分项工程量清单与计价表　　　　　　　表 1-78

工程名称：泵房　　　　　　　　　　　　　　　　　　　　　　　标段：工艺管道安装

序号	项目编码	项目名称	项目特征描述	计量单位	工程量	金额（元）		
						综合单价	合价	其中：暂估价
1								
2								
3								—
4								
5								
6								
7								
本页小计								—
合计								—

3. 按照背景资料（3）中的相关定额，编制 $\phi219\times6$ 管道（单重 31.6kg/m）的工程量清单"综合单价分析表"（表 1-79）。（注："数量"栏保留三位小数，其余保留两位小数。）

综合单价分析表　　　　　　　　　　　　　　　　　　　　　　**表 1-79**

工程名称：泵房　　　　　　　　　　　　　　　　　　　　标段：工艺管道安装

项目编码			项目名称		计量单位			
清单综合单价组成明细								
定额编号	定额名称	定额单位	数量	单价(元)				合价(元)			
				人工费	材料费	施工机具使用费	管理费和利润	人工费	材料费	施工机具使用费	管理费和利润
人工单价		小计									
元/工日		未计价材料费									
清单项目综合单价											
材料费明细	主要材料名称、规格、型号				单位	数量	单价(元)	合价(元)	暂估单价	暂估合价
	其他材料费									
	材料费小计									

教学单元 2
消防工程计量与计价

Chapter 02

知识目标

• 掌握消防管道、室内消火栓、灭火器、水喷头、水流指示器、支架、套管的工程量计算规则；

• 掌握安装工程费用的组成及计价程序；

• 掌握消防工程定额中按系数计取费用的计算方法。

能力目标

• 能够准确计算消防工程的工程量；

• 能够准确编制消防管道及附件的工程量清单综合单价分析表；

• 能够准确编制消防工程清单与计价表。

素质目标

• 培养学生的安全意识，严格遵守定额、规范的要求；

• 培养学生扎实的专业基本功，对所做工程秉持认真负责的态度；

• 培养学生爱思考、善总结的习惯。

2.1 消防工程案例

2.1.1 消防设计说明

消防工程
案例

（1）本工程为某办公楼室内消防工程，地上 4 层，地下 1 层，建筑总高度为 14.4m。

（2）消火栓和喷淋系统均采用镀锌钢管，管径＞DN100 时采用法兰连接，管径≤DN100 时采用螺纹连接。

（3）消火栓采用 SN65 普通型单栓消火栓，灭火器选用手提式。

（4）喷头选用下喷头，带喷头装饰盘。

（5）水流指示器为马鞍形连接。

（6）消火栓和喷淋系统进户管穿越基础外墙处宜设置刚性防水套管，消防干管、立管穿内墙及楼板处宜设置一般钢套管。

2.1.2 消防图纸

本案例包含消防平面图和系统图，如图 2-1 至图 2-5 所示。图中标注尺寸标高以"m"计，其余均以"mm"计。

2.2 消防管道计量

2.2.1 室内外管道界限划分

消防管道
计量

1. 消防系统室内外管道：以建筑物外墙皮 1.5m 为界，建筑物入口处设阀门者以阀门为界。

2. 与市政给水管道的界限：以与市政给水管道碰头点（井）为界。

2.2.2 管道工程量计算规则

（1）清单计算规则：各类管道安装工程量均按设计图示管道中心线以长度计算，以"m"为计量单位，不扣除阀门、管件及各种组件所占长度。

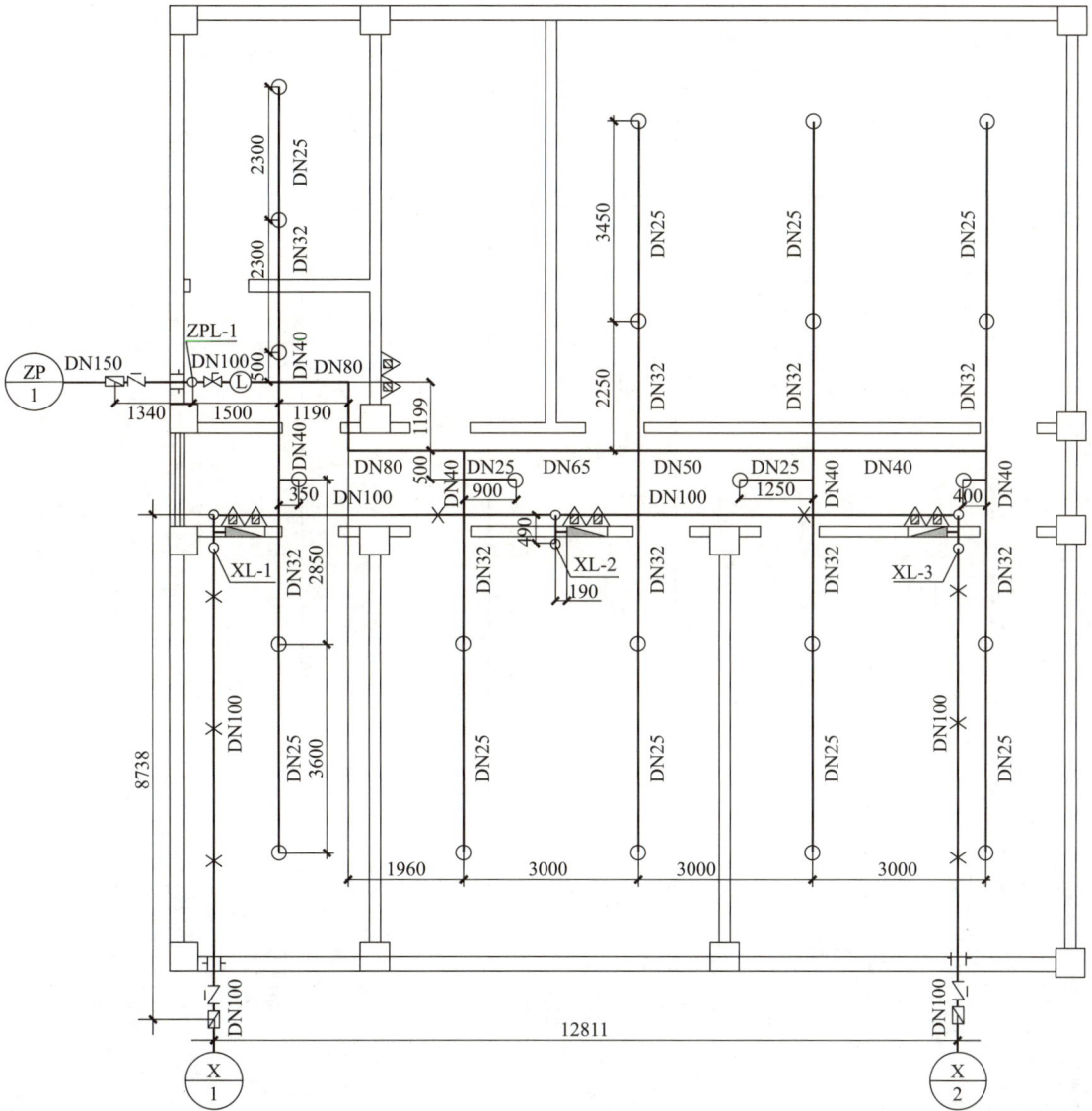

图 2-1　负一层消防平面图

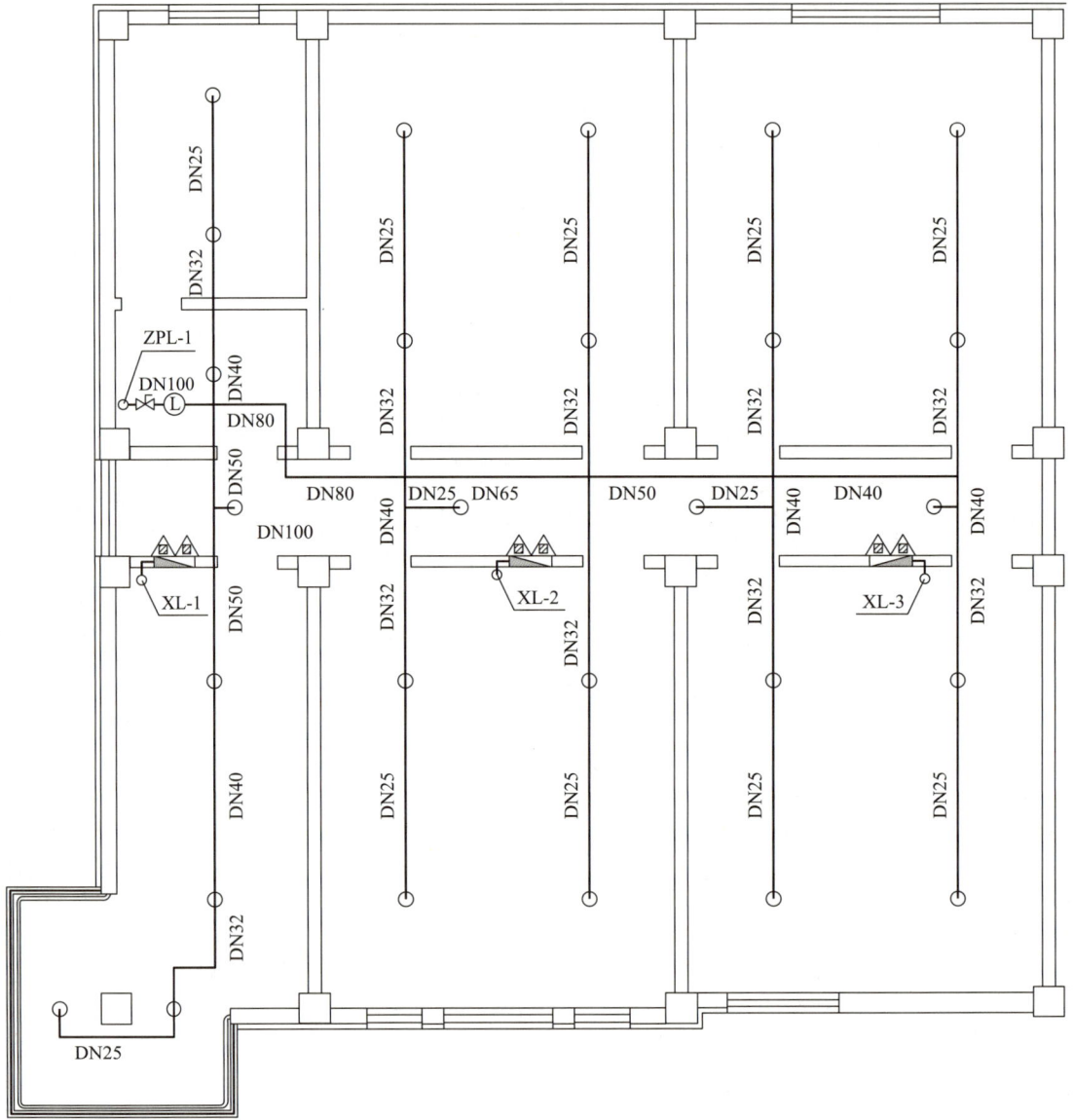

图 2-2 标准层消防平面图

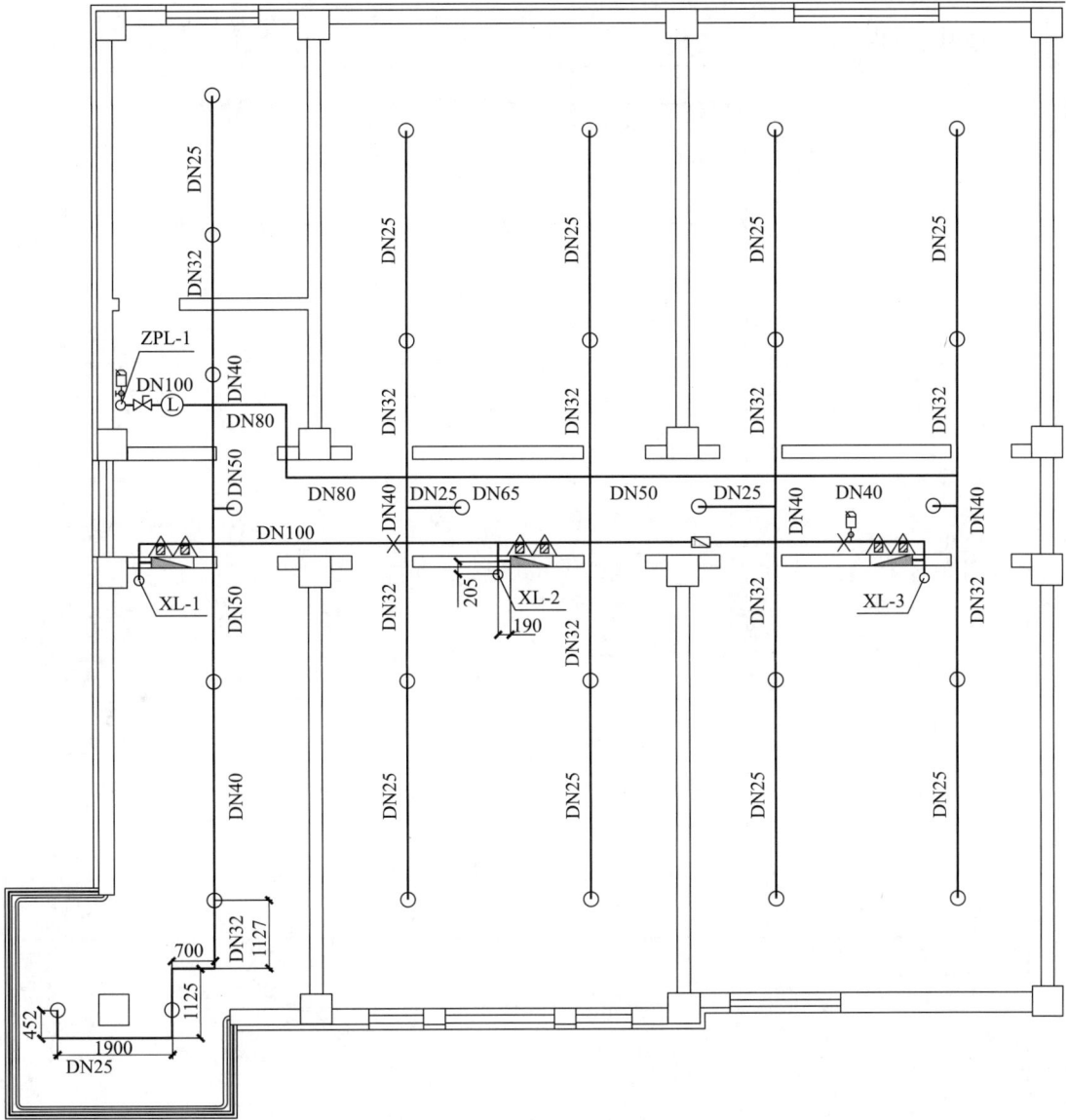

图 2-3 四层消防平面图

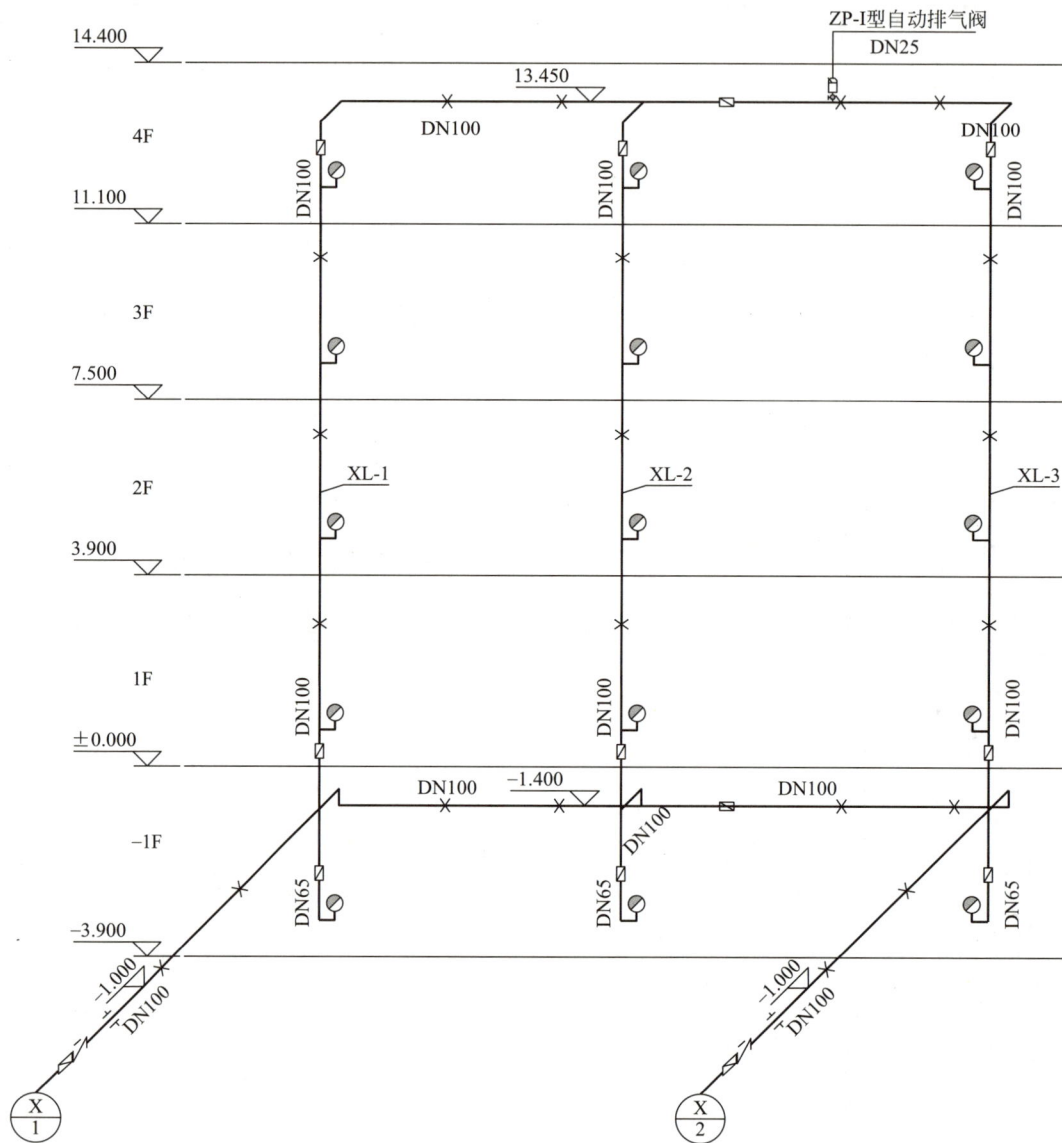

图 2-4　消火栓系统图

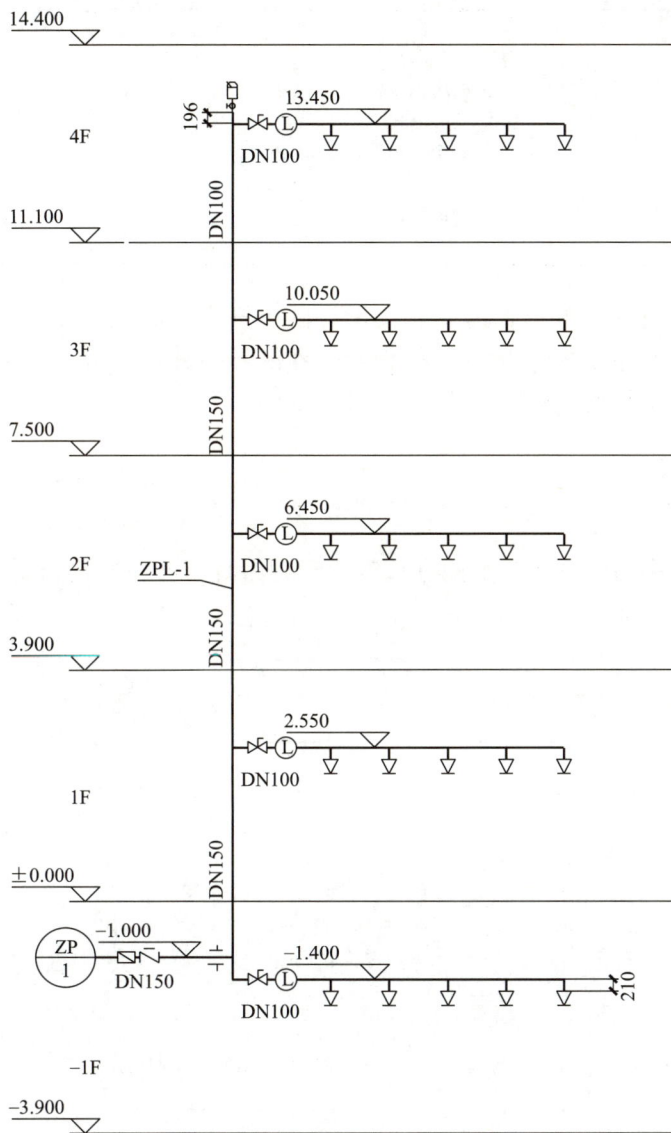

图 2-5　喷淋系统图

如表 2-1 所示为管道工程量清单项目设置、项目特征描述的内容、计量单位及工程量计算规则。

管道工程量清单查询表　　　　　　　　　　　　　　　　　　　　　　表 2-1

项目编码	项目名称	项目特征	计量单位	工程量计算规则
030901001	水喷淋钢管	1. 安装部位 2. 材质、规格 3. 连接形式 4. 钢管镀锌设计要求 5. 压力试验及冲洗设计要求 6. 管道标识设计要求	m	按设计图示管道中心线以长度计算
030901002	消火栓钢管			

（2）定额计算规则：各类管道安装按设计图示管道中心线长度以"10m"为计量单位，不扣除阀门、管件及各种组件所占长度；管件连接分规格以"10 个"为计量单位，沟槽管件主材包括卡箍及密封圈以"套"为计量单位。

2.2.3　工程量计算

下面对 2.1 节中的消防工程案例进行管道工程量计算，编制消防管道工程量汇总表，如表 2-2 所示。

消防管道工程量汇总表　　　　　　　　　　　　　　　　　　　　　　表 2-2

名称	单位	计算式	工程量
镀锌钢管 DN150 （法兰连接）	m	喷淋系统：1.34（进户管）+[10.05-（-1）]（立管）	12.39
镀锌钢管 DN100 （螺纹连接）	m	喷淋系统：1.5×5（负一至四层）+[-1-（-1.4）]（-1F立管）+（13.45+0.196-10.05）（三至四层立管） 消火栓系统：8.738×2（进户管）+12.811×2（负一至四层）+[13.45-（-1）]×3（总立管）+[（-1）-（-1.4）]×3（短立管）+0.49×4	11.5+73.6=85.10
镀锌钢管 DN80 （螺纹连接）	m	喷淋系统：(1.19+1.199+1.96)×5（负一至四层）	21.75
镀锌钢管 DN65 （螺纹连接）	m	喷淋系统：3×5（负一至四层） 消火栓系统：[（-1）-（-3.1）]×3（负一层立管）+[（0.205+0.19）（水平部分）+（1.1-0.8）（垂直部分）]×15（负一至四层）	15+16.73=31.73
镀锌钢管 DN50 （螺纹连接）	m	喷淋系统：3×5（负一至四层）+（1.199+0.5+2.85）×4（一至四层）	33.2
镀锌钢管 DN40 （螺纹连接）	m	喷淋系统：[（0.5+1.199+0.5）+0.5+0.5+3+0.5]（负一层）+[（0.5+3.6+0.5+0.5+3+0.5）]×4（一至四层）	41.1

续表

名称	单位	计算式	工程量
镀锌钢管 DN32 （螺纹连接）	m	喷淋系统：$(2.3+2.85×5+2.25×3)$（负一层）+$[2.3+$ $(1.127+0.7+1.125-0.452)+2.85×4+2.25×4]×4$ （一至四层）	124.1
镀锌钢管 DN25 （螺纹连接）	m	喷淋系统：$(2.3+3.6×5+3.45×3+0.35+0.9+1.25+$ $0.4)$（负一层）+$(2.3+1.9+0.452×2+3.6×4+3.4×$ $4+0.35+0.9+1.25+0.4)×4$（一至四层）+$0.21×$ $(23+27×4)$（连接喷头短立管）	205.08

2.3　室内消火栓、灭火器计量

2.3.1　清单计算规则

　　各种室内消火栓均按设计图示数量计算，以"套"为计量单位；各种灭火器均按设计图示数量计算，以"具"或"组"为计量单位。

　　如表 2-3 所示为室内消火栓、灭火器工程量清单项目设置、项目特征描述的内容、计量单位及工程量计算规则。

室内消火栓、灭火器工程量清单查询表　　　表 2-3

项目编码	项目名称	项目特征	计量单位	工程量计算规则
030901010	室内消火栓	1. 安装方式 2. 型号、规格 3. 附件材质、规格	套	按设计图示数量计算
030901013	灭火器	1. 形式 2. 规格、型号	具（组）	按设计图示数量计算

　　注意：室内消火栓包括消火栓箱、消火栓、水枪、水龙头、水龙带接扣、自救卷盘、挂架、消防按钮；落地消火栓箱包括箱内手提灭火器。

2.3.2　定额计算规则

　　各种室内消火栓均按设计图示数量计算，以"套"为计量单位。各种灭火器均按设计图示数量计算，分形式以"具、组"为计量单位。

2.3.3　工程量计算

　　下面对 2.1 节中的消防工程案例进行室内消火栓工程量计算，编制室内消火栓、灭火器工程量汇总表，如表 2-4 所示。

室内消火栓、灭火器工程量汇总表　　　　表 2-4

名称	单位	计算式	工程量
室内消火栓	套	3×5（负一层、一层、二层、三层、四层）	15
灭火器	具	8（负一层）＋6×4（一层、二层、三层、四层）	32

2.4 水喷头计量

2.4.1 清单计算规则

水喷头计量

各种水喷淋喷头均按设计图示数量计算，以"个"为计量单位。

如表 2-5 所示为水喷淋喷头工程量清单项目设置、项目特征描述的内容、计量单位及工程量计算规则。

水喷淋喷头工程量清单查询表　　　　表 2-5

项目编码	项目名称	项目特征	计量单位	工程量计算规则
030901003	水喷淋（雾）喷头	1. 安装部位 2. 材质、型号、规格 3. 连接形式 4. 装饰盘设计要求	个	按设计图示数量计算

注意：水喷淋（雾）喷头安装部位应区分有吊顶、无吊顶。

2.4.2 定额计算规则

喷头按设计图示数量计算，按安装部位、方式、规格以"个"为计量单位。

2.4.3 工程量计算

下面对 2.1 节中的消防工程案例进行水喷淋喷头工程量计算，编制水喷头工程量汇总表，如表 2-6 所示。

水喷头工程量汇总表　　　　表 2-6

名称	单位	计算式	工程量
水喷头	个	23（负一层）＋27×4（一层、二层、三层、四层）	131

2.5 水流指示器、阀门计量

2.5.1 清单计算规则

水流指示器、阀门均按设计图示数量计算，以"个"为计量单位。

如表 2-7 所示为水流指示器、阀门工程量清单项目设置、项目特征描述的内容、计量单位及工程量计算规则。

水流指示器、阀门工程量清单查询表　　　　　　　表 2-7

项目编码	项目名称	项目特征	计量单位	工程量计算规则
030901006	水流指示器	1. 规格、型号 2. 连接形式	个	按设计图示数量计算
031003001	螺纹阀门	1. 类型 2. 材质 3. 规格、压力等级 4. 连接形式	个	按设计图示数量计算
031003002	螺纹法兰阀门			

2.5.2 定额计算规则

水流指示器按设计图示数量计算，按安装部位、方式、规格以"个"为计量单位；阀门安装按照不同连接方式、公称直径，以"个"为计量单位。

2.5.3 工程量计算

下面对 2.1 节中的消防工程案例进行水流指示器、阀门工程量计算，编制水流指示器、阀门工程量汇总表，如表 2-8 所示。

水流指示器、阀门工程量汇总表　　　　　　　表 2-8

名称	单位	计算式	工程量
水流指示器 DN100	个	1×5(负一层、一层、二层、三层、四层)	5
信号蝶阀 DN100	个	1×5(负一层、一层、二层、三层、四层)	5
蝶阀 DN150	个	1(负一层)	1
蝶阀 DN100	个	2(进户管)+6(立管)+1(负一层水平管)	9
蝶阀 DN65	个	3(负一层)	3
止回阀 DN150	个	1(进户管)	1
止回阀 DN100	个	2(进户管)	2
自动排气阀 DN25	个	2(四层)	2

2.6 支架、套管计量

2.6.1 清单计算规则

管道、设备支架制作安装按设计图示质量计算，以"kg"为计量单位；按设计图示数量计算，以"套"为计量单位。

套管按设计图示数量计算，以"个"为计量单位。

如表 2-9 所示为支架、套管工程量清单项目设置、项目特征描述的内容、计量单位及工程量计算规则。

支架、套管工程量清单查询表   表 2-9

项目编码	项目名称	项目特征	计量单位	工程量计算规则
031002001	管道支架	1. 材质 2. 形式	1. kg 2. 套	1. 以"kg"计量，按设计图示质量计算 2. 以"套"计量，按设计图示数量计算
031002002	设备支架	1. 材质 2. 形式		
031002003	套管	1. 名称、类型 2. 材质 3. 规格 4. 填料材质	个	按设计图示数量计算

注意：

1. 单件支架 100kg 以上的管道支吊架执行设备支吊架制作安装。

2. 成品支架安装执行相应管道支架或设备支架项目，不再计取制作费，支架本身价值含在综合单价中。

3. 套管制作安装：适用于穿基础、墙、楼板等部位的防水套管、填料套管、无填料套管及防火套管等，应分别列项。

2.6.2 定额计算规则

管道、设备支架制作安装按设计图示单件重量，以"100kg"为计量单位。

成品管卡、阻火圈安装、成品防火套管安装，按工作介质管道直径，区分不同规格以"个"为计量单位。

一般穿墙套管、柔性、刚性套管，按介质管道的公称直径执行定额子目，分规格、材质以"个"为计量单位。

2.6.3 工程量计算

管道穿外墙采用刚性防水套管，穿内墙及楼板采用一般套管。

钢管水平安装的支架间距不应大于表 2-10 中所示数值。

钢管管道支架的最大间距　　　　　　　　　　　　　　表 2-10

公称直径(mm)		15	20	25	32	40	50	65	80	100	125	150
支架的最大间距(m)	保温管	2	2.5	2.5	2.5	3	3	4	4	4.5	6	7
	不保温管	2.5	3	3.5	4	4.5	5	6	6	6.5	7	8

钢管立管管卡安装应符合下列规定：

① 楼层高度小于或等于 5m，每层必须安装 1 个；

② 楼层高度大于 5m，每层不得少于 2 个；

③ 管卡安装高度，距地面应为 1.5～1.8m，2 个以上管卡应匀称安装，同一房间管卡应安装在同一高度上。

对表 2-2 中的数据按照管径分类整理消防管道水平部分长度，并查询表 2-10 进行支架工程量计算，如表 2-11 所示。

支架工程量汇总表　　　　　　　　　　　　　　表 2-11

介质管道管径	管道水平长度(m)	水平长度/最大间距	支架数量(取整)(个)	单个吊卡支架重量(kg/个)	支架总重量(kg)
DN150	1.34	1.34/8=0.17	1	1.84	1.84
DN100	36.55	36.55/6.5=5.62	6	0.71	4.26
DN80	21.75	21.75/6=3.63	4	0.61	2.44
DN65	20.93	20.93/6=3.49	4	0.56	2.24
DN50	33.2	33.2/5=6.64	7	0.34	2.38
DN40	41.1	41.1/4.5=9.13	10	0.31	3.1
DN32	124.1	124.1/4=31.03	32	0.29	9.28
DN25	177.42	177.42/3.5=50.69	51	0.19	9.69
汇总			115	—	35.23

同时对 2.1 节中的消防工程案例管道穿墙和楼板进行分析，编制套管、成品管卡工程量汇总表，如表 2-12 所示。

套管、成品管卡工程量汇总表　　　　　　　　　　　　　　表 2-12

名称	介质管道规格	单位	计算式	工程量
刚性防水套管	DN150	个	喷淋系统:1(进户管处)	1
刚性防水套管	DN100	个	消火栓系统:2(进户管处)	2
一般套管	DN150	个	喷淋系统:3(立管穿一至三层楼板处)	3
一般套管	DN100	个	消火栓系统:3(负一层穿内墙处)+3(四层穿内墙处)+4×3(立管穿一至四层楼板处) 喷淋系统:1(立管穿四层楼板处)	19

续表

名称	介质管道规格	单位	计算式	工程量
一般套管	DN80	个	5(负一至四层穿内墙处)	5
一般套管	DN50	个	2×4(一至四层穿内墙处)	8
一般套管	DN40	个	1(负一层穿内墙处)	1
一般套管	DN32	个	9×5(负一至四层穿内墙处)	45
成品管卡	DN65	个	消火栓系统:3(负一层立管处)	3
成品管卡	DN100	个	消火栓系统:3×4(一至四层立管处) 喷淋系统:1(四层立管处)	13
成品管卡	DN150	个	喷淋系统:4(负一至三层立管处)	4

2.7 消防工程计价

2.7.1 按系数计取的费用

消防工程
计价

定额系数是预算定额的重要组成部分,《湖北省通用安装工程消耗量定额及全费用基价表》(2018)把定额系数按其实质内容分为子目系数、工程系统系数和综合系数。

子目系数:当分项工程内容与定额子目考虑的编制环境不同时,所需进行的定额调整内容。如各章节规定的定额子目调整系数、操作高度增加费系数、暗室施工系数等。

工程系统系数:与工程建筑形式或工程系统调试有关的费用。如建筑物超高增加费系数,通风工程检测、调试系数,采暖工程系统调试费系数等。

综合系数:与工程本体形态无直接关系,而与施工方法和施工环境有关的系数。如脚手架搭拆费系数,安装与生产同时进行增加系数,有害环境影响增加系数等。

子目系数是计取工程系统系数的基础,子目系数和工程系统系数是计算综合系数的基础。

1. 操作高度增加费

消防工程定额操作高度,均按 5m 以下编制;安装高度超过 5m 时,超过部分工程量按定额人工乘以表 2-13 中系数计算。该费用为分部分项工程费,属于子目系数费用。

操作高度增加费系数 表 2-13

操作物高度(m)	≤10	≤30
系数	1.10	1.20

2. 建筑物超高增加费

高度在 6 层或者 20m 以上的工业与民用建筑物上进行安装时增加的费用，按表 2-14 计算，其费用中人工费占 65%。该费用为单价措施项目费，属于工程系统系数费用。

建筑物超高增加费　　　　　表 2-14

建筑物檐高(m)	≤40	≤60	≤80	≤100	≤120	≤140	≤160	≤180	≤200
建筑层数(层)	≤12	≤18	≤24	≤30	≤36	≤42	≤48	≤54	≤60
按人工费的(%)	2	5	9	14	20	26	32	38	44

3. 脚手架搭拆费

按定额人工费的 5% 计算，其费用中人工费占 35%。该费用为单价措施项目费，属于综合系数费用。

2.7.2 全费用基价表清单计价

1. 全费用综合单价分析表

查询《湖北省通用安装工程消耗量定额及全费用基价表》（2018）第九册 消防工程，完成全费用综合单价分析表，见表 2-15 至表 2-56。

水喷淋镀锌钢管 DN150 全费用综合单价分析表　　　　　表 2-15

项目编码	030901001001		项目名称	水喷淋钢管		计量单位	m	工程量	12.39

清单综合单价组成明细												
定额编号	定额名称	定额单位	数量	单价					合价				
				人工费	材料费	施工机具使用费	费用	增值税	人工费	材料费	施工机具使用费	费用	增值税
C9-1-10	室内钢管(法兰连接)公称直径(150mm 以内)	10m	0.1	554.13	116.99	24.68	324.65	112.25	55.41	11.7	2.47	32.47	11.23
人工单价		小计							55.41	11.7	2.47	32.47	11.23
技工 142 元/工日；普工 92 元/工日		未计价材料费							96.4				
清单综合单价									209.68				

材料费明细	主要材料名称、规格、型号			单位	数量	单价	合价	暂估单价	暂估合价
	镀锌钢管 DN150			m	1	96.4	96.4	—	—
	其他材料费						11.7		
	材料费小计						108.1		

水喷淋镀
锌钢管
（螺纹连接）

水喷淋镀锌钢管 DN100 全费用综合单价分析表　　　　表 2-16

项目编码	030901001002		项目名称	水喷淋钢管		计量单位	m	工程量	11.5
清单综合单价组成明细									

定额编号	定额名称	定额单位	数量	单价					合价				
				人工费	材料费	施工机具使用费	费用	增值税	人工费	材料费	施工机具使用费	费用	增值税
C9-1-7	镀锌钢管（螺纹连接）公称直径（100mm以内）	10m	0.1	280.25	29.84	6.49	160.83	52.52	28.03	2.98	0.65	16.08	5.25

人工单价	小计	28.03	2.98	0.65	16.08	5.25

技工 142 元/工日；普工 92 元/工日	未计价材料费	68.23

清单综合单价	121.22

材料费明细	主要材料名称、规格、型号	单位	数量	单价	合价	暂估单价	暂估合价
	镀锌钢管 DN100	m	0.995	55.08	54.8	—	—
	镀锌钢管接头管件 DN100	个	0.52	25.83	13.43	—	—
	其他材料费				2.98		
	材料费小计				71.21		

水喷淋镀锌钢管 DN80 全费用综合单价分析表　　　　表 2-17

项目编码	030901001003		项目名称	水喷淋钢管		计量单位	m	工程量	21.75
清单综合单价组成明细									

定额编号	定额名称	定额单位	数量	单价					合价				
				人工费	材料费	施工机具使用费	费用	增值税	人工费	材料费	施工机具使用费	费用	增值税
C9-1-6	镀锌钢管（螺纹连接）公称直径（80mm以内）	10m	0.1	277.07	32.45	6.09	158.82	52.19	27.71	3.25	0.61	15.88	5.22

人工单价	小计	27.71	3.25	0.61	15.88	5.22

技工 142 元/工日；普工 92 元/工日	未计价材料费	53

清单综合单价	105.67

材料费明细	主要材料名称、规格、型号	单位	数量	单价	合价	暂估单价	暂估合价
	镀锌钢管 DN80	m	0.995	42.82	42.61	—	—
	镀锌钢管接头管件 DN80	个	0.741	14.02	10.39	—	—
	其他材料费				3.25		
	材料费小计				56.25		

水喷淋镀锌钢管 DN65 全费用综合单价分析表　　　　　　　表 2-18

项目编码	030901001004	项目名称	水喷淋钢管	计量单位	m	工程量	15

| | | | | 清单综合单价组成明细 | | | | | | | | | |

<table>
<tr><td rowspan="2">定额编号</td><td rowspan="2">定额名称</td><td rowspan="2">定额单位</td><td rowspan="2">数量</td><td colspan="5">单价</td><td colspan="5">合价</td></tr>
<tr><td>人工费</td><td>材料费</td><td>施工机具使用费</td><td>费用</td><td>增值税</td><td>人工费</td><td>材料费</td><td>施工机具使用费</td><td>费用</td><td>增值税</td></tr>
<tr><td>C9-1-5</td><td>镀锌钢管（螺纹连接）公称直径（65mm 以内）</td><td>10m</td><td>0.1</td><td>258.43</td><td>29.15</td><td>5.49</td><td>148.03</td><td>48.52</td><td>25.84</td><td>2.92</td><td>0.55</td><td>14.8</td><td>4.85</td></tr>
<tr><td colspan="2">人工单价</td><td colspan="3">小计</td><td colspan="4"></td><td>25.84</td><td>2.92</td><td>0.55</td><td>14.8</td><td>4.85</td></tr>
<tr><td colspan="2">技工 142 元/工日；普工 92 元/工日</td><td colspan="7">未计价材料费</td><td colspan="5">43.77</td></tr>
<tr><td colspan="4">清单综合单价</td><td colspan="10">92.73</td></tr>
</table>

<table>
<tr><td rowspan="5">材料费明细</td><td>主要材料名称、规格、型号</td><td>单位</td><td>数量</td><td>单价</td><td>合价</td><td>暂估单价</td><td>暂估合价</td></tr>
<tr><td>镀锌钢管 DN65</td><td>m</td><td>0.995</td><td>36.34</td><td>36.16</td><td>—</td><td>—</td></tr>
<tr><td>镀锌钢管接头管件 DN65</td><td>个</td><td>0.756</td><td>10.07</td><td>7.61</td><td>—</td><td>—</td></tr>
<tr><td colspan="3">其他材料费</td><td colspan="4">2.92</td></tr>
<tr><td colspan="3">材料费小计</td><td colspan="4">46.69</td></tr>
</table>

水喷淋镀锌钢管 DN50 全费用综合单价分析表　　　　　　　表 2-19

项目编码	030901001005	项目名称	水喷淋钢管	计量单位	m	工程量	33.2

| | | | | 清单综合单价组成明细 | | | | | | | | | |

<table>
<tr><td rowspan="2">定额编号</td><td rowspan="2">定额名称</td><td rowspan="2">定额单位</td><td rowspan="2">数量</td><td colspan="5">单价</td><td colspan="5">合价</td></tr>
<tr><td>人工费</td><td>材料费</td><td>施工机具使用费</td><td>费用</td><td>增值税</td><td>人工费</td><td>材料费</td><td>施工机具使用费</td><td>费用</td><td>增值税</td></tr>
<tr><td>C9-1-4</td><td>镀锌钢管（螺纹连接）公称直径（50mm 以内）</td><td>10m</td><td>0.1</td><td>231.88</td><td>22.82</td><td>5.73</td><td>133.28</td><td>43.31</td><td>23.19</td><td>2.28</td><td>0.57</td><td>13.33</td><td>4.33</td></tr>
<tr><td colspan="2">人工单价</td><td colspan="3">小计</td><td colspan="4"></td><td>23.19</td><td>2.28</td><td>0.57</td><td>13.33</td><td>4.33</td></tr>
<tr><td colspan="2">技工 142 元/工日；普工 92 元/工日</td><td colspan="7">未计价材料费</td><td colspan="5">32.3</td></tr>
<tr><td colspan="4">清单综合单价</td><td colspan="10">76</td></tr>
</table>

<table>
<tr><td rowspan="5">材料费明细</td><td>主要材料名称、规格、型号</td><td>单位</td><td>数量</td><td>单价</td><td>合价</td><td>暂估单价</td><td>暂估合价</td></tr>
<tr><td>镀锌钢管 DN50</td><td>m</td><td>1.005</td><td>27.8</td><td>27.94</td><td>—</td><td>—</td></tr>
<tr><td>镀锌钢管接头管件 DN50</td><td>个</td><td>0.808</td><td>5.39</td><td>4.36</td><td>—</td><td>—</td></tr>
<tr><td colspan="3">其他材料费</td><td colspan="4">2.28</td></tr>
<tr><td colspan="3">材料费小计</td><td colspan="4">34.58</td></tr>
</table>

水喷淋镀锌钢管 DN40 全费用综合单价分析表　　　　　表 2-20

项目编码	030901001006	项目名称	水喷淋钢管	计量单位	m	工程量	41.1

清单综合单价组成明细

定额编号	定额名称	定额单位	数量	单价					合价				
				人工费	材料费	施工机具使用费	费用	增值税	人工费	材料费	施工机具使用费	费用	增值税
C9-1-3	镀锌钢管（螺纹连接）公称直径（40mm 以内）	10m	0.1	220.41	23.19	5.85	126.91	41.40	22.04	2.32	0.59	12.69	4.14
人工单价		小计							22.04	2.32	0.59	12.69	4.14
技工 142 元/工日；普工 92 元/工日		未计价材料费							23.58				
清单综合单价									65.36				

材料费明细	主要材料名称、规格、型号	单位	数量	单价	合价	暂估单价	暂估合价
	镀锌钢管 DN40	m	1.005	20.51	20.61	—	—
	镀锌钢管接头管件 DN40	个	0.861	3.45	2.97	—	—
	其他材料费				2.32		
	材料费小计				25.9		

水喷淋镀锌钢管 DN32 全费用综合单价分析表　　　　　表 2-21

项目编码	030901001007	项目名称	水喷淋钢管	计量单位	m	工程量	124.1

清单综合单价组成明细

定额编号	定额名称	定额单位	数量	单价					合价				
				人工费	材料费	施工机具使用费	费用	增值税	人工费	材料费	施工机具使用费	费用	增值税
C9-1-2	镀锌钢管（螺纹连接）公称直径（32mm 以内）	10m	0.1	163.89	17.88	4.90	94.67	30.95	16.39	1.79	0.49	9.47	3.1
人工单价		小计							16.39	1.79	0.49	9.47	3.1
技工 142 元/工日；普工 92 元/工日		未计价材料费							19.89				
清单综合单价									51.13				

材料费明细	主要材料名称、规格、型号	单位	数量	单价	合价	暂估单价	暂估合价
	镀锌钢管 DN32	m	1.005	17.81	17.9	—	—
	镀锌钢管接头管件 DN32	个	0.687	2.89	1.99	—	—
	其他材料费				1.79		
	材料费小计				21.68		

水喷淋镀锌钢管 DN25 全费用综合单价分析表　　　　　　　　　表 2-22

项目编码	030901001008	项目名称		水喷淋钢管		计量单位	m	工程量		205.08	
清单综合单价组成明细											
定额编号	定额名称	定额单位	数量	单价						合价	
				人工费	材料费	施工机具使用费	费用	增值税	人工费	材料费	施工机具使用费	费用	增值税

定额编号	定额名称	定额单位	数量	人工费	材料费	施工机具使用费	费用	增值税	人工费	材料费	施工机具使用费	费用	增值税
C9-1-1	镀锌钢管(螺纹连接)公称直径(25mm 以内)	10m	0.1	142.30	15.16	3.71	81.90	26.74	14.23	1.52	0.37	8.19	2.67
人工单价		小计							14.23	1.52	0.37	8.19	2.67
技工 142 元/工日；普工 92 元/工日		未计价材料费							13.84				
清单综合单价									40.82				

材料费明细	主要材料名称、规格、型号	单位	数量	单价	合价	暂估单价	暂估合价
	镀锌钢管 DN25	m	1.005	12.89	12.95	—	—
	镀锌钢管接头管件 DN25	个	0.59	1.51	0.89	—	—
	其他材料费				1.52		
	材料费小计				15.36		

消火栓镀锌钢管（螺纹连接）

消火栓镀锌钢管 DN100 全费用综合单价分析表　　　　　　　　表 2-23

项目编码	030901002001	项目名称		消火栓钢管		计量单位	m	工程量		73.6	
清单综合单价组成明细											

定额编号	定额名称	定额单位	数量	人工费	材料费	施工机具使用费	费用	增值税	人工费	材料费	施工机具使用费	费用	增值税
C9-1-35	镀锌钢管(螺纹连接)公称直径(100mm 以内)	10m	0.1	236	18.41	5.23	135.31	43.44	23.6	1.84	0.52	13.53	4.34
人工单价		小计							23.6	1.84	0.52	13.53	4.34
技工 142 元/工日；普工 92 元/工日		未计价材料费							65.36				
清单综合单价									109.19				

材料费明细	主要材料名称、规格、型号	单位	数量	单价	合价	暂估单价	暂估合价
	镀锌钢管 DN100	m	1.005	55.08	55.36	—	—
	镀锌钢管接头管件 DN100	个	0.387	25.83	10	—	—
	其他材料费				1.84		
	材料费小计				67.2		

消火栓镀锌钢管 DN65 全费用综合单价分析表　　　　表 2-24

项目编码	030901002002	项目名称	消火栓钢管	计量单位	m	工程量	16.73

清单综合单价组成明细												
定额编号	定额名称	定额单位	数量	单价					合价			
				人工费	材料费	施工机具使用费	费用	增值税	人工费	材料费	施工机具使用费	费用	增值税
C9-1-33	镀锌钢管(螺纹连接)公称直径(65mm 以内)	10m	0.1	224.58	17.39	4.92	128.73	41.32	22.46	1.74	0.49	12.87	4.13

人工单价	小计				22.46	1.74	0.49	12.87	4.13
技工 142 元/工日；普工 92 元/工日	未计价材料费	42.52			
清单综合单价	84.21			

材料费明细	主要材料名称、规格、型号	单位	数量	单价	合价	暂估单价	暂估合价
	镀锌钢管 DN65	m	1.005	36.34	36.52	—	—
	镀锌钢管接头管件 DN65	个	0.596	10.07	6	—	—
	其他材料费	1.74				
	材料费小计	44.26				

室内消火栓(暗装)

室内消火栓全费用综合单价分析表　　　　表 2-25

项目编码	030901010001	项目名称	室内消火栓	计量单位	套	工程量	15

清单综合单价组成明细												
定额编号	定额名称	定额单位	数量	单价					合价			
				人工费	材料费	施工机具使用费	费用	增值税	人工费	材料费	施工机具使用费	费用	增值税
C9-1-81	室内普通消火栓暗装 公称直径(单栓 65mm 以内)	套	1	82.74	3.72	0.15	46.49	14.64	82.74	3.72	0.15	46.49	14.64

人工单价	小计				82.74	3.72	0.15	46.49	14.64
技工 142 元/工日；普工 92 元/工日	未计价材料费	536.16			
清单综合单价	683.9			

材料费明细	主要材料名称、规格、型号	单位	数量	单价	合价	暂估单价	暂估合价
	室内普通消火栓(单栓)	套	1	536.16	536.16	—	—
	其他材料费	3.72				
	材料费小计	539.88				

灭火器全费用综合单价分析表　　　　　　　　　　　　　　表 2-26

项目编码	030901013001	项目名称		灭火器		计量单位	具	工程量		32
清单综合单价组成明细										
定额编号	定额名称	定额单位	数量	单价					合价	

定额编号	定额名称	定额单位	数量	人工费	材料费	施工机具使用费	费用	增值税	人工费	材料费	施工机具使用费	费用	增值税
C9-1-100	手提式灭火器安装	具	1	1.10	0.06	0	0.62	0.20	1.10	0.06	0	0.62	0.20
人工单价		小计							1.10	0.06	0	0.62	0.20
技工 142 元/工日；普工 92 元/工日		未计价材料费							51.37				
清单综合单价									53.35				

材料费明细	主要材料名称、规格、型号		单位	数量	单价	合价	暂估单价	暂估合价
	手提式灭火器 MFZ/ABC2		个	1	51.37	51.37	—	—
	其他材料费					0.06		
	材料费小计					51.43		

灭火器安装

水喷淋喷头

水喷头全费用综合单价分析表　　　　　　　　　　　　　　表 2-27

项目编码	030901003001	项目名称		水喷淋喷头		计量单位	个	工程量		131
清单综合单价组成明细										
定额编号	定额名称	定额单位	数量	单价					合价	

定额编号	定额名称	定额单位	数量	人工费	材料费	施工机具使用费	费用	增值税	人工费	材料费	施工机具使用费	费用	增值税
C9-1-45	水喷淋喷头(有吊顶)公称直径（15mm 以内）	个	1	15.45	6.28	0.19	8.77	3.38	15.45	6.28	0.19	8.77	3.38
人工单价		小计							15.45	6.28	0.19	8.77	3.38
技工 142 元/工日；普工 92 元/工日		未计价材料费							10.34				
清单综合单价									44.41				

材料费明细	主要材料名称、规格、型号		单位	数量	单价	合价	暂估单价	暂估合价
	下喷头		个	1.01	8.81	8.9	—	—
	喷头装饰盘		个	1.01	1.43	1.44	—	—
	其他材料费					6.28		
	材料费小计					16.62		

水流指示器全费用综合单价分析表 表 2-28

项目编码	030901006001	项目名称		水流指示器		计量单位	个	工程量		5

清单综合单价组成明细

定额编号	定额名称	定额单位	数量	单价					合价				
				人工费	材料费	施工机具使用费	费用	增值税	人工费	材料费	施工机具使用费	费用	增值税
C9-1-61	水流指示器(马鞍形连接)公称直径(100mm 以内)	个	1	37.65	0.18	0.03	21.13	6.49	37.65	0.18	0.03	21.13	6.49

人工单价		小计				37.65	0.18	0.03	21.13	6.49

技工 142 元/工日；普工 92 元/工日	未计价材料费	79.07

清单综合单价		144.55

材料费明细	主要材料名称、规格、型号	单位	数量	单价	合价	暂估单价	暂估合价
	水流指示器 DN100	个	1	79.07	79.07	—	—
	其他材料费					0.18	
	材料费小计					79.25	

水流指示器(马鞍型连接)

法兰阀门安装

蝶阀 DN150 全费用综合单价分析表 表 2-29

项目编码	031003002001	项目名称		螺纹法兰阀门		计量单位	个	工程量		1

清单综合单价组成明细

定额编号	定额名称	定额单位	数量	单价					合价				
				人工费	材料费	施工机具使用费	费用	增值税	人工费	材料费	施工机具使用费	费用	增值税
C10-5-44	法兰阀门安装公称直径(150mm 以内)	个	1	61.72	50.99	17.77	44.59	19.26	61.72	50.99	17.77	44.59	19.26

人工单价		小计				61.72	50.99	17.77	44.59	19.26

技工 142 元/工日；普工 92 元/工日	未计价材料费	338.53

清单综合单价		532.86

材料费明细	主要材料名称、规格、型号	单位	数量	单价	合价	暂估单价	暂估合价
	双法兰蝶阀 D341X-16 DN150	个	1	338.53	338.53	—	—
	其他材料费					50.99	
	材料费小计					389.52	

止回阀 DN150 全费用综合单价分析表　　　　　　　　　　　　表 2-30

项目编码	031003002002	项目名称		螺纹法兰阀门		计量单位		个	工程量		1
清单综合单价组成明细											
定额编号	定额名称	定额单位	数量	单价					合价			
				人工费	材料费	施工机具使用费	费用	增值税	人工费	材料费	施工机具使用费	费用	增值税
C10-5-44	法兰阀门安装公称直径（150mm 以内）	个	1	61.72	50.99	17.77	44.59	19.26	61.72	50.99	17.77	44.59	19.26
人工单价		小计							61.72	50.99	17.77	44.59	19.26
技工 142 元/工日；普工 92 元/工日		未计价材料费							1025.05				
清单综合单价									1219.38				
材料费明细	主要材料名称、规格、型号			单位		数量		单价	合价	暂估单价		暂估合价	
	止回阀 H41H-16C DN150			个		1		1025.05	1025.05	—		—	
	其他材料费								50.99				
	材料费小计								1076.04				

螺纹阀门安装

信号蝶阀 DN100 全费用综合单价分析表　　　　　　　　　　　　表 2-31

项目编码	031003001001	项目名称		螺纹阀门		计量单位		个	工程量		5
清单综合单价组成明细											
定额编号	定额名称	定额单位	数量	单价					合价			
				人工费	材料费	施工机具使用费	费用	增值税	人工费	材料费	施工机具使用费	费用	增值税
C10-5-9	螺纹阀门安装公称直径（100mm 以内）	个	1	59	50.74	8.44	37.83	17.16	59	50.74	8.44	37.83	17.16
人工单价		小计							59	50.74	8.44	37.83	17.16
技工 142 元/工日；普工 92 元/工日		未计价材料费							167.44				
清单综合单价									340.61				
材料费明细	主要材料名称、规格、型号			单位		数量		单价	合价	暂估单价		暂估合价	
	信号蝶阀 XD371X-16 DN100			个		1.01		165.78	167.44	—		—	
	其他材料费								50.74				
	材料费小计								218.18				

蝶阀 DN100 全费用综合单价分析表　　　　　　　　　　　　　　表 2-32

项目编码	031003001002	项目名称	螺纹阀门		计量单位	个	工程量	9
清单综合单价组成明细								

定额编号	定额名称	定额单位	数量	单价					合价				
				人工费	材料费	施工机具使用费	费用	增值税	人工费	材料费	施工机具使用费	费用	增值税
C10-5-9	螺纹阀门安装公称直径（100mm 以内）	个	1	59	50.74	8.44	37.83	17.16	59	50.74	8.44	37.83	17.16
人工单价		小计							59	50.74	8.44	37.83	17.16
技工 142 元/工日；普工 92 元/工日		未计价材料费							120.12				
清单综合单价									293.29				

材料费明细	主要材料名称、规格、型号	单位	数量	单价	合价	暂估单价	暂估合价
	对夹蝶阀 D371X-16 DN100	个	1.01	118.93	120.12	—	—
	其他材料费				50.74		
	材料费小计				170.86		

止回阀 DN100 全费用综合单价分析表　　　　　　　　　　　　　　表 2-33

项目编码	031003001003	项目名称	螺纹阀门		计量单位	个	工程量	2
清单综合单价组成明细								

定额编号	定额名称	定额单位	数量	单价					合价				
				人工费	材料费	施工机具使用费	费用	增值税	人工费	材料费	施工机具使用费	费用	增值税
C10-5-9	螺纹阀门安装公称直径（100mm 以内）	个	1	59	50.74	8.44	37.83	17.16	59	50.74	8.44	37.83	17.16
人工单价		小计							59	50.74	8.44	37.83	17.16
技工 142 元/工日；普工 92 元/工日		未计价材料费							489.74				
清单综合单价									662.91				

材料费明细	主要材料名称、规格、型号	单位	数量	单价	合价	暂估单价	暂估合价
	止回阀 H41H-16C DN100	个	1.01	484.89	489.74	—	—
	其他材料费				50.74		
	材料费小计				540.48		

蝶阀 DN65 全费用综合单价分析表　　　　　　　　　　表 2-34

项目编码	031003001004	项目名称	螺纹阀门	计量单位	个	工程量	3
清单综合单价组成明细							

定额编号	定额名称	定额单位	数量	单价					合价				
				人工费	材料费	施工机具使用费	费用	增值税	人工费	材料费	施工机具使用费	费用	增值税
C10-5-7	螺纹阀门安装 公称直径（65mm 以内）	个	1	21.35	31.43	4.68	14.60	7.93	21.35	31.43	4.68	14.60	7.93
人工单价		小计							21.35	31.43	4.68	14.60	7.93
技工 142 元/工日；普工 92 元/工日		未计价材料费							101.47				
清单综合单价									181.46				

材料费明细	主要材料名称、规格、型号	单位	数量	单价	合价	暂估单价	暂估合价
	对夹蝶阀 D371X-16 DN65	个	1.01	100.47	101.47	—	—
	其他材料费				31.43		
	材料费小计				132.9		

自动排气阀安装

自动排气阀 DN25 全费用综合单价分析表　　　　　　　　　　表 2-35

项目编码	031003001005	项目名称	螺纹阀门	计量单位	个	工程量	2
清单综合单价组成明细							

定额编号	定额名称	定额单位	数量	单价					合价				
				人工费	材料费	施工机具使用费	费用	增值税	人工费	材料费	施工机具使用费	费用	增值税
C10-5-30	自动排气阀安装 公称直径（25mm 以内）	个	1	17.70	4.25	0.09	9.98	3.52	17.70	4.25	0.09	9.98	3.52
人工单价		小计							17.70	4.25	0.09	9.98	3.52
技工 142 元/工日；普工 92 元/工日		未计价材料费							27.5				
清单综合单价									63.04				

材料费明细	主要材料名称、规格、型号	单位	数量	单价	合价	暂估单价	暂估合价
	自动排气阀 DN25	个	1	27.5	27.5	—	—
	其他材料费				4.25		
	材料费小计				31.75		

管道支架
制作、
安装

介质管道 DN150 支架制作全费用综合单价分析表　　　　表 2-36

项目编码	031002001001	项目名称		管道支架			计量单位	kg	工程量		1.84
清单综合单价组成明细											
定额编号	定额名称	定额单位	数量	单价					合价		
				人工费	材料费	施工机具使用费	费用	增值税	人工费	材料费	施工机具使用费	费用	增值税
C10-11-1	管道支架制作单件重量（5kg 以内）	100kg	0.01	517.80	146.34	56.26	321.99	114.66	5.18	1.46	0.56	3.22	1.15
人工单价			小计						5.18	1.46	0.56	3.22	1.15
技工 142 元/工日；普工 92 元/工日		未计价材料费						39.9					
清单综合单价								51.47					
材料费明细	主要材料名称、规格、型号			单位		数量		单价	合价	暂估单价		暂估合价	
	单管 DN150 支架型钢 综合			kg		1.05		38	39.9	—		—	
	其他材料费								1.46				
	材料费小计								41.36				

介质管道 DN100 支架制作全费用综合单价分析表　　　　表 2-37

项目编码	031002001002	项目名称		管道支架			计量单位	kg	工程量		4.26
清单综合单价组成明细											
定额编号	定额名称	定额单位	数量	单价					合价		
				人工费	材料费	施工机具使用费	费用	增值税	人工费	材料费	施工机具使用费	费用	增值税
C10-11-1	管道支架制作单件重量（5kg 以内）	100kg	0.01	517.80	146.34	56.26	321.99	114.66	5.18	1.46	0.56	3.22	1.15
人工单价			小计						5.18	1.46	0.56	3.22	1.15
技工 142 元/工日；普工 92 元/工日		未计价材料费						26.25					
清单综合单价								37.82					
材料费明细	主要材料名称、规格、型号			单位		数量		单价	合价	暂估单价		暂估合价	
	单管 DN100 支架型钢 综合			kg		1.05		25	26.25	—		—	
	其他材料费								1.46				
	材料费小计								27.71				

介质管道 DN80 支架制作全费用综合单价分析表 表 2-38

项目编码	031002001003	项目名称	管道支架	计量单位	kg	工程量	2.44
清单综合单价组成明细							

定额编号	定额名称	定额单位	数量	单价					合价				
				人工费	材料费	施工机具使用费	费用	增值税	人工费	材料费	施工机具使用费	费用	增值税
C10-11-1	管道支架制作单件重量（5kg 以内）	100kg	0.01	517.80	146.34	56.26	321.99	114.66	5.18	1.46	0.56	3.22	1.15
人工单价		小计							5.18	1.46	0.56	3.22	1.15
技工 142 元/工日；普工 92 元/工日		未计价材料费						22.05					
清单综合单价								33.62					

材料费明细	主要材料名称、规格、型号	单位	数量	单价	合价	暂估单价	暂估合价
	单管 DN80 支架型钢 综合	kg	1.05	21	22.05	—	—
	其他材料费				1.46		
	材料费小计				23.51		

介质管道 DN65 支架制作全费用综合单价分析表 表 2-39

项目编码	031002001004	项目名称	管道支架	计量单位	kg	工程量	2.24
清单综合单价组成明细							

定额编号	定额名称	定额单位	数量	单价					合价				
				人工费	材料费	施工机具使用费	费用	增值税	人工费	材料费	施工机具使用费	费用	增值税
C10-11-1	管道支架制作单件重量（5kg 以内）	100kg	0.01	517.80	146.34	56.26	321.99	114.66	5.18	1.46	0.56	3.22	1.15
人工单价		小计							5.18	1.46	0.56	3.22	1.15
技工 142 元/工日；普工 92 元/工日		未计价材料费						19.95					
清单综合单价								31.52					

材料费明细	主要材料名称、规格、型号	单位	数量	单价	合价	暂估单价	暂估合价
	单管 DN65 支架型钢 综合	kg	1.05	19	19.95	—	—
	其他材料费				1.46		
	材料费小计				21.41		

介质管道 DN50 支架制作全费用综合单价分析表　　　　　　表 2-40

项目编码	031002001005	项目名称	管道支架	计量单位	kg	工程量	2.38

清单综合单价组成明细													
定额编号	定额名称	定额单位	数量	单价					合价				
				人工费	材料费	施工机具使用费	费用	增值税	人工费	材料费	施工机具使用费	费用	增值税
C10-11-1	管道支架制作单件重量（5kg以内）	100kg	0.01	517.80	146.34	56.26	321.99	114.66	5.18	1.46	0.56	3.22	1.15
人工单价		小计							5.18	1.46	0.56	3.22	1.15
技工 142 元/工日；普工 92 元/工日		未计价材料费							16.8				
清单综合单价									28.37				

材料费明细	主要材料名称、规格、型号	单位	数量	单价	合价	暂估单价	暂估合价
	单管 DN50 支架型钢 综合	kg	1.05	16	16.8	—	—
	其他材料费				1.46		
	材料费小计				18.26		

介质管道 DN40 支架制作全费用综合单价分析表　　　　　　表 2-41

项目编码	031002001006	项目名称	管道支架	计量单位	kg	工程量	3.1

清单综合单价组成明细													
定额编号	定额名称	定额单位	数量	单价					合价				
				人工费	材料费	施工机具使用费	费用	增值税	人工费	材料费	施工机具使用费	费用	增值税
C10-11-1	管道支架制作单件重量（5kg以内）	100kg	0.01	517.80	146.34	56.26	321.99	114.66	5.18	1.46	0.56	3.22	1.15
人工单价		小计							5.18	1.46	0.56	3.22	1.15
技工 142 元/工日；普工 92 元/工日		未计价材料费							15.75				
清单综合单价									27.32				

材料费明细	主要材料名称、规格、型号	单位	数量	单价	合价	暂估单价	暂估合价
	单管 DN40 支架型钢 综合	kg	1.05	15	15.75	—	—
	其他材料费				1.46		
	材料费小计				17.21		

介质管道 DN32 支架制作全费用综合单价分析表　　　　　　　　表 2-42

项目编码	031002001007	项目名称		管道支架	计量单位		kg	工程量		9.28
清单综合单价组成明细										
定额编号	定额名称	定额单位	数量	单价						
				人工费	材料费	施工机具使用费	费用	增值税		
C10-11-1	管道支架制作单件重量（5kg 以内）	100kg	0.01	517.80	146.34	56.26	321.99	114.66		

定额编号	定额名称	定额单位	数量	合价				
				人工费	材料费	施工机具使用费	费用	增值税
C10-11-1	管道支架制作单件重量（5kg 以内）	100kg	0.01	5.18	1.46	0.56	3.22	1.15
人工单价	小计			5.18	1.46	0.56	3.22	1.15
技工 142 元/工日；普工 92 元/工日	未计价材料费			13.65				
清单综合单价				25.22				

材料费明细	主要材料名称、规格、型号	单位	数量	单价	合价	暂估单价	暂估合价
	单管 DN32 支架型钢 综合	kg	1.05	13	13.65	—	—
	其他材料费				1.46		
	材料费小计				15.11		

介质管道 DN25 支架制作全费用综合单价分析表　　　　　　　　表 2-43

项目编码	031002001008	项目名称		管道支架	计量单位		kg	工程量		9.69
清单综合单价组成明细										
定额编号	定额名称	定额单位	数量	单价						
				人工费	材料费	施工机具使用费	费用	增值税		
C10-11-1	管道支架制作单件重量（5kg 以内）	100kg	0.01	517.80	146.34	56.26	321.99	114.66		

定额编号	定额名称	定额单位	数量	合价				
				人工费	材料费	施工机具使用费	费用	增值税
C10-11-1	管道支架制作单件重量（5kg 以内）	100kg	0.01	5.18	1.46	0.56	3.22	1.15
人工单价	小计			5.18	1.46	0.56	3.22	1.15
技工 142 元/工日；普工 92 元/工日	未计价材料费			12.6				
清单综合单价				24.17				

材料费明细	主要材料名称、规格、型号	单位	数量	单价	合价	暂估单价	暂估合价
	单管 DN25 支架型钢 综合	kg	1.05	12	12.6	—	—
	其他材料费				1.46		
	材料费小计				14.06		

介质管道 DN25 至 DN150 支架安装全费用综合单价分析表　　　　　表 2-44

项目编码	031002001009	项目名称	管道支架	计量单位	kg	工程量	35.23
清单综合单价组成明细							

定额编号	定额名称	定额单位	数量	单价					合价				
				人工费	材料费	施工机具使用费	费用	增值税	人工费	材料费	施工机具使用费	费用	增值税
C10-11-6	管道支架安装单件重量（5kg 以内）	100kg	0.01	278.94	173.28	29.50	173.00	72.02	2.79	1.73	0.30	1.73	0.72
人工单价			小计						2.79	1.73	0.30	1.73	0.72
技工 142 元/工日；普工 92 元/工日			未计价材料费						—				
清单综合单价									7.27				

材料费明细	主要材料名称、规格、型号	单位	数量	单价	合价	暂估单价	暂估合价
	—	—	—	—	—	—	—
	其他材料费				1.73		
	材料费小计				1.73		

成品管卡安装

成品管卡 DN65 安装全费用综合单价分析表　　　　　表 2-45

项目编码	031002001010	项目名称	管道支架	计量单位	个	工程量	3
清单综合单价组成明细							

定额编号	定额名称	定额单位	数量	单价					合价				
				人工费	材料费	施工机具使用费	费用	增值税	人工费	材料费	施工机具使用费	费用	增值税
C10-11-15	成品管卡安装公称直径（80mm 以内）	个	1	2.01	1.69	0	1.13	0.53	2.01	1.69	0	1.13	0.53
人工单价			小计						2.01	1.69	0	1.13	0.53
技工 142 元/工日；普工 92 元/工日			未计价材料费						3.32				
清单综合单价									8.68				

材料费明细	主要材料名称、规格、型号	单位	数量	单价	合价	暂估单价	暂估合价
	成品管卡 DN65	套	1.05	3.16	3.32	—	—
	其他材料费				1.69		
	材料费小计				5.01		

成品管卡 DN100 安装全费用综合单价分析表　　　　　表 2-46

项目编码	031002001011	项目名称		管道支架		计量单位		个		工程量		13
清单综合单价组成明细												
定额编号	定额名称	定额单位	数量	单价					合价				
				人工费	材料费	施工机具使用费	费用	增值税	人工费	材料费	施工机具使用费	费用	增值税
C10-11-16	成品管卡安装公称直径（100mm 以内）	个	1	2.25	2.54	0	1.26	0.67	2.25	2.54	0	1.26	0.67
人工单价		小计							2.25	2.54	0	1.26	0.67
技工 142 元/工日；普工 92 元/工日		未计价材料费							4.44				
清单综合单价									11.16				
材料费明细	主要材料名称、规格、型号			单位		数量		单价		合价	暂估单价		暂估合价
	成品管卡 DN100			套		1.05		4.23		4.44	—		—
	其他材料费									2.54			
	材料费小计									6.98			

成品管卡 DN150 安装全费用综合单价分析表　　　　　表 2-47

项目编码	031002001012	项目名称		管道支架		计量单位		个		工程量		4
清单综合单价组成明细												
定额编号	定额名称	定额单位	数量	单价					合价				
				人工费	材料费	施工机具使用费	费用	增值税	人工费	材料费	施工机具使用费	费用	增值税
C10-11-18	成品管卡安装公称直径（150mm 以内）	个	1	2.81	2.54	0	1.58	0.76	2.81	2.54	0	1.58	0.76
人工单价		小计							2.81	2.54	0	1.58	0.76
技工 142 元/工日；普工 92 元/工日		未计价材料费							6.67				
清单综合单价									14.36				
材料费明细	主要材料名称、规格、型号			单位		数量		单价		合价	暂估单价		暂估合价
	成品管卡 DN150			套		1.05		6.35		6.67	—		—
	其他材料费									2.54			
	材料费小计									9.21			

刚性防水套管 DN150 制作全费用综合单价分析表　　　　表 2-48

项目编码	031002003001	项目名称	套管		计量单位	个	工程量	1
清单综合单价组成明细								

定额编号	定额名称	定额单位	数量	单价					合价				
				人工费	材料费	施工机具使用费	费用	增值税	人工费	材料费	施工机具使用费	费用	增值税
C10-11-73	刚性防水套管制作 介质管道公称直径(150mm以内)	个	1	93.56	70.65	6.62	56.19	24.97	93.56	70.65	6.62	56.19	24.97

人工单价	小计				93.56	70.65	6.62	56.19	24.97
技工 142 元/工日；普工 92 元/工日	未计价材料费				60.8				
清单综合单价					312.79				

材料费明细	主要材料名称、规格、型号	单位	数量	单价	合价	暂估单价	暂估合价
	无缝钢管 $\phi 219 \times 6$	m	0.424	143.39	60.8	—	—
	其他材料费				70.65		
	材料费小计				131.45		

刚性防水套管 DN150 安装全费用综合单价分析表　　　　表 2-49

项目编码	031002003002	项目名称	套管		计量单位	个	工程量	1
清单综合单价组成明细								

定额编号	定额名称	定额单位	数量	单价					合价				
				人工费	材料费	施工机具使用费	费用	增值税	人工费	材料费	施工机具使用费	费用	增值税
C10-11-85	刚性防水套管安装 介质管道公称直径(150mm以内)	个	1	54.74	15.54	0	30.70	11.11	54.74	15.54	0	30.70	11.11

人工单价	小计				54.74	15.54	0	30.70	11.11
技工 142 元/工日；普工 92 元/工日	未计价材料费				140.45				
清单综合单价					252.54				

材料费明细	主要材料名称、规格、型号	单位	数量	单价	合价	暂估单价	暂估合价
	刚性防水套管 DN250	个	1	140.45	140.45	—	—
	其他材料费				15.54		
	材料费小计				155.99		

刚性防水套管 DN100 制作全费用综合单价分析表 　　　　　表 2-50

项目编码	031002003003	项目名称	套管	计量单位	个	工程量	2

清单综合单价组成明细

定额编号	定额名称	定额单位	数量	单价					合价				
				人工费	材料费	施工机具使用费	费用	增值税	人工费	材料费	施工机具使用费	费用	增值税
C10-11-71	刚性防水套管制作 介质管道公称直径（100mm 以内）	个	1	72.58	54.85	5.53	43.81	19.44	72.58	54.85	5.53	43.81	19.44
人工单价		小计							72.58	54.85	5.53	43.81	19.44
技工 142 元/工日；普工 92 元/工日		未计价材料费							32.55				
清单综合单价									228.76				

材料费明细	主要材料名称、规格、型号	单位	数量	单价	合价	暂估单价	暂估合价
	无缝钢管 $\phi 159 \times 4.5$	m	0.424	76.77	32.55	—	
	其他材料费				54.85		
	材料费小计				87.4		

刚性防水套管 DN100 安装全费用综合单价分析表 　　　　　表 2-51

项目编码	031002003004	项目名称	套管	计量单位	个	工程量	2

清单综合单价组成明细

定额编号	定额名称	定额单位	数量	单价					合价				
				人工费	材料费	施工机具使用费	费用	增值税	人工费	材料费	施工机具使用费	费用	增值税
C10-11-83	刚性防水套管制作 介质管道公称直径（100mm 以内）	个	1	41.77	9.34	0	23.43	8.20	41.77	9.34	0	23.43	8.20
人工单价		小计							41.77	9.34	0	23.43	8.20
技工 142 元/工日；普工 92 元/工日		未计价材料费							85.64				
清单综合单价									168.38				

材料费明细	主要材料名称、规格、型号	单位	数量	单价	合价	暂估单价	暂估合价
	刚性防水套管 DN150	个	1	85.64	85.64	—	
	其他材料费				9.34		
	材料费小计				94.98		

一般钢套
管制作
安装

一般钢套管制作安装 DN32 全费用综合单价分析表　　　　　表 2-52

项目编码	031002003005	项目名称	套管	计量单位	个	工程量	45
清单综合单价组成明细							

定额编号	定额名称	定额单位	数量	单价					合价				
				人工费	材料费	施工机具使用费	费用	增值税	人工费	材料费	施工机具使用费	费用	增值税
C10-11-26	一般钢套管制作安装 介质管道公称直径（32mm以内）	个	1	7.91	3.53	0.22	4.56	1.78	7.91	3.53	0.22	4.56	1.78
人工单价		小计							7.91	3.53	0.22	4.56	1.78
技工 142 元/工日；普工 92 元/工日		未计价材料费						6.27					
清单综合单价								24.27					

材料费明细	主要材料名称、规格、型号	单位	数量	单价	合价	暂估单价	暂估合价
	焊接钢管 DN50	m	0.318	19.73	6.27	—	—
	其他材料费				3.53		
	材料费小计				9.8		

一般钢套管制作安装 DN40、DN50 全费用综合单价分析表　　　　　表 2-53

项目编码	031002003006	项目名称	套管	计量单位	个	工程量	9
清单综合单价组成明细							

定额编号	定额名称	定额单位	数量	单价					合价				
				人工费	材料费	施工机具使用费	费用	增值税	人工费	材料费	施工机具使用费	费用	增值税
C10-11-27	一般钢套管制作安装 介质管道公称直径（50mm以内）	个	1	11.10	6.11	0.25	6.37	2.62	11.10	6.11	0.25	6.37	2.62
人工单价		小计							11.10	6.11	0.25	6.37	2.62
技工 142 元/工日；普工 92 元/工日		未计价材料费						10.63					
清单综合单价								37.08					

材料费明细	主要材料名称、规格、型号	单位	数量	单价	合价	暂估单价	暂估合价
	焊接钢管 DN80	m	0.318	33.42	10.63	—	—
	其他材料费				6.11		
	材料费小计				16.74		

一般钢套管制作安装 DN80 全费用综合单价分析表　　　　表 2-54

项目编码	031002003007	项目名称		套管	计量单位	个	工程量	5

清单综合单价组成明细

定额编号	定额名称	定额单位	数量	单价					合价				
				人工费	材料费	施工机具使用费	费用	增值税	人工费	材料费	施工机具使用费	费用	增值税
C10-11-29	一般钢套管制作安装 介质管道公称直径（80mm 以内）	个	1	19.95	15.23	0.33	11.38	5.16	19.95	15.23	0.33	11.38	5.16
人工单价		小计							19.95	15.23	0.33	11.38	5.16
技工 142 元/工日；普工 92 元/工日		未计价材料费							19.17				
清单综合单价									71.22				

材料费明细	主要材料名称、规格、型号			单位	数量		单价	合价	暂估单价	暂估合价
	焊接钢管 DN125			m	0.318		60.27	19.17	—	—
	其他材料费							15.23		
	材料费小计							34.4		

一般钢套管制作安装 DN100 全费用综合单价分析表　　　　表 2-55

项目编码	031002003008	项目名称		套管	计量单位	个	工程量	19

清单综合单价组成明细

定额编号	定额名称	定额单位	数量	单价					合价				
				人工费	材料费	施工机具使用费	费用	增值税	人工费	材料费	施工机具使用费	费用	增值税
C10-11-30	一般钢套管制作安装 介质管道公称直径（100mm 以内）	个	1	27.25	16.21	0.40	15.51	6.53	27.25	16.21	0.40	15.51	6.53
人工单价		小计							27.25	16.21	0.40	15.51	6.53
技工 142 元/工日；普工 92 元/工日		未计价材料费							23.18				
清单综合单价									89.08				

材料费明细	主要材料名称、规格、型号			单位	数量		单价	合价	暂估单价	暂估合价
	焊接钢管 DN150			m	0.318		72.88	23.18	—	—
	其他材料费							16.21		
	材料费小计							39.39		

一般钢套管制作安装 DN150 全费用综合单价分析表　　　　　表 2-56

项目编码	031002003009	项目名称		套管		计量单位	个	工程量	3
清单综合单价组成明细									

定额编号	定额名称	定额单位	数量	单价					合价				
				人工费	材料费	施工机具使用费	费用	增值税	人工费	材料费	施工机具使用费	费用	增值税
C10-11-32	一般钢套管制作安装 介质管道公称直径（150mm 以内）	个	1	46.03	24.5	0.33	26	10.65	46.03	24.5	0.33	26	10.65
人工单价			小计						46.03	24.5	0.33	26	10.65
技工 142 元/工日；普工 92 元/工日		未计价材料费							45.6				
清单综合单价									153.11				

材料费明细	主要材料名称、规格、型号	单位	数量	单价	合价	暂估单价	暂估合价
	无缝钢管 ϕ219×6	m	0.318	143.39	45.6	—	—
	其他材料费				24.5		
	材料费小计				70.1		

2. 分部分项工程和单价措施项目清单与计价表，见表 2-57。

分部分项和单价措施项目清单与计价表　　　　　表 2-57

序号	项目编码	项目名称	项目特征描述	计量单位	工程量	金额（元）		其中：暂估价
						综合单价	合价	
1	030901001001	水喷淋钢管	1. 安装部位:室内 2. 材质、规格:镀锌钢管、DN150 3. 连接形式:法兰连接	m	12.39	209.68 人 55.41 机 2.47	2597.94 人 686.53 机 30.60	—
2	030901001002	水喷淋钢管	1. 安装部位:室内 2. 材质、规格:镀锌钢管、DN100 3. 连接形式:螺纹连接	m	11.5	121.22 人 28.03 机 0.65	1394.03 人 322.35 机 7.48	—
3	030901001003	水喷淋钢管	1. 安装部位:室内 2. 材质、规格:镀锌钢管、DN80 3. 连接形式:螺纹连接	m	21.75	105.67 人 27.71 机 0.61	2298.32 人 602.69 机 13.27	—
4	030901001004	水喷淋钢管	1. 安装部位:室内 2. 材质、规格:镀锌钢管、DN65 3. 连接形式:螺纹连接	m	15	92.73 人 25.84 机 0.55	1390.95 人 387.6 机 8.25	—
5	030901001005	水喷淋钢管	1. 安装部位:室内 2. 材质、规格:镀锌钢管、DN50 3. 连接形式:螺纹连接	m	33.2	76 人 23.19 机 0.57	2523.2 人 769.91 机 18.92	—

续表

序号	项目编码	项目名称	项目特征描述	计量单位	工程量	金额(元)		
						综合单价	合价	其中:暂估价
6	030901001006	水喷淋钢管	1. 安装部位:室内 2. 材质、规格:镀锌钢管、DN40 3. 连接形式:螺纹连接	m	41.1	65.36 人 22.04 机 0.59	2686.3 人 905.84 机 24.25	—
7	030090001007	水喷淋钢管	1. 安装部位:室内 2. 材质、规格:镀锌钢管、DN32 3. 连接形式:螺纹连接	m	124.1	51.13 人 16.39 机 0.49	6345.23 人 2034 机 60.81	—
8	030090001008	水喷淋钢管	1. 安装部位:室内 2. 材质、规格:镀锌钢管、DN25 3. 连接形式:螺纹连接	m	205.08	40.82 人 14.23 机 0.37	8371.37 人 2918.29 机 75.88	—
9	030090001002001	消火栓钢管	1. 安装部位:室内 2. 材质、规格:镀锌钢管、DN100 3. 连接形式:螺纹连接	m	73.6	109.19 人 23.6 机 0.52	8036.38 人 1736.96 机 38.27	—
10	030090001002002	消火栓钢管	1. 安装部位:室内 2. 材质、规格:镀锌钢管、DN65 3. 连接形式:螺纹连接	m	16.73	84.21 人 22.46 机 0.49	1408.83 人 375.76 机 8.2	—
11	030901010001	室内消火栓	1. 安装方式:暗装 2. 型号、规格:普通消火栓(单栓)	套	15	683.9 人 82.74 机 0.15	10258.5 人 1241.1 机 2.25	—
12	030901013001	灭火器	1. 形式:手提式灭火器 2. 规格、型号:MFA/ABC2	具	32	53.35 人 1.10 机 0	1707.2 人 35.2 机 0	—
13	030901003001	水喷淋喷头	1. 安装部位:有吊顶 2. 材质、型号、规格:下喷带装饰盘 93℃ 3. 连接形式:螺纹连接	个	131	44.41 人 15.45 机 0.19	5817.71 人 2023.95 机 24.89	—
14	030901006001	水流指示器	1. 规格、型号:球墨铸铁、ZSJZ DN100 2. 连接形式:马鞍形连接	个	5	144.55 人 37.65 机 0.03	722.75 人 188.25 机 0.15	—
15	031003002001	螺纹法兰阀门	1. 类型:双法兰蝶阀 2. 材质:不锈钢 3. 规格、压力等级:DN150、D341X-16 4. 连接形式:法兰连接	个	1	532.86 人 61.72 机 17.77	532.86 人 61.72 机 17.77	—
16	031003002002	螺纹法兰阀门	1. 类型:止回阀 2. 材质:不锈钢 3. 规格、压力等级:DN150、H41H-16C 4. 连接形式:法兰连接	个	1	1219.38 人 61.72 机 17.77	1219.38 人 61.72 机 17.77	—
17	031003001001	螺纹阀门	1. 类型:信号蝶阀 2. 材质:不锈钢 3. 规格、压力等级:DN100、XD871X-16 4. 连接形式:螺纹连接	个	5	340.61 人 59 机 8.44	1703.05 人 295 机 42.2	—

序号	项目编码	项目名称	项目特征描述	计量单位	工程量	金额(元)		其中：暂估价
						综合单价	合价	
18	031003001002	螺纹阀门	1. 类型:对夹蝶阀 2. 材质:不锈钢 3. 规格、压力等级:DN100、D371X-16 4. 连接形式:螺纹连接	个	9	293.29 人 59 机 8.44	2639.61 人 531 机 75.96	—
19	031003001003	螺纹阀门	1. 类型:止回阀 2. 材质:不锈钢 3. 规格、压力等级:DN100、H41H-16C 4. 连接形式:螺纹连接	个	2	662.91 人 59 机 8.44	1325.82 人 118 机 16.88	—
20	031003001004	螺纹阀门	1. 类型:对夹蝶阀 2. 材质:不锈钢 3. 规格、压力等级:DN65、D371X-16 4. 连接形式:螺纹连接	个	3	181.46 人 21.35 机 4.68	544.38 人 64.05 机 14.04	—
21	031003001005	螺纹阀门	1. 类型:自动排气阀 2. 材质:不锈钢 3. 规格、压力等级:DN25 4. 连接形式:螺纹连接	个	2	63.04 人 17.7 机 0.09	126.08 人 35.4 机 0.18	—
22	031002001001	管道支架	1. 名称:介质管道 DN150 支架制作 2. 材质:支架角钢、型钢横担、圆钢管卡 3. 管架形式:单管 DN150 吊架	kg	1.84	51.47 人 5.18 机 0.56	94.70 人 9.53 机 1.03	—
23	031002001002	管道支架	1. 名称:介质管道 DN100 支架制作 2. 材质:支架角钢、型钢横担、圆钢管卡 3. 管架形式:单管 DN100 吊架	kg	4.26	37.82 人 5.18 机 0.56	161.11 人 22.07 机 2.39	—
24	031002001003	管道支架	1. 名称:介质管道 DN80 支架制作 2. 材质:支架角钢、型钢横担、圆钢管卡 3. 管架形式:单管 DN80 吊架	kg	2.44	33.62 人 5.18 机 0.56	82.03 人 12.64 机 1.37	—
25	031002001004	管道支架	1. 名称:介质管道 DN65 支架制作 2. 材质:支架角钢、型钢横担、圆钢管卡 3. 管架形式:单管 DN65 吊架	kg	2.24	31.52 人 5.18 机 0.56	70.60 人 11.60 机 1.25	—
26	031002001005	管道支架	1. 名称:介质管道 DN50 支架制作 2. 材质:支架角钢、型钢横担、圆钢管卡 3. 管架形式:单管 DN50 吊架	kg	2.38	28.37 人 5.18 机 0.56	67.52 人 12.33 机 1.33	—

续表

序号	项目编码	项目名称	项目特征描述	计量单位	工程量	金额(元)		
						综合单价	合价	其中：暂估价
27	031002001006	管道支架	1. 名称：介质管道 DN40 支架制作 2. 材质：支架角钢、型钢横担、圆钢管卡 3. 管架形式：单管 DN40 吊架	kg	3.1	27.32 人 5.18 机 0.56	84.69 人 16.06 机 1.74	—
28	031002001007	管道支架	1. 名称：介质管道 DN32 支架制作 2. 材质：支架角钢、型钢横担、圆钢管卡 3. 管架形式：单管 DN32 吊架	kg	9.28	25.22 人 5.18 机 0.56	234.04 人 48.07 机 5.2	—
29	031002001008	管道支架	1. 名称：介质管道 DN25 支架制作 2. 材质：支架角钢、型钢横担、圆钢管卡 3. 管架形式：单管 DN25 吊架	kg	9.69	24.17 人 5.18 机 0.56	234.21 人 50.19 机 5.43	—
30	031002001009	管道支架	1. 名称：介质管道DN25至DN150支架安装 2. 管架形式：单管 DN25 至 DN150 吊架	kg	35.23	7.27 人 2.79 机 0.3	256.12 人 98.29 机 10.57	—
31	031002001009	管道支架	1. 材质：塑料管卡 2. 管架形式：成品管卡 DN65	个	3	8.68 人 2.01 机 0	26.04 人 6.03 机 0	—
32	031002001010	管道支架	1. 材质：塑料管卡 2. 管架形式：成品管卡 DN100	个	13	11.16 人 2.25 机 0	145.08 人 29.25 机 0	—
33	031002001011	管道支架	1. 材质：塑料管卡 2. 管架形式：成品管卡 DN150	个	4	14.36 人 2.81 机 0	57.44 人 11.24 机 0	—
34	031002003001	套管	1. 名称、类型：刚性防水套管制作 DN150 2. 材质：无缝钢管 3. 规格：ϕ219×6	个	1	312.79 人 93.56 机 6.62	312.79 人 93.56 机 6.62	—
35	031002003002	套管	1. 名称、类型：刚性防水套管安装 DN150 2. 材质：刚性防水套管 3. 规格：DN250	个	1	252.54 人 54.74 机 0	252.54 人 54.74 机 0	—
36	031002003003	套管	1. 名称、类型：刚性防水套管制作 DN100 2. 材质：无缝钢管 3. 规格：ϕ159×4.5	个	2	228.76 人 72.58 机 5.53	457.52 人 145.16 机 11.06	—

序号	项目编码	项目名称	项目特征描述	计量单位	工程量	金额(元)		其中:暂估价
						综合单价	合价	
37	031002003004	套管	1. 名称、类型:刚性防水套管安装 DN100 2. 材质:刚性防水套管 3. 规格:DN150	个	2	168.38 人 41.77 机 0	336.76 人 83.54 机 0	
38	031002003005	套管	1. 名称、类型:一般钢套管制作安装 DN32 2. 材质:焊接钢管 3. 规格:DN50	个	45	24.27 人 7.91 机 0.22	1092.15 人 355.95 机 9.9	
39	031002003006	套管	1. 名称、类型:一般钢套管制作安装 DN40、DN50 2. 材质:焊接钢管 3. 规格:DN80	个	9	37.08 人 11.1 机 0.25	333.72 人 99.9 机 2.25	
40	031002003007	套管	1. 名称、类型:一般钢套管制作安装 DN80 2. 材质:焊接钢管 3. 规格:DN125	个	5	71.22 人 19.95 机 0.33	356.1 人 99.75 机 1.65	
41	031002003008	套管	1. 名称、类型:一般钢套管制作安装 DN100 2. 材质:焊接钢管 3. 规格:DN150	个	19	89.08 人 27.25 机 0.4	1692.52 人 517.75 机 7.6	
42	031002003009	套管	1. 名称、类型:一般钢套管制作安装 DN150 2. 材质:无缝钢管 3. 规格:$\phi219\times6$	个	3	153.11 人 46.03 机 0.33	459.33 人 138.09 机 0.99	
		分部分项工程费					70456.9 人 17311.06 机 568.4	
43	031301017001	脚手架搭拆	1. 场内、场外材料搬运 2. 搭、拆脚手架 3. 拆除脚手架后材料的堆放			脚手架搭拆费按定额人工费的 5%计算,其费用中人工费占 35%,材料费占 65%	865.55 人 302.94 机 0	
		单价措施项目费					865.55 人 302.94 机 0	
合计(分部分项工程费及单价措施项目费)							71322.45 人 17614 机 568.4	

3. 其他项目清单与计价汇总表，见表 2-58。

其他项目清单与计价汇总表　　　　表 2-58

序号	费用项目		计算方法	金额(元)
1	暂列金额		按招标文件	2000
2	专业工程暂估价		按招标文件	0
3	计日工		3.1+3.2+3.3+3.4	672.24
3.1	其中	人工费	Σ(人工价格×暂定数量)	460
3.2		材料费	Σ(材料价格×暂定数量)	0
3.3		施工机具使用费	Σ(机械台班价格×暂定数量)	0
3.4		费用	(3.1+3.3)×费率	212.24
4	总包服务费		4.1+4.2	0
4.1	其中	发包人发包专业工程	Σ(项目价值×费率)	0
4.2		发包人提供材料	Σ(材料价值×费率)	0
5	索赔与现场签证费		Σ(价格×数量)/Σ费用	0
6	增值税		(1+2+3+4+5)×税率	293.95
7	其他项目费		1+2+3+4+5+6	2966.19

4. 单位工程造价汇总表，见表 2-59。

单位工程造价汇总表　　　　表 2-59

序号	费用项目	计算方法	金额(元)
1	分部分项工程和单价措施项目费	Σ(全费用单价×工程量)	71322.45
2	其他项目费	Σ(其他项目费)	2966.19
3	单位工程造价	1+2	74288.64

自测练习2

一、单项选择题

1. 消防管道室内外界限划分是以（　　）为界。

A. 入口处设阀门者以阀门　　　　B. 与市政给水管道碰头点

C. 建筑物外墙皮 1m　　　　D. 建筑物外墙皮 2m

2. 消防管道工程量计算时按设计图示管道中心线以长度计算，以（　　）为计量单位。

A. mm　　　　B. m　　　　C. kg　　　　D. 组

3. 消火栓钢管的项目编码为（　　　）。

A. 030901001　　　B. 030901002　　　C. 030901003　　　D. 030901004

4. 室内消火栓按设计图示数量计算，以（　　　）为计量单位。

A. 个　　　　　　　B. 组　　　　　　　C. 套　　　　　　　D. 具

5. 水喷头的项目特征不包括（　　　）。

A. 安装部位　　　　　　　　　　　B. 装饰盘设计要求

C. 连接形式　　　　　　　　　　　D. 压力试验

6. 下列钢管立管管卡安装要求不正确的是（　　　）。

A. 楼层高度小于或等于 5m，每层必须安装 1 个

B. 楼层高度大于 5m，每层不得少于 3 个

C. 管卡安装高度，距地面应为 1.5～1.8m，2 个以上管卡应匀称安装

D. 同一房间管卡应安装在同一高度上

7. 某消防工程建筑物檐高为 65.5m，层数为 18 层，该建筑物的超高增加费按人工费的（　　　）计取。

A. 2%　　　　　　　B. 5%　　　　　　　C. 9%　　　　　　　D. 14%

8. 招标人在工程量清单中提供的用于支付必然发生但暂时不能确定价格的材料的单价以及专业工程的金额是（　　　）。

A. 暂列金额　　　　B. 暂估价　　　　　C. 计日工　　　　　D. 总承包服务费

9. 下列费用中属于单价措施项目费的是（　　　）。

A. 安全文明施工费　　　　　　　　B. 夜间施工费

C. 二次搬运费　　　　　　　　　　D. 已完工程及设备保护费

10. 在编制某消防管道综合单价分析表时，假设其人工费、材料费、机械费分别为 200 元、50 元、10 元，查询定额得到企业管理费的费率为 18.86%，利润的费率为 15.31%，该管道的企业管理费和利润之和为（　　　）元。

A. 68.34　　　　　B. 71.76　　　　　C. 85.43　　　　　D. 88.84

11. 某消防工程的分部分项工程费为 25000 元，其中人工费为 3000 元、材料费为 15000 元、机械费为 500 元，查询定额得到脚手架搭拆费的系数为 5%，该工程的脚手架搭拆费为（　　　）元。

A. 150　　　　　　B. 175　　　　　　C. 925　　　　　　D. 1250

12. 下列不属于企业管理费的是（　　　）。

A. 办公费　　　　　　　　　　　　B. 差旅交通费

C. 检验试验费　　　　　　　　　　D. 临时设施费

13. 湖北省各专业消耗量定额及全费用基价表中的增值税按一般计税方法计算时其税率为（　　　）。

A. 3%　　　　　　　B. 9%　　　　　　　C. 11%　　　　　　D. 13%

14. 消防系统末端试水装置按设计图示数量计算，以（　　　）为计量单位。

A. 个　　　　　　　B. 组　　　　　　　C. 具　　　　　　　D. 套

15. 水喷淋镀锌钢管的材料组成中属于主材的是（　　　）。

A. 热轧厚钢板　　　　　　　　　　B. 镀锌铁丝

C. 接头管件　　　　　　　　　　　　　　D. 尼龙砂轮片

二、判断题

1. 消防管道工程量计算时，需要扣除阀门、管件及各种组件所占长度。（　　）

2. 水流指示器按设计图示数量计算，以组为计量单位。（　　）

3. 成品支架安装执行相应管道支架或设备支架项目，不再计取制作费，支架本身价值含在综合单价中。（　　）

4. 成品管卡、阻火圈安装、成品防火套管安装，按工作介质管道直径，区分不同规格以"组"为计量单位。（　　）

5. 消防工程定额操作高度，均按 3.6m 以下编制；安装高度超过 3.6m 时需要计算操作高度增加费。（　　）

6. 安装工程各项费用是以人工费和施工机具使用费之和为计费基数，按相应费率计取。（　　）

7. 全费用基价表清单计价时的综合单价是指完成一个规定清单项目所需的人工费、材料费、施工机具使用费、费用和增值税。（　　）

8. 水喷淋喷头应安装部位不区分有吊顶、无吊顶。（　　）

9. 一般计税法下，分部分项工程费、措施项目费、其他项目费等的组成内容为不含进项税的价格，计税基础为不含进项税额的不含税工程造价。（　　）

10. 材料的市场价格由供应价格（含包装费）、运杂费、运输损耗费、采购保管费组成。（　　）

三、案例题

工程案例背景资料如下：

（1）喷淋平面图

① 如图 2-6 所示为某建筑物喷淋平面图，图中标注尺寸均以"mm"计。

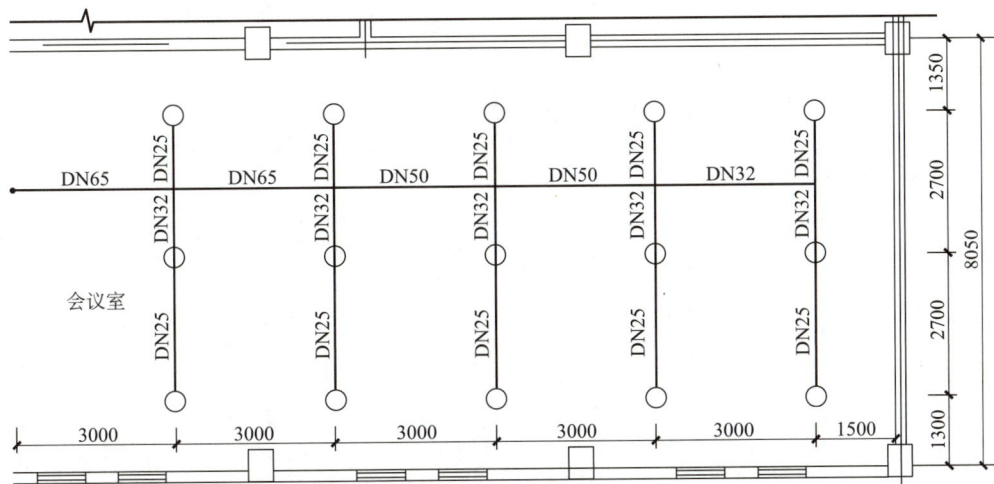

图 2-6　喷淋平面图

② 建筑物层高为 4m，房间吊顶高度为 3m。

③ 喷淋喷头为下喷头带装饰盘 93℃，喷头立管管径为 DN25，喷头安装高度为 3m。

④ 喷淋管道为镀锌钢管、螺纹连接，安装高度为 3.5m。

（2）相关分部分项工程量清单项目统一编码见表 2-60。

相关分部分项工程量清单项目统一编码　　　　表 2-60

项目编码	项目名称	项目特征	计量单位	工程量计算规则
030901001	水喷淋钢管	1. 安装部位 2. 材质、规格 3. 连接形式 4. 钢管镀锌设计要求 5. 压力试验及冲洗设计要求 6. 管道标识设计要求	m	按设计图示管道中心线以长度计算
030901002	消火栓钢管			
030901003	水喷淋（雾）喷头	1. 安装部位 2. 材质、型号、规格 3. 连接形式 4. 装饰盘设计要求	个	按设计图示数量计算

（3）喷淋镀锌钢管 DN50 安装定额的相关数据见表 2-61。

喷淋镀锌钢管 DN50 安装定额的相关数据　　　　表 2-61

定额编号	项目名称	计量单位	定额基价(元)				未计价主材	
			人工费	材料费	施工机具使用费	单价	耗量	
C9-1-4	镀锌钢管（螺纹连接）公称直径（50mm 以内）	10m	200	30	10	27 元/m	10.05m	
	管件（综合）	个				5 元/个	8.08 个/10m	

注意：管理费和利润的费率分别为 18.86％、15.31％，计费基数均为人工费＋施工机具使用费。

根据以上工程案例背景资料，回答下列问题：

1. 根据喷淋平面图，列式计算喷淋管道及喷头的工程量。

2. 根据背景资料（2）中给出的相关分部分项工程量清单项目统一编码，编制管道、喷头项目"分部分项工程量清单与计价表"（表 2-62）。（注：不计算计价部分。）

分部分项工程量清单与计价表　　　　　　　　　　　　　　**表 2-62**

工程名称：消防工程　　　　　　　　　　　　　　　　　　　　　标段：喷淋管道安装

序号	项目编码	项目名称	项目特征描述	计量单位	工程量	金额(元)		
						综合单价	合价	其中：暂估价
1								
2								
3								—
4								
5								
本页小计								—
合计								

3. 按照背景资料（3）中的相关定额，编制喷淋管道 DN50 的工程量清单"综合单价分析表"（表 2-63）。（注：表中结果均保留两位小数。）

综合单价分析表　　　　　　　　　　　　　　　　**表 2-63**

工程名称：消防工程　　　　　　　　　　　　　　　　　　　　　标段：喷淋管道安装

项目编码			项目名称		计量单位			
清单综合单价组成明细								
定额编号	定额名称	定额单位	数量	单价(元)				合价(元)			
				人工费	材料费	施工机具使用费	管理费和利润	人工费	材料费	施工机具使用费	管理费和利润
人工单价		小计									
元/工日		未计价材料费									
清单项目综合单价											
材料费明细	主要材料名称、规格、型号				单位	数量	单价(元)	合价(元)	暂估单价	暂估合价
									—	—
									—	—
	其他材料费									
	材料费小计									

教学单元3

Chapter 03

采暖工程计量与计价

知识目标

- 掌握采暖管道、供暖器具、热量表、阀门、支架、套管、刷油、绝热的工程量计算规则；
- 掌握安装工程费用的组成及计价程序；
- 掌握采暖工程定额中按系数计取费用的计算方法。

能力目标

- 能够准确计算采暖工程的工程量；
- 能够准确编制采暖管道及附件的工程量清单综合单价分析表；
- 能够准确编制采暖工程清单与计价表。

素质目标

- 培养学生独立思考探索、追求真理的责任感；
- 培养学生刻苦钻研、不断求索的工匠精神；
- 培养学生的节能意识，要有减少碳排放、避免能源浪费的觉悟。

3.1　采暖工程案例

3.1.1　采暖设计说明

（1）本工程为某办公大厦采暖工程，地上四层，层高为 3.8m。该采暖系统为上供上回双管异程式系统，供水温度 95℃，回水温度 70℃。供回水干管之间的间距为 150mm，N-A-1 至 N-A-8 供回水立管之间的间距为 100mm，热力入口处供回水干管之间的间距为 300mm。

（2）采暖管道采用镀锌钢管，管径≤DN50 为螺纹连接，其余为法兰连接。

（3）散热器选用钢制柱式散热器，散热器高度为 600mm，每组散热器上设温控阀。

（4）供回水干管手工除微锈，管道刷银粉漆两遍，管道采用 30mm 厚泡沫塑料瓦块保温。

（5）管道穿外墙采用刚性防水套管，穿内墙及楼板采用一般套管。

（6）未尽事宜按现行施工及验收规范的有关内容执行。

3.1.2　采暖图纸

本案例包含采暖平面图和系统图，如图 3-1 至图 3-5 所示。图中标注尺寸标高以"m"计，其余均以"mm"计。

3.2　采暖管道计量

3.2.1　室内外管道界限划分

室内外管道以建筑物外墙皮 1.5m 为界；建筑物入口处设阀门者以阀门为界，室外设有采暖入口装置者以入口装置循环管三通为界。

3.2.2　管道工程量计算规则

（1）清单计算规则：各类管道安装工程量均按设计图示管道中心线以长度计算，以"m"为计量单位，不扣除阀门、管件（包括减压器、疏水器、水表、伸缩器等组成安装）及附属构筑物所占长度；方形补偿器以其所占长度列入管道安装工程量。

111

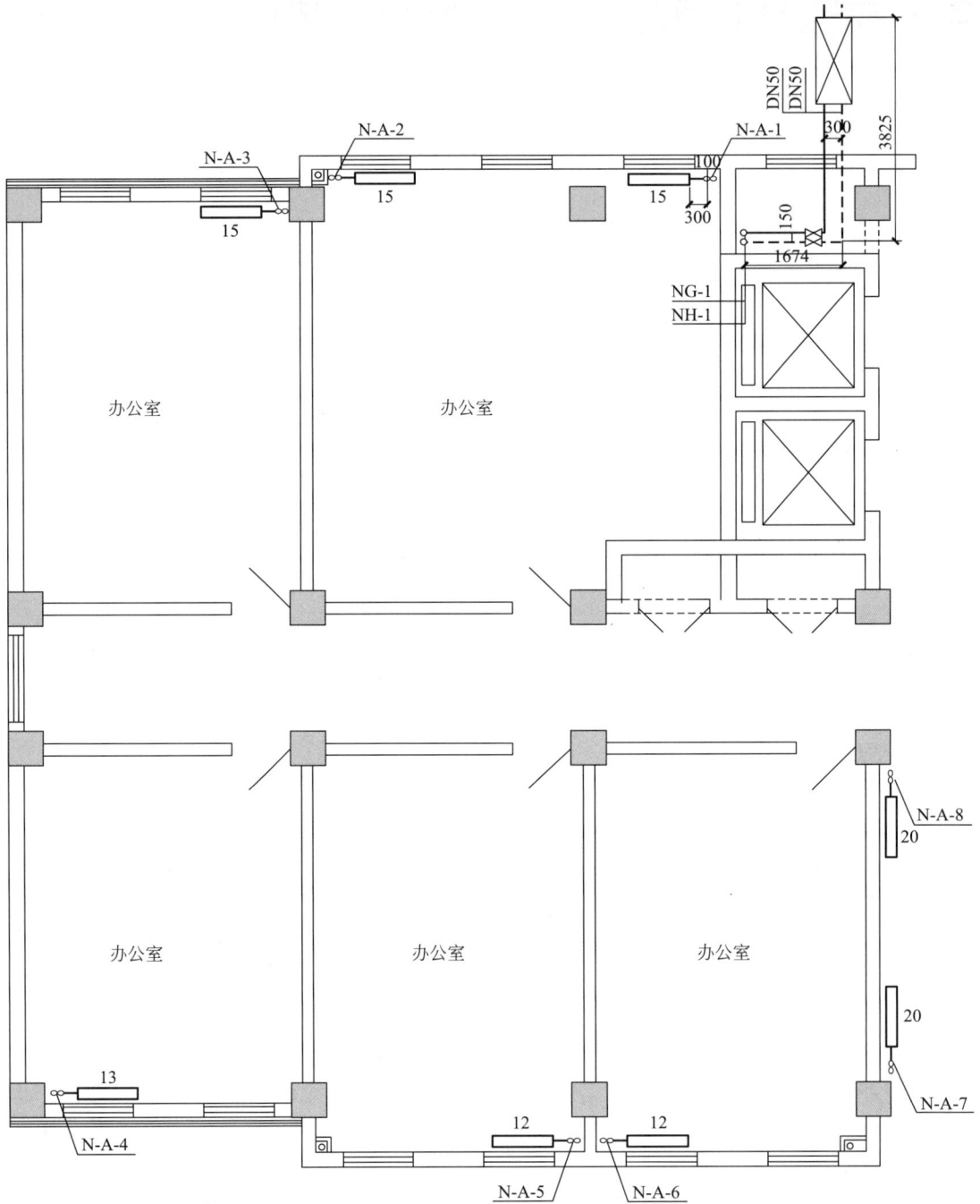

图 3-1 首层采暖平面图

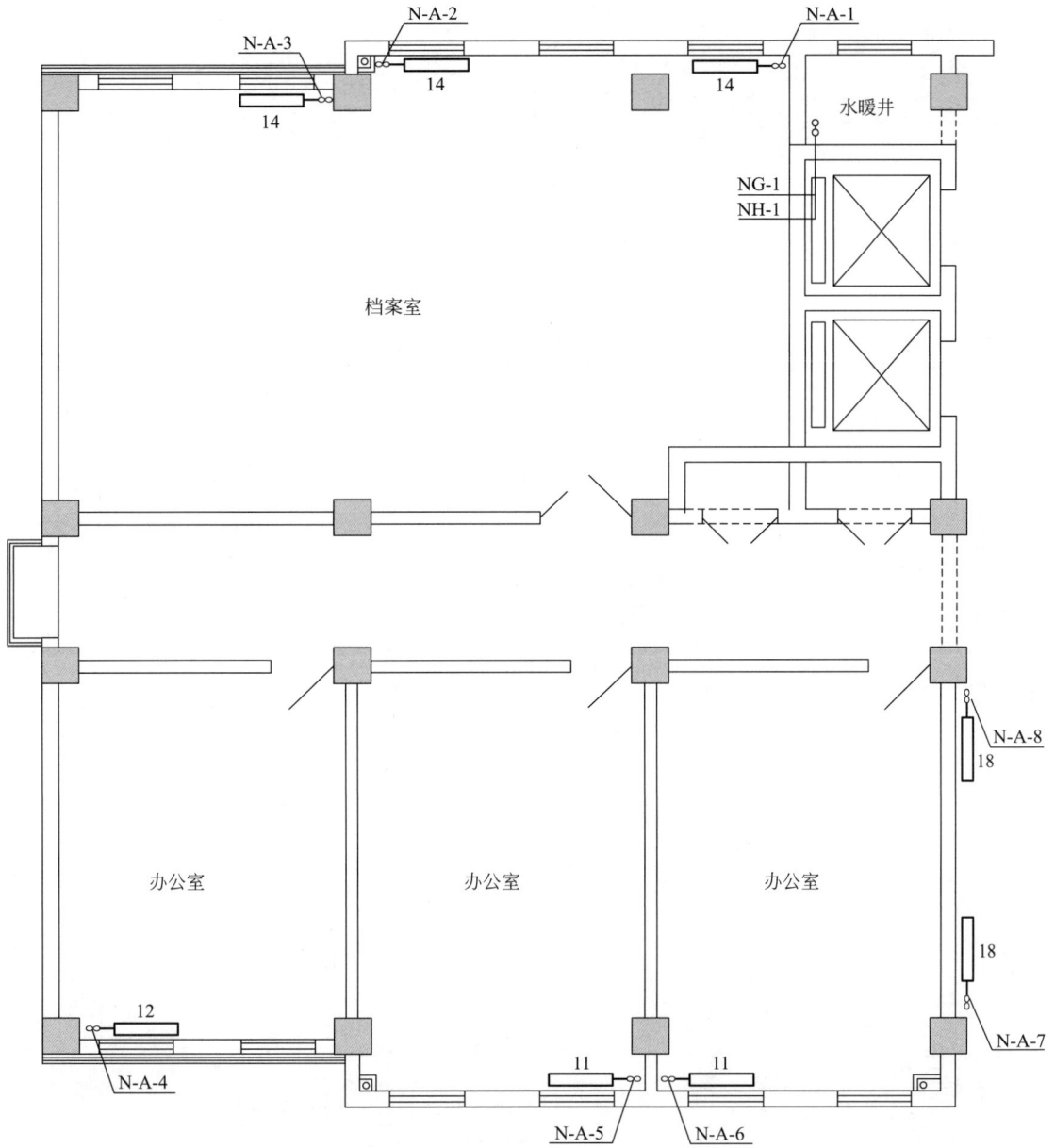

图 3-2　二层采暖平面图

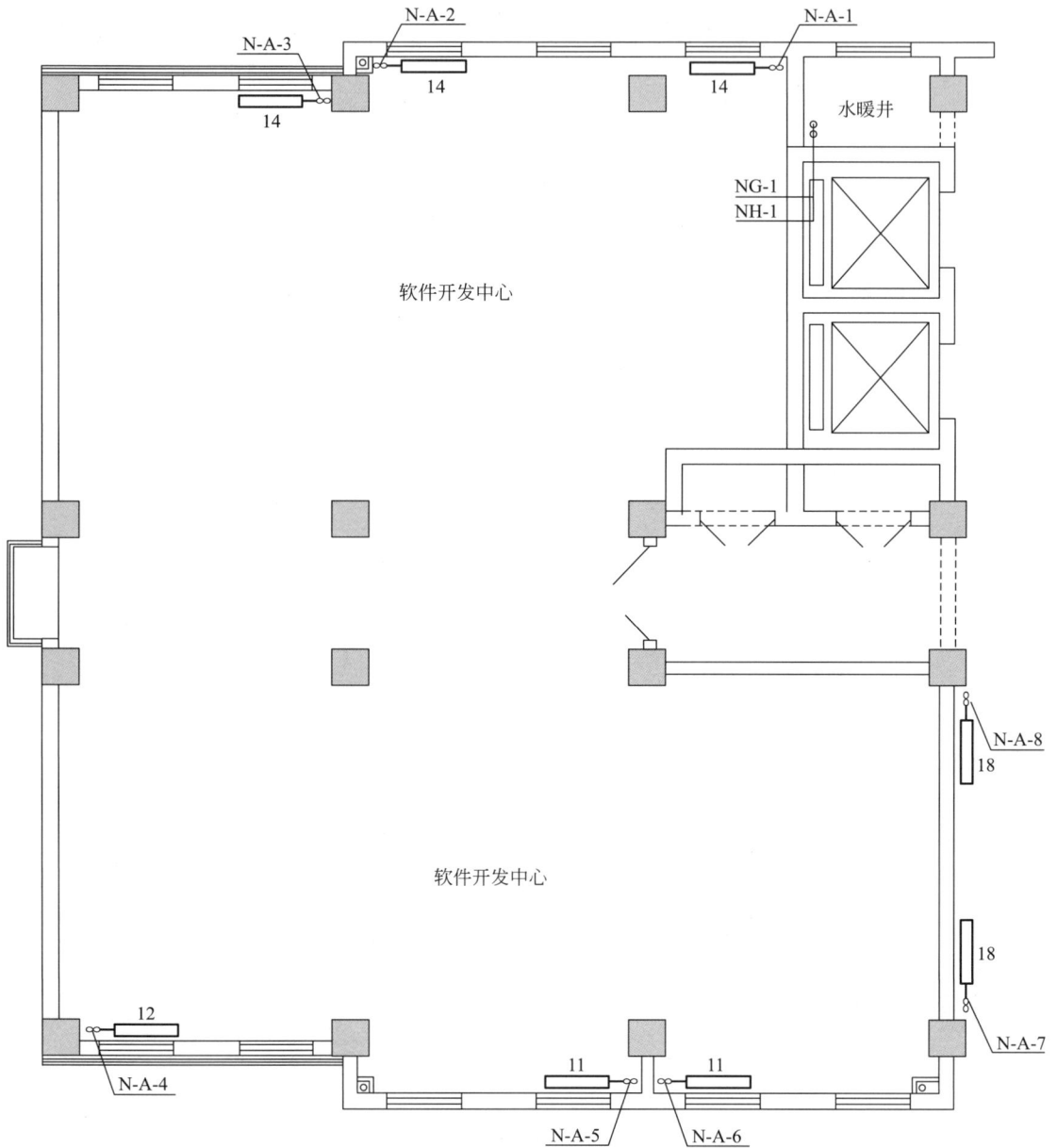

图 3-3　三层采暖平面图

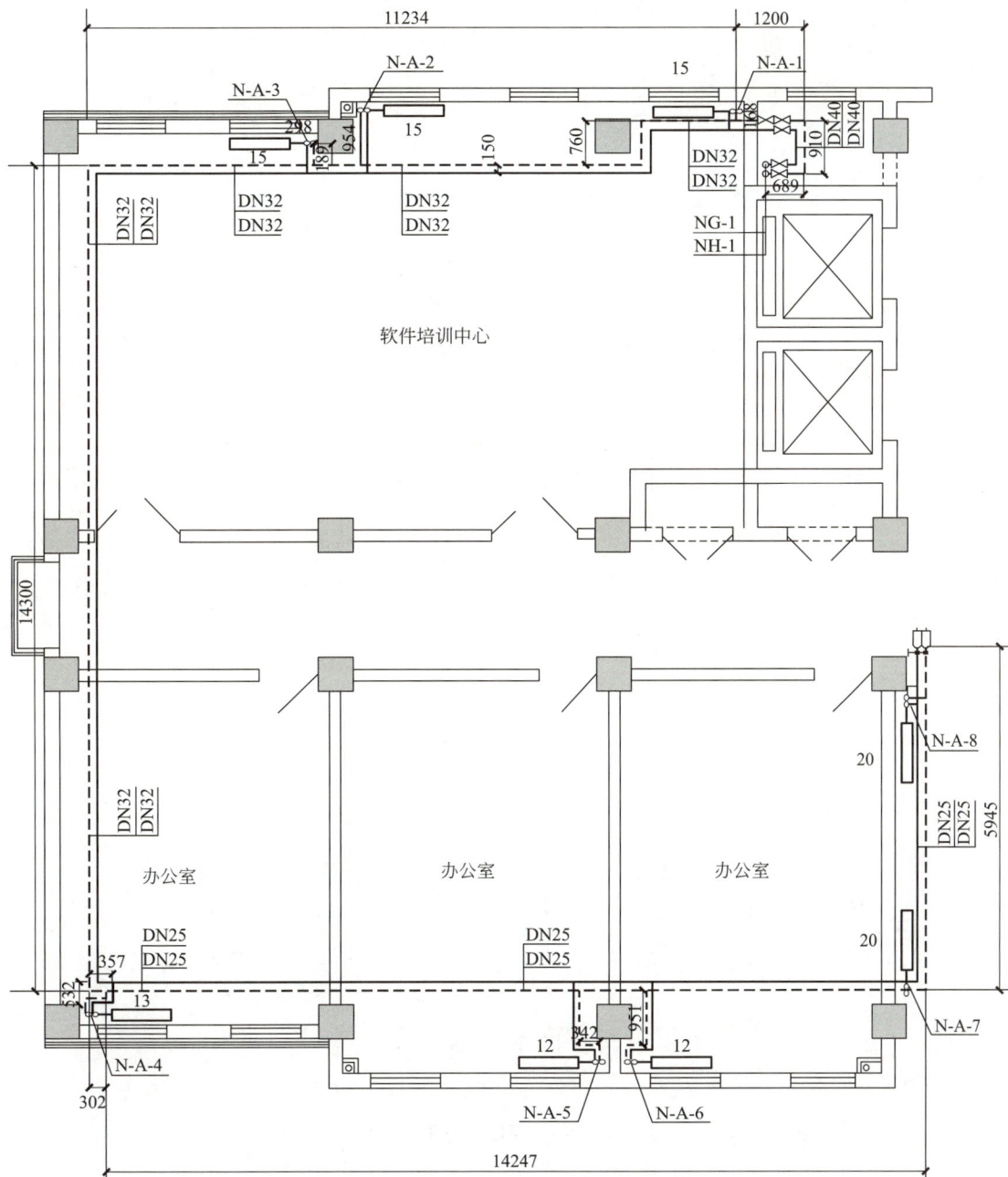

图 3-4　四层采暖平面图

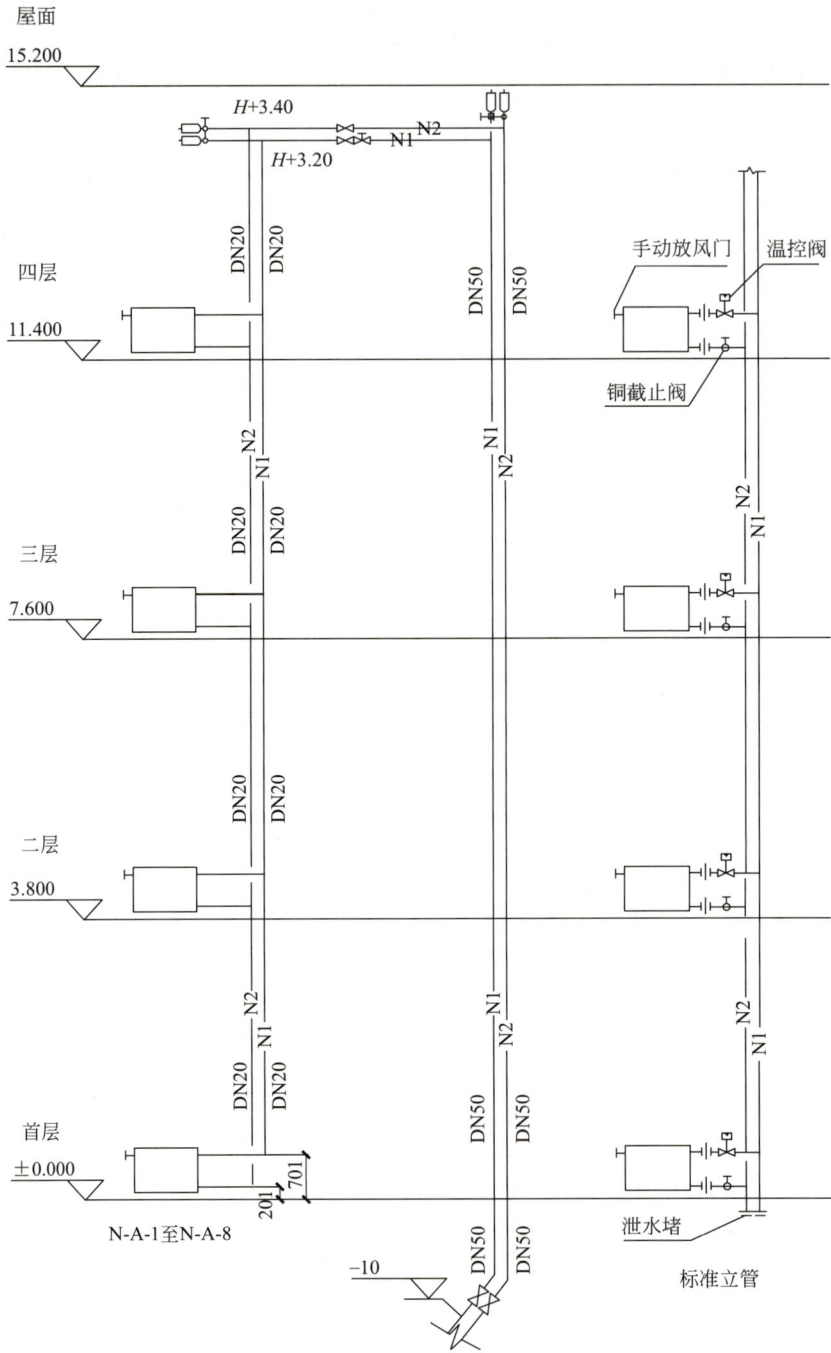

图 3-5 采暖系统图

如表 3-1 所示为管道工程量清单项目设置、项目特征描述的内容、计量单位及工程量计算规则。

管道工程量清单查询表　　　　　　　　　　　　　　　　　　　　表 3-1

项目编码	项目名称	项目特征	计量单位	工程量计算规则
031001001	镀锌钢管	1. 安装部位 2. 介质 3. 规格、压力等级 4. 连接形式	m	按设计图示管道中心线以长度计算
031001002	钢管			
031001003	不锈钢管			
031001004	铜管			
031001005	铸铁管	1. 安装部位 2. 介质 3. 材质、规格 4. 连接形式		
031001006	塑料管			
031001007	复合管			

（2）定额计算规则：各类管道安装按室内外、材质、连接形式、规格分别列项，工程量均按设计管道中心线长度，以"10m"为计量单位，不扣除阀门、管件、附件所占长度；定额中塑料管按公称外径表示，其他管道均按公称直径表示。方形补偿器所占长度计入管道安装工程量。

3.2.3　工程量计算

下面对 3.1 节中的采暖工程案例进行管道工程量计算，编制采暖管道工程量汇总表，如表 3-2 所示。

采暖管道工程量汇总表　　　　　　　　　　　　　　　　　　　　表 3-2

名称	单位	计算式	工程量
镀锌钢管 DN50 （螺纹连接）	m	供水管：$(3.825-0.15+1.674-0.3)+[11.4+3.4-(-1)]$（总立管） 回水管：$(3.825+1.674)+[11.4+3.2-(-1)]$（总立管） （注意：其中超过 3.6m 部分为 $0.2×6=1.2$）	41.95
镀锌钢管 DN40 （螺纹连接）	m	供水管：$(0.689-0.15)+(0.91-0.15×2)+(1.2+0.1-0.15)$ 回水管：$0.689+0.91+1.2$	5.1
镀锌钢管 DN32 （螺纹连接）	m	供水管：$(11.234-0.1-0.15)+0.76+(14.3-0.15×2)+(0.302-0.15+0.1)$ 回水管：$11.234+0.76+14.3+0.302$	52.59
镀锌钢管 DN25 （螺纹连接）	m	供水管：$(14.247-0.1-0.15)+(5.945-0.15)+(0.168+0.15)+(0.954+0.15)+(0.389+0.15)+0.532+0.357+(1.210+0.15)×2+0.357×2+0.165$ 回水管：$14.247+5.945+0.168+0.954+0.389+(0.532-0.15)+0.357+1.210×2+0.357×2+(0.165+0.15)$	52.13
镀锌钢管 DN20 （螺纹连接）	m	供水管：$(11.4+3.4-0.201)×8$（与散热器支管相连的立管 N-A-1 至 N-A-8）$+0.3×8×4$（连接散热器的支管） 回水管：$(11.4+3.2-0.701)×8$（与散热器支管相连的立管 N-A-1 至 N-A-8）$+(0.3+0.1)×8×4$（连接散热器的支管） （注意：其中超过 3.6m 部分为 $0.2×6×8=9.6$）	250.38

3.3 供暖器具计量

3.3.1 清单计算规则

供暖器具
计量

铸铁散热器、钢制散热器、其他成品散热器、暖风机、热媒集配装置、集气罐等按设计图示数量以"片""组""台""个"等为计量单位计算；光排管散热器按设计图示排管长度以"m"为计量单位计算；地板辐射采暖按设计图示采暖房间净面积以"m²"为计量单位计算，或按设计图示管道长度以"m"为计量单位计算。

如表 3-3 所示为供暖器具工程量清单项目设置、项目特征描述的内容、计量单位及工程量计算规则。

供暖器具工程量清单查询表   表 3-3

项目编码	项目名称	项目特征	计量单位	工程量计算规则
031005001	铸铁散热器	1. 型号、规格 2. 安装方式 3. 托架形式 4. 器具、托架除锈、刷油设计要求	片（组）	按设计图示数量计算
031005002	钢制散热器	1. 结构形式 2. 型号、规格 3. 安装方式 4. 托架刷油设计要求	组（片）	
031005003	其他成品散热器	1. 材质、类型 2. 型号、规格 3. 托架刷油设计要求		
031005004	光排管散热器	1. 材质、类型 2. 型号、规格 3. 托架形式及做法 4. 器具、托架除锈、刷油设计要求	m	按设计图示排管长度计算
031005005	暖风机	1. 质量 2. 型号、规格 3. 安装方式	台	按设计图示数量计算
031005006	地板辐射采暖	1. 保温层材质、厚度 2. 钢丝网设计要求 3. 管道材质、规格 4. 压力试验及吹扫设计要求	1. m² 2. m	1. 以平方米计量，按设计图示采暖房间净面积计算； 2. 以米计量，按设计图示管道长度计算

项目编码	项目名称	项目特征	计量单位	工程量计算规则
031005007	热媒集配装置	1. 材质 2. 规格 3. 附件名称、规格、数量	台	按设计图示数量计算
031005008	集气罐	1. 材质 2. 规格	个	

注意：

1. 铸铁散热器：包括拉条制作安装。
2. 钢制散热器的结构形式：包括钢制闭式、板式、壁板式、扁管式及柱式散热器等，应分别列项计算。
3. 光排管散热器：包括联管制作安装。
4. 地板辐射采暖：包括与分集水器连接和配合地面浇筑用工。

3.3.2　定额计算规则

1. 铸铁散热器安装分落地安装、挂式安装。铸铁散热器组对安装以"10 片"为计量单位；成组铸铁散热器安装按每组片数以"组"为计量单位。

2. 钢制柱式散热器安装按每组片数，以"组"为计量单位；闭式散热器安装以"片"为计量单位；其他成品散热器安装以"组"为计量单位。

3. 艺术造型散热器按与墙面的正投影（高×长）计算面积，以"组"为计量单位。不规则形状以正投影轮廓的最大高度乘以最大长度计算面积。

4. 光排管散热器制作分 A 型、B 型，区分排管公称直径，按图示散热器长度计算排管长度以"10m"为计量单位，其中联管、支撑管不计入排管工程量；光排管散热器安装不分 A 型、B 型，区分排管公称直径，按光排管散热器长度以"组"为计量单位。

5. 暖风机安装按设备重量，以"台"为计量单位。

6. 辐射供暖供冷装置中一体化预制辐射供暖供冷板，以"m²"为计量单位；预制沟槽保温板、毛细管席、泡沫塑料隔热板、铝箔均热层、钢丝网等安装按设计图示尺寸，以"10m²"为计量单位；边界保温带按设计图示长度以"10m"为计量单位；辐射供暖供冷管道区分管道外径，按设计图示中心线长度计算，以"10m"为计量单位；加热电缆辐射按设计图示长度，以"100m"为计量单位。

7. 热媒集配装置安装区分带箱、不带箱，按分支管环路数以"组"为计量单位。

3.3.3　工程量计算

下面对 3.1 节中的采暖工程案例进行供暖器具工程量计算，编制供暖器具工程量汇总表，如表 3-4 所示。

供暖器具工程量汇总表 表 3-4

名称	单位	计算式	工程量
钢制柱式散热器 11 片	组	2(二层)+2(三层)	4
钢制柱式散热器 12 片	组	2(一层)+1(二层)+1(三层)+2(四层)	6
钢制柱式散热器 13 片	组	1(一层)+1(四层)	2
钢制柱式散热器 14 片	组	3(二层)+3(三层)	6
钢制柱式散热器 15 片	组	3(一层)+3(四层)	6
钢制柱式散热器 18 片	组	2(二层)+2(三层)	4
钢制柱式散热器 20 片	组	2(一层)+2(四层)	4

3.4 热量表、阀门计量

3.4.1 清单计算规则

热量表、
阀门计量

阀门按设计图示数量计算，以"个"为计量单位；热量表按设计图示数量计算，以"块"为计量单位；集气罐按设计图示数量计算，以"个"为计量单位。

如表 3-5 所示为热量表、阀门工程量清单项目设置、项目特征描述的内容、计量单位及工程量计算规则。

热量表、阀门工程量清单查询表 表 3-5

项目编码	项目名称	项目特征	计量单位	工程量计算规则
031003001	螺纹阀门	1. 类型 2. 材质 3. 规格、压力等级 4. 连接形式	个	按设计图示数量计算
031003002	螺纹法兰阀门			
031003003	焊接法兰阀门			
031003014	热量表	1. 类型 2. 型号、规格 3. 连接形式	块	

3.4.2 定额计算规则

热量表组成安装，按照不同组成结构、连接方式、公称直径，以"组"为计量单位。各种阀门安装，均按照不同连接方式、公称直径，以"个"为计量单位。集气罐按照其制作、安装，以"个"为计量单位。

3.4.3 工程量计算

下面对 3.1 节中的采暖工程案例进行热量表、阀门工程量计算，编制热量表、阀门工程量汇总表，如表 3-6 所示。

热量表、阀门工程量汇总表   表 3-6

名称	单位	计算式	工程量
热水采暖入口热量表(法兰连接)	组	1(首层)	1
截止阀 DN40	个	4(四层)	4
电动平衡阀 DN40	个	1(四层)	1
截止阀 DN20	个	32(散热器上)	32
自动排气阀 DN25	个	4(四层)	4
手动放风阀 DN10	个	32(散热器上)	32
温控阀 DN20	个	32(散热器上)	32

3.5 支架、套管计量

3.5.1 清单计算规则

套管按设计图示数量计算，以"个"为计量单位。

如表 3-7 所示为套管、止水节、阻火圈工程量清单项目设置、项目特征描述的内容、计量单位及工程量计算规则。

支架、套管计量

套管、止水节、阻火圈工程量清单查询表   表 3-7

项目编码	项目名称	项目特征	计量单位	工程量计算规则
031002001	管道支架	1. 材质 2. 管架形式	1. kg 2. 套	1. 以"kg"计量，按设计图示质量计算 2. 以"套"计量，按设计图示数量计算
031002002	设备支架	1. 材质 2. 形式		
031002003	套管	1. 名称、类型 2. 材质 3. 规格 4. 填料材质	个	按设计图示数量计算

注意：

1. 单件支架 100kg 以上的管道支吊架执行设备支吊架制作安装。

2. 成品支架安装执行相应管道支架或设备支架项目，不再计取制作费，支架本身价值含在综合单价中。

3. 套管制作安装：适用于穿基础、墙、楼板等部位的防水套管、填料套管、无填料套管及防火套管等，应分别列项。

3.5.2 定额计算规则

管道、设备支架制作安装按设计图示单件重量，以"100kg"为计量单位。

成品管卡、阻火圈安装、成品防火套管安装，按工作介质管道直径，区分不同规格以"个"为计量单位。

一般穿墙套管、柔性、刚性套管，按介质管道的公称直径执行定额子目，分规格、材质以"个"为计量单位。

3.5.3 工程量计算

管道穿外墙采用刚性防水套管，穿内墙及楼板采用一般套管。

钢管水平安装的支架间距不应大于表 3-8 中所示数值。

钢管管道支架的最大间距   表 3-8

公称直径(mm)		15	20	25	32	40	50	65	80	100	125	150
支架的最大间距(m)	保温管	2	2.5	2.5	2.5	3	3	4	4	4.5	6	7
	不保温管	2.5	3	3.5	4	4.5	5	6	6	6.5	7	8

采暖系统的金属管道立管管卡安装应符合下列规定：

① 楼层高度小于或等于 5m，每层必须安装 1 个；

② 楼层高度大于 5m，每层不得少于 2 个；

③ 管卡安装高度，距地面应为 1.5～1.8m，2 个以上管卡应匀称安装，同一房间管卡应安装在同一高度上。

对表 3-2 中的数据按照管径分类整理消防管道水平部分长度，并查询表 3-8 进行支架工程量计算，如表 3-9 所示。

支架工程量汇总表   表 3-9

介质管道管径	管道水平长度(m)	水平长度/最大间距	支架数量(取整)(个)	单个吊卡支架重量(kg/个)	支架总重量(kg)
DN50	41.95	41.95/3＝13.98	14	0.34	4.76
DN40	5.1	5.1/3＝1.7	2	0.31	0.62
DN32	52.59	52.59/2.5＝21.04	22	0.29	6.38
DN25	52.13	52.13/2.5＝20.85	21	0.19	3.99
汇总			59	—	15.75

同时对 3.1 节中的采暖工程案例管道穿墙和楼板进行分析，编制套管、成品管卡工程量汇总表，如表 3-10 所示。

套管、成品管卡工程量汇总表　　　　　表 3-10

名称	介质管道规格	单位	计算式	工程量
刚性防水套管	DN50	个	2（进户管处）	2
一般套管	DN50	个	4（立管穿一层至四层楼板处）	4
一般套管	DN40	个	1×2（四层穿内墙处）	2
一般套管	DN32	个	2×2（四层穿内墙处）	4
一般套管	DN25	个	3×2（四层穿内墙处）	6
成品管卡	DN50	个	4×2（总立管处）	8
成品管卡	DN20	个	4×2×8（N-A-1 至 N-A-8 立管处）	64

3.6　刷油、绝热工程计量

3.6.1　清单计算规则

如表 3-11 所示为刷油工程工程量清单项目设置、项目特征描述的内容、计量单位及工程量计算规则。

刷油、绝热
工程计量

刷油工程工程量清单查询表　　　　　表 3-11

项目编码	项目名称	项目特征	计量单位	工程量计算规则
031201001	管道刷油	1. 除锈级别 2. 油漆品种 3. 涂刷遍数、漆膜厚度 4. 标志色方式、品种	1. m² 2. m	1. 以"m²"计量，按设计图示表面积尺寸以面积计算 2. 以"m"计量，按设计图示尺寸以长度计算
031201002	设备与矩形管道刷油			
031201003	金属结构刷油	1. 除锈级别 2. 油漆品种 3. 结构类型 4. 涂刷遍数、漆膜厚度	1. m² 2. kg	1. 以"m²"计量，按设计图示表面积尺寸以面积计算 2. 以"kg"计量，按金属结构的理论质量计算
031201004	铸铁管、暖气片刷油	1. 除锈级别 2. 油漆品种 3. 涂刷遍数、漆膜厚度	1. m² 2. m	1. 以"m²"计量，按设计图示表面积尺寸以面积计算 2. 以"m"计量，按设计图示尺寸以长度计算

注意：
1. 管道刷油以"m"计算时，按图示中心线以延长米计算，不扣除附属构筑物、管件及阀门等所占长度。
2. 涂刷部位：指涂刷表面的部位，如设备、管道等部位。
3. 结构类型：指涂刷金属结构的类型，如一般钢结构、管廊钢结构、H 型钢钢结构等类型。
4. 设备简体、管道表面积：$S=\pi \times D \times L$（π—圆周率，D—直径，L—设备简体高或管道延长米）。
5. 设备简体、管道表面积包括管件、阀门、法兰、人孔、管口凹凸部分。
6. 带封头的设备面积：$S=\pi \times D \times L+\pi \times (D/2) \times K \times N$（$K$—1.05，$N$—封头个数）。

如表 3-12 所示为绝热工程工程量清单项目设置、项目特征描述的内容、计量单位及工程量计算规则。

绝热工程工程量清单查询表　　　　　　　　　　　表 3-12

项目编码	项目名称	项目特征	计量单位	工程量计算规则
031208001	设备绝热	1. 绝热材料品种 2. 绝热厚度 3. 设备形式 4. 软木品种	m³	按图示表面积加绝热层厚度及调整系数计算
031208002	管道绝热	1. 绝热材料品种 2. 绝热厚度 3. 管道外径 4. 软木品种		

注意：

1. 设备形式指立式、卧式或球形。
2. 设备筒体、管道绝热工程量 $V = \pi \times (D + 1.033\delta) \times 1.033\delta \times L$（$\pi$—圆周率，$D$—直径，1.033—调整系数，$\delta$—绝热层厚度，$L$—设备筒体高或管道延长米）。

3.6.2　定额计算规则

1. 管道除锈以"m²"计量，按设计图示表面积尺寸以面积计算，$S = \pi \times D \times L$（$\pi$—圆周率，$D$—直径，$L$—管道延长米）。除锈包括金属管道表面的手工除锈、动力工具除锈、喷射除锈及化学除锈等，其中各种管件、阀件和设备上人孔、管口凹凸部分的除锈已综合考虑在定额内，不另行计算。如发生除微锈时，其工程量执行轻锈定额，人工、材料、机械乘以系数 0.2。

2. 管道刷油以"m²"计量，按设计图示表面积尺寸以面积计算，$S = \pi \times D \times L$（$\pi$—圆周率，$D$—直径，$L$—管道延长米）。其中各种管件、阀件和设备上人孔、管口凹凸部分的刷油已综合考虑在定额内，不另行计算。如安装前集中刷油，人工乘以系数 0.45（暖气片除外）。

3. 管道绝热以"m³"计量，按设计图示表面积加绝热层厚度及调整系数计算，$V = \pi \times (D + 1.033\delta) \times 1.033\delta \times L$（$\pi$—圆周率，$D$—直径，1.033—调整系数，$\delta$—绝热层厚度，$L$—设备筒体高或管道延长米）。管道绝热均按现场安装后绝热施工考虑，若先绝热后安装时，其人工乘以系数 0.9。

3.6.3　工程量计算

下面对 3.1 节中的采暖工程案例进行刷油、绝热工程量计算，编制刷油、绝热工程量汇总表，如表 3-13 所示。

刷油、绝热工程量汇总表　　　　　　　　　　表 3-13

名称	单位	计算式	工程量
管道手工除微锈	m²	DN50：$S=3.14×0.05×41.95$ DN40：$S=3.14×0.04×5.1$ DN32：$S=3.14×0.032×52.59$ DN25：$S=3.14×0.025×52.13$ DN20：$S=3.14×0.02×250.38$	32.33
管道刷银粉漆第一遍	m²	同上面除锈计算式	32.33
管道刷银粉漆第二遍	m²	同上面除锈计算式	32.33
管道保温泡沫塑料瓦块厚 30mm、管道 DN50 以内	m³	DN50：$V=3.14×(0.05+1.033×0.03)×1.033×0.03×41.95$ DN40：$V=3.14×(0.04+1.033×0.03)×1.033×0.03×5.1$ DN32：$V=3.14×(0.032+1.033×0.03)×1.033×0.03×52.59$ DN25：$V=3.14×(0.025+1.033×0.03)×1.033×0.03×52.13$ DN20：$V=3.14×(0.02+1.033×0.03)×1.033×0.03×250.38$	2.21

3.7　采暖工程计价

3.7.1　按系数计取的费用

定额系数是预算定额的重要组成部分，《湖北省通用安装工程消耗量定额及全费用基价表》（2018）把定额系数按其实质内容分为子目系数、工程系统系数和综合系数。

采暖工程
计价

子目系数：当分项工程内容与定额子目考虑的编制环境不同时，所需进行的定额调整内容。如各章节规定的定额子目调整系数、操作高度增加费系数、暗室施工系数等。

工程系统系数：与工程建筑形式或工程系统调试有关的费用。如建筑物超高增加费系数，通风工程检测、调试系数，采暖工程系统调试费系数等。

综合系数：与工程本体形态无直接关系，而与施工方法和施工环境有关的系数。如脚手架搭拆费系数，安装与生产同时进行增加系数，有害环境影响增加系数等。

子目系数是计取工程系统系数的基础，子目系数和工程系统系数是计算综合系数的基础。

1. 操作高度增加费

采暖工程定额操作高度，均按 3.6m 以下编制；安装高度超过 3.6m 时，超过部分工程量按定额人工乘以表 3-14 中系数计算。该费用为分部分项工程费，属于子目系数费用。

操作高度增加费系数（采暖工程）　　表 3-14

操作物高度(m)	≤10	≤30	≤50
系数	1.10	1.20	1.50

刷油、绝热工程定额操作高度，均按 6m 以下编制；安装高度超过 6m 时，超过部分工程量按定额人工、机械乘以表 3-15 中系数计算。该费用为分部分项工程费，属于子目系数费用。

操作高度增加费系数（刷油、绝热工程）　　表 3-15

操作物高度(m)	≤30	≤50
系数	1.20	1.50

2. 建筑物超高增加费

高度在 6 层或者 20m 以上的工业与民用建筑物上进行安装时增加的费用，按表 3-16 计算，其费用中人工费占 65%。该费用为单价措施项目费，属于工程系统系数费用。

建筑物超高增加费　　表 3-16

建筑物檐高(m)	≤40	≤60	≤80	≤100	≤120	≤140	≤160	≤180	≤200
建筑层数(层)	≤12	≤18	≤24	≤30	≤36	≤42	≤48	≤54	≤60
按人工费的(%)	2	5	9	14	20	26	32	38	44

3. 脚手架搭拆费

采暖工程按定额人工费的 5% 计算，其费用中人工费占 35%；刷油工程按定额人工费的 7% 计算，其费用中人工费占 35%；绝热工程按定额人工费的 10% 计算，其费用中人工费占 35%。该费用为单价措施项目费，属于综合系数费用。

4. 在洞库、暗室、已封闭的管道间（井）、地沟、吊顶内安装的项目，人工、机械费乘以系数 1.20。该费用为分部分项工程费，属于子目系数费用。

5. 采暖工程系统调整费

按采暖系统工程人工费的 10% 计算，其费用中人工费占 35%。该费用为单价措施项目费，属于工程系统系数费用。

6. 空调水系统调整费

按空调水系统工程（含冷凝水管）人工费的 10% 计算，其费用中人工费占 35%。该费用为单价措施项目费，属于工程系统系数费用。

3.7.2　工程量清单计价

1. 工程量清单综合单价分析表

查询《湖北省通用安装工程消耗量定额及全费用基价表》（2018）第十册 给排水、采暖、燃气工程，完成工程量清单综合单价分析表，见表 3-17 至表 3-51。

镀锌钢管 DN50 工程量清单综合单价分析表　　　　　　　　　　表 3-17

项目编码	031001001001	项目名称		镀锌钢管	计量单位	m	工程量	40.75
清单综合单价组成明细								
定额编号	定额名称	定额单位	数量	单价				
				人工费	材料费	施工机具使用费	管理费和利润	
C10-2-17	室内镀锌钢管（螺纹连接）公称直径（50mm 以内）	10m	0.1	184.91	15.13	6.35	65.35	
人工单价		小计		合价				
				人工费	材料费	施工机具使用费	管理费和利润	
C10-2-17 人工				18.49	1.51	0.64	6.54	
人工单价 小计				18.49	1.51	0.64	6.54	
技工 142 元/工日；普工 92 元/工日		未计价材料费		29.9				
清单综合单价				57.08				
材料费明细	主要材料名称、规格、型号		单位	数量	单价	合价	暂估单价	暂估合价
	镀锌钢管 DN50		m	0.997	27.14	27.06	—	—
	采暖室内镀锌钢管螺纹管件 DN50		个	0.568	5	2.84	—	—
	其他材料费					1.51		
	材料费小计					31.41		

镀锌钢管 DN50 超过 3.6m 部分工程量清单综合单价分析表　　　　表 3-18

项目编码	031001001002	项目名称		镀锌钢管	计量单位	m	工程量	1.2
清单综合单价组成明细								
定额编号	定额名称	定额单位	数量	单价				
				人工费	材料费	施工机具使用费	管理费和利润	
C10-2-17	室内镀锌钢管（螺纹连接）公称直径（50mm 以内）	10m	0.1	203.4	15.13	6.35	65.35	
人工单价		小计		合价				
				人工费	材料费	施工机具使用费	管理费和利润	
C10-2-17 合价				20.34	1.51	0.64	6.54	
人工单价 小计				20.34	1.51	0.64	6.54	
技工 142 元/工日；普工 92 元/工日		未计价材料费		29.9				
清单综合单价				58.93				
材料费明细	主要材料名称、规格、型号		单位	数量	单价	合价	暂估单价	暂估合价
	镀锌钢管 DN50		m	0.997	27.14	27.06	—	—
	采暖室内镀锌钢管螺纹管件 DN50		个	0.568	5	2.84	—	—
	其他材料费					1.51		
	材料费小计					31.41		

镀锌钢管 DN40 工程量清单综合单价分析表　　　　　表 3-19

项目编码	031001001003	项目名称	镀锌钢管	计量单位	m	工程量	5.1

清单综合单价组成明细

定额编号	定额名称	定额单位	数量	单价				合价			
				人工费	材料费	施工机具使用费	管理费和利润	人工费	材料费	施工机具使用费	管理费和利润
C10-2-16	室内镀锌钢管（螺纹连接）公称直径（40mm 以内）	10m	0.1	182.43	13.53	5.15	64.1	18.24	1.35	0.52	6.41

人工单价	小计				18.24	1.35	0.52	6.41

技工 142 元/工日；普工 92 元/工日	未计价材料费	22.07

清单综合单价	48.59

材料费明细	主要材料名称、规格、型号	单位	数量	单价	合价	暂估单价	暂估合价
	镀锌钢管 DN40	m	0.997	20.04	19.98	—	—
	采暖室内镀锌钢管螺纹管件 DN40	个	0.667	3.13	2.09	—	—
	其他材料费				1.35		
	材料费小计				23.42		

镀锌钢管 DN32 工程量清单综合单价分析表　　　　　表 3-20

项目编码	031001001004	项目名称	镀锌钢管	计量单位	m	工程量	52.59

清单综合单价组成明细

定额编号	定额名称	定额单位	数量	单价				合价			
				人工费	材料费	施工机具使用费	管理费和利润	人工费	材料费	施工机具使用费	管理费和利润
C10-2-15	室内镀锌钢管（螺纹连接）公称直径（32mm 以内）	10m	0.1	176.3	13.22	4.88	61.91	17.63	1.32	0.49	6.19

人工单价	小计				17.63	1.32	0.49	6.19

技工 142 元/工日；普工 92 元/工日	未计价材料费	20.3

清单综合单价	45.93

材料费明细	主要材料名称、规格、型号	单位	数量	单价	合价	暂估单价	暂估合价
	镀锌钢管 DN32	m	0.997	17.4	17.35	—	—
	采暖室内镀锌钢管螺纹管件 DN32	个	1.093	2.7	2.95	—	—
	其他材料费				1.32		
	材料费小计				21.62		

镀锌钢管 DN25 工程量清单综合单价分析表　　　　　　　　表 3-21

项目编码	031001001005	项目名称		镀锌钢管	计量单位		m	工程量	52.13
清单综合单价组成明细									
定额编号	定额名称	定额单位	数量	单价				合价	
				人工费	材料费	施工机具使用费	管理费和利润	人工费	材料费

定额编号	定额名称	定额单位	数量	人工费	材料费	施工机具使用费	管理费和利润	人工费	材料费	施工机具使用费	管理费和利润
C10-2-14	室内镀锌钢管（螺纹连接）公称直径（25mm 以内）	10m	0.1	166.37	10.91	3.5	58.04	16.64	1.09	0.35	5.8
人工单价		小计						16.64	1.09	0.35	5.8
技工 142 元/工日；普工 92 元/工日		未计价材料费						14.45			
清单综合单价								38.33			

材料费明细	主要材料名称、规格、型号	单位	数量	单价	合价	暂估单价	暂估合价
	镀锌钢管 DN25	m	0.97	12.63	12.25	—	—
	采暖室内镀锌钢管螺纹管件 DN25	个	1.231	1.79	2.2	—	—
	其他材料费				1.09		
	材料费小计				15.54		

镀锌钢管 DN20 工程量清单综合单价分析表　　　　　　　　表 3-22

项目编码	031001001006	项目名称		镀锌钢管	计量单位		m	工程量	240.78
清单综合单价组成明细									

定额编号	定额名称	定额单位	数量	人工费	材料费	施工机具使用费	管理费和利润	人工费	材料费	施工机具使用费	管理费和利润
C10-2-13	室内镀锌钢管（螺纹连接）公称直径（20mm 以内）	10m	0.1	138.88	6.97	1.71	48.04	13.89	0.7	0.17	4.8
人工单价		小计						13.89	0.7	0.17	4.8
技工 142 元/工日；普工 92 元/工日		未计价材料费						10.31			
清单综合单价								29.87			

材料费明细	主要材料名称、规格、型号	单位	数量	单价	合价	暂估单价	暂估合价
	镀锌钢管 DN20	m	0.97	9.17	8.89	—	—
	采暖室内镀锌钢管螺纹管件 DN20	个	1.254	1.13	1.42	—	—
	其他材料费				0.7		
	材料费小计				11.01		

镀锌钢管 DN20 超过 3.6m 部分工程量清单综合单价分析表　　　　表 3-23

项目编码	031001001007	项目名称	镀锌钢管	计量单位	m	工程量	9.6
清单综合单价组成明细							
定额编号	定额名称	定额单位	数量	单价				合价			
				人工费	材料费	施工机具使用费	管理费和利润	人工费	材料费	施工机具使用费	管理费和利润
C10-2-13	室内镀锌钢管（螺纹连接）公称直径（20mm 以内）	10m	0.1	152.77	6.97	1.71	48.04	15.28	0.7	0.17	4.8
人工单价		小计						15.28	0.7	0.17	4.8
技工 142 元/工日；普工 92 元/工日		未计价材料费						10.31			
清单综合单价								31.26			

材料费明细	主要材料名称、规格、型号	单位	数量	单价	合价	暂估单价	暂估合价
	镀锌钢管 DN20	m	0.97	9.17	8.89	—	—
	采暖室内镀锌钢管螺纹管件 DN20	个	1.254	1.13	1.42	—	—
	其他材料费				0.7		
	材料费小计				11.01		

钢制柱式散热器安装

钢制柱式散热器（单组 11 片）工程量清单综合单价分析表　　　　表 3-24

项目编码	031005002001	项目名称	钢制散热器	计量单位	组	工程量	4
清单综合单价组成明细							
定额编号	定额名称	定额单位	数量	单价				合价			
				人工费	材料费	施工机具使用费	管理费和利润	人工费	材料费	施工机具使用费	管理费和利润
C10-7-14	钢制柱式散热器安装 高度 600mm 以内 单组 15 片以内	组	1	26.08	18.64	1.52	9.43	26.08	18.64	1.52	9.43
人工单价		小计						26.08	18.64	1.52	9.43
技工 142 元/工日；普工 92 元/工日		未计价材料费						110			
清单综合单价								165.67			

材料费明细	主要材料名称、规格、型号	单位	数量	单价	合价	暂估单价	暂估合价
	钢制柱式散热器单组 11 片	组	1	110	110	—	—
	其他材料费				18.64		
	材料费小计				128.64		

钢制柱式散热器（单组 12 片）工程量清单综合单价分析表　　表 3-25

项目编码	031005002002	项目名称	钢制散热器	计量单位	组	工程量	6

| 清单综合单价组成明细 |||||||||

定额编号	定额名称	定额单位	数量	单价				合价			
				人工费	材料费	施工机具使用费	管理费和利润	人工费	材料费	施工机具使用费	管理费和利润
C10-7-14	钢制柱式散热器安装 高度600mm 以内 单组 15 片以内	组	1	26.08	18.64	1.52	9.43	26.08	18.64	1.52	9.43

人工单价	小计				26.08	18.64	1.52	9.43
技工 142 元/工日；普工 92 元/工日	未计价材料费				120			
清单综合单价					175.67			

材料费明细	主要材料名称、规格、型号	单位	数量	单价	合价	暂估单价	暂估合价
	钢制柱式散热器单组 12 片	组	1	120	120	—	—
	其他材料费				18.64		
	材料费小计				138.64		

钢制柱式散热器（单组 13 片）工程量清单综合单价分析表　　表 3-26

项目编码	031005002003	项目名称	钢制散热器	计量单位	组	工程量	2

| 清单综合单价组成明细 |||||||||

定额编号	定额名称	定额单位	数量	单价				合价			
				人工费	材料费	施工机具使用费	管理费和利润	人工费	材料费	施工机具使用费	管理费和利润
C10-7-14	钢制柱式散热器安装 高度600mm 以内 单组 15 片以内	组	1	26.08	18.64	1.52	9.43	26.08	18.64	1.52	9.43

人工单价	小计				26.08	18.64	1.52	9.43
技工 142 元/工日；普工 92 元/工日	未计价材料费				130			
清单综合单价					185.67			

材料费明细	主要材料名称、规格、型号	单位	数量	单价	合价	暂估单价	暂估合价
	钢制柱式散热器单组 13 片	组	1	130	130	—	—
	其他材料费				18.64		
	材料费小计				148.64		

钢制柱式散热器（单组 14 片）工程量清单综合单价分析表　　表 3-27

项目编码	031005002004	项目名称	钢制散热器	计量单位	组	工程量	6

				清单综合单价组成明细						

| 定额编号 | 定额名称 | 定额单位 | 数量 | 单价 | | | | 合价 | | | |
				人工费	材料费	施工机具使用费	管理费和利润	人工费	材料费	施工机具使用费	管理费和利润
C10-7-14	钢制柱式散热器安装 高度 600mm 以内 单组 15 片以内	组	1	26.08	18.64	1.52	9.43	26.08	18.64	1.52	9.43

人工单价	小计		26.08	18.64	1.52	9.43
技工 142 元/工日；普工 92 元/工日	未计价材料费		140			
清单综合单价			195.67			

材料费明细	主要材料名称、规格、型号	单位	数量	单价	合价	暂估单价	暂估合价
	钢制柱式散热器单组 14 片	组	1	140	140	—	—
	其他材料费				18.64		
	材料费小计				158.64		

钢制柱式散热器（单组 15 片）工程量清单综合单价分析表　　表 3-28

项目编码	031005002005	项目名称	钢制散热器	计量单位	组	工程量	6

				清单综合单价组成明细						

| 定额编号 | 定额名称 | 定额单位 | 数量 | 单价 | | | | 合价 | | | |
				人工费	材料费	施工机具使用费	管理费和利润	人工费	材料费	施工机具使用费	管理费和利润
C10-7-14	钢制柱式散热器安装 高度 600mm 以内 单组 15 片以内	组	1	26.08	18.64	1.52	9.43	26.08	18.64	1.52	9.43

人工单价	小计		26.08	18.64	1.52	9.43
技工 142 元/工日；普工 92 元/工日	未计价材料费		150			
清单综合单价			205.67			

材料费明细	主要材料名称、规格、型号	单位	数量	单价	合价	暂估单价	暂估合价
	钢制柱式散热器单组 15 片	组	1	150	150	—	—
	其他材料费				18.64		
	材料费小计				168.64		

钢制柱式散热器（单组 18 片）工程量清单综合单价分析表　　　表 3-29

项目编码	031005002006	项目名称	钢制散热器	计量单位	组	工程量	4

清单综合单价组成明细											
定额编号	定额名称	定额单位	数量	单价				合价			
				人工费	材料费	施工机具使用费	管理费和利润	人工费	材料费	施工机具使用费	管理费和利润
C10-7-15	钢制柱式散热器安装 高度600mm 以内 单组 25 片以内	组	1	38.73	18.73	1.52	13.75	38.73	18.73	1.52	13.75

人工单价	小计			38.73	18.73	1.52	13.75
技工 142 元/工日；普工 92 元/工日	未计价材料费			180			
清单综合单价				252.73			

材料费明细	主要材料名称、规格、型号	单位	数量	单价	合价	暂估单价	暂估合价
	钢制柱式散热器单组 18 片	组	1	180	180	—	—
	其他材料费			18.73			
	材料费小计			198.73			

钢制柱式散热器（单组 20 片）工程量清单综合单价分析表　　　表 3-30

项目编码	031005002007	项目名称	钢制散热器	计量单位	组	工程量	4

清单综合单价组成明细											
定额编号	定额名称	定额单位	数量	单价				合价			
				人工费	材料费	施工机具使用费	管理费和利润	人工费	材料费	施工机具使用费	管理费和利润
C10-7-15	钢制柱式散热器安装 高度600mm 以内 单组 25 片以内	组	1	38.73	18.73	1.52	13.75	38.73	18.73	1.52	13.75

人工单价	小计			38.73	18.73	1.52	13.75
技工 142 元/工日；普工 92 元/工日	未计价材料费			200			
清单综合单价				272.73			

材料费明细	主要材料名称、规格、型号	单位	数量	单价	合价	暂估单价	暂估合价
	钢制柱式散热器单组 20 片	组	1	200	200	—	—
	其他材料费			18.73			
	材料费小计			218.73			

热水采暖入口热量表组成安装（法兰连接）

热水采暖入口热量表（法兰连接）工程量清单综合单价分析表　　表 3-31

项目编码	031003014001		项目名称		热量表	计量单位	组	工程量	1
清单综合单价组成明细									
定额编号	定额名称	定额单位	数量	单价				合价	
				人工费	材料费	施工机具使用费	管理费和利润	人工费	材料费	施工机具使用费	管理费和利润

定额编号	定额名称	定额单位	数量	人工费	材料费	施工机具使用费	管理费和利润	人工费	材料费	施工机具使用费	管理费和利润
C10-5-320	热水采暖入口热量表(法兰连接)入口管道公称直径 50mm 以内	组	1	562.75	335.47	31.34	203	562.75	335.47	31.34	203
人工单价			小计					562.75	335.47	31.34	203
技工 142 元/工日；普工 92 元/工日			未计价材料费					3004.5			
清单综合单价								4137.06			

主要材料名称、规格、型号	单位	数量	单价	合价	暂估单价	暂估合价
法兰热量表 DN50	套	1	527	527	—	—
过滤器 DN50	个	2	124.4	248.8		
法兰闸阀 DN50	个	4	55.34	221.36		
螺纹截止阀 DN15	个	5	179.04	895.2		
法兰截止阀 J41H-6 DN25	个	1	231.94	231.94		
碳钢平焊法兰 PN1.6MPa DN25	片	2	34.1	68.2		
碳钢平焊法兰 PN1.6MPa DN40	片	4	44.3	177.2		
碳钢平焊法兰 PN1.6MPa DN50	片	12	52.9	634.8		
其他材料费				335.47		
材料费小计				3339.97		

注：材料费明细（行首竖排标注）

截止阀 DN40 工程量清单综合单价分析表　　　　表 3-32

项目编码	031003001001	项目名称	螺纹阀门	计量单位	个	工程量	4
清单综合单价组成明细							

定额编号	定额名称	定额单位	数量	单价				合价			
				人工费	材料费	施工机具使用费	管理费和利润	人工费	材料费	施工机具使用费	管理费和利润
C10-5-5	螺纹阀门安装公称直径（40mm 以内）	个	1	13.81	12.09	1.52	5.24	13.81	12.09	1.52	5.24

人工单价	小计				13.81	12.09	1.52	5.24
技工 142 元/工日；普工 92 元/工日	未计价材料费				104.54			
清单综合单价					137.2			

材料费明细	主要材料名称、规格、型号	单位	数量	单价	合价	暂估单价	暂估合价
	螺纹截止阀 DN40	个	1.01	103.5	104.54	—	—
	其他材料费				12.09		
	材料费小计				116.63		

电动平衡阀 DN40 工程量清单综合单价分析表　　　　表 3-33

项目编码	031003001002	项目名称	螺纹阀门	计量单位	个	工程量	1
清单综合单价组成明细							

定额编号	定额名称	定额单位	数量	单价				合价			
				人工费	材料费	施工机具使用费	管理费和利润	人工费	材料费	施工机具使用费	管理费和利润
C10-5-5	螺纹阀门安装公称直径（40mm 以内）	个	1	13.81	12.09	1.52	5.24	13.81	12.09	1.52	5.24

人工单价	小计				13.81	12.09	1.52	5.24
技工 142 元/工日；普工 92 元/工日	未计价材料费				193.76			
清单综合单价					226.42			

材料费明细	主要材料名称、规格、型号	单位	数量	单价	合价	暂估单价	暂估合价
	电动平衡阀 DN40	个	1.01	191.84	193.76	—	—
	其他材料费				12.09		
	材料费小计				205.85		

截止阀 DN20 工程量清单综合单价分析表　　　　　　表 3-34

项目编码	031003001003	项目名称		螺纹阀门	计量单位	个	工程量	32
清单综合单价组成明细								
定额编号	定额名称	定额单位	数量	单价				合价

定额编号	定额名称	定额单位	数量	人工费	材料费	施工机具使用费	管理费和利润	人工费	材料费	施工机具使用费	管理费和利润
C10-5-2	螺纹阀门安装公称直径（20mm 以内）	个	1	6.28	4.07	1.16	2.54	6.28	4.07	1.16	2.54
人工单价		小计						6.28	4.07	1.16	2.54
技工 142 元/工日；普工 92 元/工日		未计价材料费						35.55			
清单综合单价								49.6			

材料费明细	主要材料名称、规格、型号	单位	数量	单价	合价	暂估单价	暂估合价
	螺纹截止阀 DN20	个	1.01	35.2	35.55	—	—
	其他材料费				4.07		
	材料费小计				39.62		

自动排气阀安装

自动排气阀 DN25 工程量清单综合单价分析表　　　　　　表 3-35

项目编码	031003001004	项目名称		螺纹阀门	计量单位	个	工程量	4
清单综合单价组成明细								

定额编号	定额名称	定额单位	数量	单价				合价			
				人工费	材料费	施工机具使用费	管理费和利润	人工费	材料费	施工机具使用费	管理费和利润
C10-5-30	自动排气阀安装公称直径（25mm 以内）	个	1	17.7	4.25	0.09	6.08	17.7	4.25	0.09	6.08
人工单价		小计						17.7	4.25	0.09	6.08
技工 142 元/工日；普工 92 元/工日		未计价材料费						27.5			
清单综合单价								55.62			

材料费明细	主要材料名称、规格、型号	单位	数量	单价	合价	暂估单价	暂估合价
	自动排气阀 DN25	个	1	27.5	27.5	—	—
	其他材料费				4.25		
	材料费小计				31.75		

手动放风阀 DN10 工程量清单综合单价分析表　　　　表 3-36

项目编码	031003001005	项目名称	螺纹阀门	计量单位	个	工程量	32
清单综合单价组成明细							

定额编号	定额名称	定额单位	数量	单价				合价			
				人工费	材料费	施工机具使用费	管理费和利润	人工费	材料费	施工机具使用费	管理费和利润
C10-5-31	手动放风阀安装 ϕ10	个	1	2.48	0.04	0	0.85	2.48	0.04	0	0.85

人工单价	小计	2.48	0.04	0	0.85
技工 142 元/工日；普工 92 元/工日	未计价材料费	10.1			
清单综合单价	13.47				

材料费明细	主要材料名称、规格、型号	单位	数量	单价	合价	暂估单价	暂估合价
	手动放风阀 DN10	个	1.01	10	10.1	—	—
	其他材料费				0.04		
	材料费小计				10.14		

手动放风阀安装

散热器温控阀安装

温控阀 DN20 工程量清单综合单价分析表　　　　表 3-37

项目编码	031003001006	项目名称	螺纹阀门	计量单位	个	工程量	32
清单综合单价组成明细							

定额编号	定额名称	定额单位	数量	单价				合价			
				人工费	材料费	施工机具使用费	管理费和利润	人工费	材料费	施工机具使用费	管理费和利润
C10-5-33	散热器温控阀安装 公称直径（20mm 以内）	个	1	12.97	0.58	0.11	4.47	12.97	0.58	0.11	4.47

人工单价	小计	12.97	0.58	0.11	4.47
技工 142 元/工日；普工 92 元/工日	未计价材料费	47.5			
清单综合单价	65.63				

材料费明细	主要材料名称、规格、型号	单位	数量	单价	合价	暂估单价	暂估合价
	散热器温控阀 DN20	个	1	47.5	47.5	—	—
	其他材料费				0.58		
	材料费小计				48.08		

刚性防水套管 DN50 制作工程量清单综合单价分析表　　　　　表 3-38

项目编码	031002003001		项目名称	套管		计量单位	个	工程量	2
清单综合单价组成明细									
定额编号	定额名称	定额单位	数量	单价				合价	

定额编号	定额名称	定额单位	数量	人工费	材料费	施工机具使用费	管理费和利润	人工费	材料费	施工机具使用费	管理费和利润
C10-11-69	刚性防水套管制作 介质管道公称直径（50mm 以内）	个	1	46.73	33.92	3.13	17.04	46.73	33.92	3.13	17.04
人工单价		小计						46.73	33.92	3.13	17.04
技工 142 元/工日；普工 92 元/工日		未计价材料费						16.32			
清单综合单价								117.14			

材料费明细	主要材料名称、规格、型号	单位	数量	单价	合价	暂估单价	暂估合价
	无缝钢管 φ89×4	m	0.424	38.5	16.32	—	—
	其他材料费				33.92		
	材料费小计				50.24		

刚性防水套管 DN50 安装工程量清单综合单价分析表　　　　　表 3-39

项目编码	031002003002		项目名称	套管		计量单位	个	工程量	2
清单综合单价组成明细									

定额编号	定额名称	定额单位	数量	人工费	材料费	施工机具使用费	管理费和利润	人工费	材料费	施工机具使用费	管理费和利润
C10-11-81	刚性防水套管安装 介质管道公称直径（50mm 以内）	个	1	37.65	6.88	0	12.87	37.65	6.88	0	12.87
人工单价		小计						37.65	6.88	0	12.87
技工 142 元/工日；普工 92 元/工日		未计价材料费						54.81			
清单综合单价								112.21			

材料费明细	主要材料名称、规格、型号	单位	数量	单价	合价	暂估单价	暂估合价
	刚性防水套管 DN100	个	1	54.81	54.81	—	—
	其他材料费				6.88		
	材料费小计				61.69		

一般钢套
管制作
安装

一般钢套管制作安装 DN50、DN40 工程量清单综合单价分析表 表 3-40

项目编码	031002003003		项目名称		套管		计量单位	个	工程量	6
清单综合单价组成明细										
定额编号	定额名称	定额单位	数量	单价				合价			
				人工费	材料费	施工机具使用费	管理费和利润	人工费	材料费	施工机具使用费	管理费和利润
C10-11-27	一般钢套管制作安装 介质管道公称直径（50mm 以内）	个	1	11.1	6.11	0.25	3.88	11.1	6.11	0.25	3.88
人工单价		小计						11.1	6.11	0.25	3.88
技工 142 元/工日；普工 92 元/工日		未计价材料费						10.63			
清单综合单价								31.97			
材料费明细	主要材料名称、规格、型号			单位	数量	单价	合价		暂估单价		暂估合价
	焊接钢管 DN80			m	0.318	33.42	10.63		—		—
	其他材料费						6.11				
	材料费小计						16.74				

一般钢套管制作安装 DN32、DN25 工程量清单综合单价分析表 表 3-41

项目编码	031002003004		项目名称		套管		计量单位	个	工程量	10
清单综合单价组成明细										
定额编号	定额名称	定额单位	数量	单价				合价			
				人工费	材料费	施工机具使用费	管理费和利润	人工费	材料费	施工机具使用费	管理费和利润
C10-11-26	一般钢套管制作安装 介质管道公称直径（32mm 以内）	个	1	7.91	3.53	0.22	2.78	7.91	3.53	0.22	2.78
人工单价		小计						7.91	3.53	0.22	2.78
技工 142 元/工日；普工 92 元/工日		未计价材料费						8.05			
清单综合单价								22.49			
材料费明细	主要材料名称、规格、型号			单位	数量	单价	合价		暂估单价		暂估合价
	焊接钢管 DN50			m	0.318	25.31	8.05		—		—
	其他材料费						3.53				
	材料费小计						11.58				

成品管卡安装 DN50 工程量清单综合单价分析表　　　表 3-42

项目编码	031002001001	项目名称	管道支架	计量单位	个	工程量	8
清单综合单价组成明细							

定额编号	定额名称	定额单位	数量	单价				合价			
				人工费	材料费	施工机具使用费	管理费和利润	人工费	材料费	施工机具使用费	管理费和利润
C10-11-14	成品管卡安装公称直径（50mm 以内）	个	1	1.78	1.61	0	0.61	1.78	1.61	0	0.61
人工单价		小计						1.78	1.61	0	0.61
技工 142 元/工日；普工 92 元/工日		未计价材料费						2.71			
清单综合单价								6.71			

材料费明细	主要材料名称、规格、型号	单位	数量	单价	合价	暂估单价	暂估合价
	成品管卡 DN50	套	1.05	2.58	2.71	—	—
	其他材料费				1.61		
	材料费小计				4.32		

成品管卡安装 DN20 工程量清单综合单价分析表　　　表 3-43

项目编码	031002001002	项目名称	管道支架	计量单位	个	工程量	64
清单综合单价组成明细							

定额编号	定额名称	定额单位	数量	单价				合价			
				人工费	材料费	施工机具使用费	管理费和利润	人工费	材料费	施工机具使用费	管理费和利润
C10-11-11	成品管卡安装公称直径（20mm 以内）	个	1	1.31	1.05	0	0.45	1.31	1.05	0	0.45
人工单价		小计						1.31	1.05	0	0.45
技工 142 元/工日；普工 92 元/工日		未计价材料费						1.51			
清单综合单价								4.32			

材料费明细	主要材料名称、规格、型号	单位	数量	单价	合价	暂估单价	暂估合价
	成品管卡 DN20	套	1.05	1.44	1.51	—	—
	其他材料费				1.05		
	材料费小计				2.56		

管道 DN50 支架制作工程量清单综合单价分析表 　　　　　　表 3-44

项目编码	031002001003	项目名称		管道支架	计量单位	kg	工程量	4.76
清单综合单价组成明细								
定额编号	定额名称	定额单位	数量	单价				
				人工费	材料费	施工机具使用费	管理费和利润	
C10-11-1	管道支架制作单件重量（5kg 以内）	100 kg	0.01	517.80	146.34	56.26	196.16	

定额编号	定额名称	合价			
		人工费	材料费	施工机具使用费	管理费和利润
C10-11-1	管道支架制作单件重量（5kg 以内）	5.18	1.46	0.56	1.96

人工单价	小计	5.18	1.46	0.56	1.96
技工 142 元/工日；普工 92 元/工日	未计价材料费	16.8			
清单综合单价		25.96			

材料费明细	主要材料名称、规格、型号	单位	数量	单价	合价	暂估单价	暂估合价
	单管 DN50 支架型钢 综合	kg	1.05	16	16.8	—	—
	其他材料费				1.46		
	材料费小计				18.26		

管道 DN40 支架制作工程量清单综合单价分析表 　　　　　　表 3-45

项目编码	031002001004	项目名称		管道支架	计量单位	kg	工程量	0.62
清单综合单价组成明细								
定额编号	定额名称	定额单位	数量	单价				
				人工费	材料费	施工机具使用费	管理费和利润	
C10-11-1	管道支架制作单件重量（5kg 以内）	100 kg	0.01	517.80	146.34	56.26	196.16	

定额编号	定额名称	合价			
		人工费	材料费	施工机具使用费	管理费和利润
C10-11-1	管道支架制作单件重量（5kg 以内）	5.18	1.46	0.56	1.96

人工单价	小计	5.18	1.46	0.56	1.96
技工 142 元/工日；普工 92 元/工日	未计价材料费	15.75			
清单综合单价		24.91			

材料费明细	主要材料名称、规格、型号	单位	数量	单价	合价	暂估单价	暂估合价
	单管 DN40 支架型钢 综合	kg	1.05	15	15.75	—	—
	其他材料费				1.46		
	材料费小计				17.21		

管道 DN32 支架制作工程量清单综合单价分析表　　表 3-46

项目编码	031002001005	项目名称	管道支架	计量单位	kg	工程量	6.38
清单综合单价组成明细							

定额编号	定额名称	定额单位	数量	单价				合价			
				人工费	材料费	施工机具使用费	管理费和利润	人工费	材料费	施工机具使用费	管理费和利润
C10-11-1	管道支架制作单件重量（5kg 以内）	100kg	0.01	517.80	146.34	56.26	196.16	5.18	1.46	0.56	1.96
人工单价		小计						5.18	1.46	0.56	1.96
技工 142 元/工日；普工 92 元/工日		未计价材料费						13.65			
清单综合单价								22.81			

材料费明细	主要材料名称、规格、型号	单位	数量	单价	合价	暂估单价	暂估合价
	单管 DN32 支架型钢 综合	kg	1.05	13	13.65	—	—
	其他材料费				1.46		
	材料费小计				15.11		

管道 DN25 支架制作工程量清单综合单价分析表　　表 3-47

项目编码	031002001006	项目名称	管道支架	计量单位	kg	工程量	3.99
清单综合单价组成明细							

定额编号	定额名称	定额单位	数量	单价				合价			
				人工费	材料费	施工机具使用费	管理费和利润	人工费	材料费	施工机具使用费	管理费和利润
C10-11-1	管道支架制作单件重量（5kg 以内）	100kg	0.01	517.80	146.34	56.26	196.16	5.18	1.46	0.56	1.96
人工单价		小计						5.18	1.46	0.56	1.96
技工 142 元/工日；普工 92 元/工日		未计价材料费						12.6			
清单综合单价								21.76			

材料费明细	主要材料名称、规格、型号	单位	数量	单价	合价	暂估单价	暂估合价
	单管 DN25 支架型钢 综合	kg	1.05	12	12.6	—	—
	其他材料费				1.46		
	材料费小计				14.06		

管道 DN50 至 DN25 支架安装工程量清单综合单价分析表　　　　表 3-48

项目编码	031002001007	项目名称		管道支架	计量单位	kg	工程量	15.75
清单综合单价组成明细								
定额编号	定额名称	定额单位	数量	单价				合价			

定额编号	定额名称	定额单位	数量	人工费	材料费	施工机具使用费	管理费和利润	人工费	材料费	施工机具使用费	管理费和利润
C10-11-6	管道支架安装 单件重量（5kg 以内）	100 kg	0.01	278.94	173.28	29.50	105.39	2.79	1.73	0.3	1.05
人工单价		小计						2.79	1.73	0.3	1.05
技工 142 元/工日；普工 92 元/工日		未计价材料费						—			
清单综合单价								5.87			

材料费明细	主要材料名称、规格、型号			单位	数量	单价	合价	暂估单价	暂估合价
	—			—	—	—	—	—	—
	其他材料费						1.73		
	材料费小计						1.73		

手工除锈

管道手工除微锈工程量清单综合单价分析表　　　　表 3-49

项目编码	031201001001	项目名称		管道刷油	计量单位	m²	工程量	32.33
清单综合单价组成明细								

定额编号	定额名称	定额单位	数量	人工费	材料费	施工机具使用费	管理费和利润	人工费	材料费	施工机具使用费	管理费和利润
C12-1-1	管道手工除微锈	10m²	0.1	4.91	0.61	0	1.68	0.49	0.06	0	0.17
人工单价		小计						0.49	0.06	0	0.17
技工 142 元/工日；普工 92 元/工日		未计价材料费						—			
清单综合单价								0.72			

材料费明细	主要材料名称、规格、型号			单位	数量	单价	合价	暂估单价	暂估合价
	—			—	—	—	—	—	—
	其他材料费						0.06		
	材料费小计						0.06		

管道刷银粉漆工程量清单综合单价分析表　　　　表 3-50

项目编码	031201001002	项目名称		管道刷油	计量单位	m²	工程量	32.33

| | | | | 清单综合单价组成明细 | | | | | |

定额编号	定额名称	定额单位	数量	单价				合价			
				人工费	材料费	施工机具使用费	管理费和利润	人工费	材料费	施工机具使用费	管理费和利润
C12-2-22	管道刷银粉漆第一遍	10m²	0.1	18.78	10.11	0	6.42	1.88	1.01	0	0.64
C12-2-23	管道刷银粉漆第二遍	10m²	0.1	18.08	9.25	0	6.18	1.81	0.93	0	0.62
人工单价			小计					3.69	1.94	0	1.26
技工 142 元/工日；普工 92 元/工日			未计价材料费					—			
清单综合单价								6.89			

材料费明细	主要材料名称、规格、型号			单位	数量	单价	合价	暂估单价	暂估合价
	—			—	—	—	—	—	—
	其他材料费						1.94		
	材料费小计						1.94		

管道刷油

泡沫塑料瓦块安装

管道保温工程量清单综合单价分析表　　　　表 3-51

项目编码	031208002001	项目名称		管道绝热	计量单位	m³	工程量	2.21

| | | | | 清单综合单价组成明细 | | | | | |

定额编号	定额名称	定额单位	数量	单价				合价			
				人工费	材料费	施工机具使用费	管理费和利润	人工费	材料费	施工机具使用费	管理费和利润
C12-4-104	泡沫塑料瓦块安装 管道 DN50 以下 保温层厚度 40mm	m³	1	313.87	873.16	19.06	113.76	313.87	873.16	19.06	113.76
人工单价			小计					313.87	873.16	19.06	113.76
技工 142 元/工日；普工 92 元/工日			未计价材料费					560.21			
清单综合单价								1880.06			

材料费明细	主要材料名称、规格、型号			单位	数量	单价	合价	暂估单价	暂估合价
	泡沫塑料瓦块			m³	1.03	543.89	560.21	—	—
	其他材料费						873.16		
	材料费小计						1433.37		

2. 分部分项工程和单价措施项目清单与计价表，见表 3-52。

分部分项和单价措施项目清单与计价表

表 3-52

序号	项目编码	项目名称	项目特征描述	计量单位	工程量	金额（元）		
						综合单价	合价	其中：暂估价
1	031001001001	镀锌钢管	1. 安装部位：室内 2. 介质：采暖供回水 3. 规格：DN50 4. 连接形式：螺纹连接	m	40.75	57.08 人 18.49 机 0.64	2326.01 人 753.47 机 26.08	—
2	031001001002	镀锌钢管	1. 安装部位：室内 2. 介质：采暖供回水 3. 规格：DN50（超过 3.6m 部分） 4. 连接形式：螺纹连接	m	1.2	58.93 人 20.34 机 0.64	70.72 人 24.41 机 0.77	—
3	031001001003	镀锌钢管	1. 安装部位：室内 2. 介质：采暖供回水 3. 规格：DN40 4. 连接形式：螺纹连接	m	5.1	48.59 人 18.24 机 0.52	247.81 人 93.02 机 2.65	—
4	031001001004	镀锌钢管	1. 安装部位：室内 2. 介质：采暖供回水 3. 规格：DN32 4. 连接形式：螺纹连接	m	52.59	45.93 人 17.63 机 0.49	2415.46 人 927.16 机 25.77	—
5	031001001005	镀锌钢管	1. 安装部位：室内 2. 介质：采暖供回水 3. 规格：DN25 4. 连接形式：螺纹连接	m	52.13	38.33 人 16.64 机 0.35	1998.14 人 867.44 机 18.25	—
6	031001001006	镀锌钢管	1. 安装部位：室内 2. 介质：采暖供回水 3. 规格：DN20 4. 连接形式：螺纹连接	m	240.78	29.87 人 13.89 机 0.17	7192.1 人 3344.43 机 40.93	—
7	031001001007	镀锌钢管	1. 安装部位：室内 2. 介质：采暖供回水 3. 规格：DN20（超过 3.6m 部分） 4. 连接形式：螺纹连接	m	9.6	31.26 人 15.28 机 0.17	300.1 人 146.69 机 1.63	—
8	031005002001	钢制散热器	1. 结构形式：钢制柱式散热器 单组 11 片 2. 型号、规格：高度 600mm 以内	组	4	165.67 人 26.08 机 1.52	662.68 人 104.32 机 6.08	—
9	031005002002	钢制散热器	1. 结构形式：钢制柱式散热器 单组 12 片 2. 型号、规格：高度 600mm 以内	组	6	175.67 人 26.08 机 1.52	1054.02 人 156.48 机 9.12	—
10	031005002003	钢制散热器	1. 结构形式：钢制柱式散热器 单组 13 片 2. 型号、规格：高度 600mm 以内	组	2	185.67 人 26.08 机 1.52	371.34 人 52.16 机 3.04	—
11	031005002004	钢制散热器	1. 结构形式：钢制柱式散热器 单组 14 片 2. 型号、规格：高度 600mm 以内	组	6	195.67 人 26.08 机 1.52	1174.02 人 156.48 机 9.12	—

序号	项目编码	项目名称	项目特征描述	计量单位	工程量	金额（元）		
						综合单价	合价	其中：暂估价
12	031005002005	钢制散热器	1. 结构形式:钢制柱式散热器 单组 15 片 2. 型号、规格:高度 600mm 以内	组	6	205.67 人 26.08 机 1.52	1234.02 人 156.48 机 9.12	—
13	031005002006	钢制散热器	1. 结构形式:钢制柱式散热器 单组 18 片 2. 型号、规格:高度 600mm 以内	组	4	252.73 人 38.73 机 1.52	1010.92 人 154.92 机 6.08	—
14	031005002007	钢制散热器	1. 结构形式:钢制柱式散热器 单组 20 片 2. 型号、规格:高度 600mm 以内	组	4	272.73 人 38.73 机 1.52	1010.92 人 154.92 机 6.08	—
15	031003014001	热量表	1. 类型:热水采暖入口热量表 2. 型号、规格:入口管道 DN50 3. 连接形式:法兰连接	组	1	4137.06 人 562.75 机 31.34	4137.06 人 562.75 机 31.34	—
16	031003001001	螺纹阀门	1. 类型:截止阀 2. 材质:J11H-40 3. 规格、压力等级:DN40、4.0MPa 4. 连接形式:螺纹连接	个	4	137.2 人 13.81 机 1.52	548.8 人 55.24 机 6.08	—
17	031003001002	螺纹阀门	1. 类型:电动平衡阀 2. 材质:EDRV-A 3. 规格、压力等级:DN40、1.6MPa 4. 连接形式:螺纹连接	个	1	226.42 人 13.81 机 1.52	226.42 人 13.81 机 1.52	—
18	031003001003	螺纹阀门	1. 类型:截止阀 2. 材质:J11H-40 3. 规格、压力等级:DN20、4.0MPa 4. 连接形式:螺纹连接	个	32	49.6 人 6.28 机 1.16	1587.2 人 200.96 机 37.12	—
19	031003001004	螺纹阀门	1. 类型:自动排气阀 2. 材质:铜及铜合金 3. 规格、压力等级:DN25、1.6MPa 4. 连接形式:螺纹连接	个	4	55.62 人 17.7 机 0.09	222.48 人 70.8 机 0.36	—
20	031003001005	螺纹阀门	1. 类型:手动放风阀 2. 材质:铜及铜合金 3. 规格、压力等级:DN10、1.6MPa 4. 连接形式:螺纹连接	个	32	13.47 人 2.48 机 0	431.04 人 79.36 机 0	—
21	031003001006	螺纹阀门	1. 类型:温控阀 2. 材质:铜及铜合金 3. 规格、压力等级:DN20、1.6MPa 4. 连接形式:螺纹连接	个	32	65.63 人 12.97 机 0.11	2100.16 人 415.04 机 3.52	—
22	031002003001	套管	1. 名称、类型:刚性防水套管制作 DN50 2. 材质:无缝钢管 3. 规格:φ89×4	个	2	117.14 人 46.73 机 3.13	234.28 人 93.46 机 6.26	—
23	031002003002	套管	1. 名称、类型:刚性防水套管安装 DN50 2. 材质:刚性防水套管 3. 规格:DN100	个	2	112.21 人 37.65 机 0	224.42 人 75.3 机 0	—

续表

序号	项目编码	项目名称	项目特征描述	计量单位	工程量	金额（元）		
						综合单价	合价	其中：暂估价
24	031002003003	套管	1. 名称、类型：一般钢套管制作安装 DN50、DN40 2. 材质：焊接钢管 3. 规格：DN80	个	6	31.97 人 11.1 机 0.25	191.82 人 66.6 机 1.5	—
25	031002003004	套管	1. 名称、类型：一般钢套管制作安装 DN32、DN25 2. 材质：焊接钢管 3. 规格：DN50	个	10	22.49 人 7.91 机 0.22	224.9 人 79.1 机 2.2	—
26	031002001001	管道支架	1. 材质：金属管卡 2. 管架形式：成品管卡 DN50	个	8	6.71 人 1.78 机 0	53.68 人 14.24 机 0	—
27	031002001002	管道支架	1. 材质：金属管卡 2. 管架形式：成品管卡 DN20	个	64	4.32 人 1.31 机 0	276.48 人 83.84 机 0	—
28	031002001003	管道支架	1. 名称：介质管道 DN50 支架制作 2. 材质：支架角钢、型钢横担、圆钢管卡 3. 管架形式：单管 DN50 吊架	kg	4.76	25.96 人 5.18 机 0.56	123.57 人 24.66 机 2.67	—
29	031002001004	管道支架	1. 名称：介质管道 DN40 支架制作 2. 材质：支架角钢、型钢横担、圆钢管卡 3. 管架形式：单管 DN40 吊架	kg	0.62	24.91 人 5.18 机 0.56	15.44 人 3.21 机 0.35	—
30	031002001005	管道支架	1. 名称：介质管道 DN32 支架制作 2. 材质：支架角钢、型钢横担、圆钢管卡 3. 管架形式：单管 DN32 吊架	kg	6.38	22.81 人 5.18 机 0.56	145.53 人 33.05 机 3.57	—
31	031002001006	管道支架	1. 名称：介质管道 DN25 支架制作 2. 材质：支架角钢、型钢横担、圆钢管卡 3. 管架形式：单管 DN25 吊架	kg	3.99	21.76 人 5.18 机 0.56	86.82 人 20.67 机 2.23	—
32	031002001007	管道支架	1. 名称：介质管道 DN50 至 DN25 支架安装 2. 管架形式：单管 DN50 至 DN25 吊架	kg	15.75	5.87 人 2.79 机 0.3	92.45 人 43.94 机 4.73	—
33	031201001001	管道刷油	1. 除锈方式：手工除锈 2. 除锈级别：微锈	m²	32.33	0.72 人 0.49 机 0	23.28 人 15.84 机 0	—
34	031201001002	管道刷油	1. 油漆品种：银粉漆 2. 涂刷遍数：两遍	m²	32.33	6.89 人 3.69 机 0	222.75 人 119.3 机 0	—

续表

序号	项目编码	项目名称	项目特征描述	计量单位	工程量	综合单价	合价	其中：暂估价
35	031208002001	管道绝热	1. 绝热材料品种:泡沫塑料瓦块 2. 绝热厚度:40mm	m³	2.21	1880.06 人 313.87 机 19.06	4154.93 人 693.65 机 42.12	—
			分部分项工程费				36391.77 人 9857.2 机 310.29	—
36	031009001001	采暖工程系统调试	系统形式:上供上回低温热水采暖系统	系统	1	985.72 人 345 机 0	985.72 人 345 机 0	—
37	031301017001	脚手架搭拆	1. 场内、场外材料搬运 2. 搭、拆脚手架 3. 拆除脚手架后材料的堆放			脚手架搭拆费: 1. 采暖工程:按定额人工费的5%计算,其费用中人工费占35%,材料费占65%。 (9857.2−15.84−119.3−693.65+345)×5%＝468.67 人工费:468.67×35%＝164.03 2. 刷油工程:按定额人工费的7%计算,其费用中人工费占35%,材料费占65%。 (15.84＋119.3)×7%＝9.46 人工费:9.46×35%＝3.31 3. 绝热工程:按定额人工费的10%计算,其费用中人工费占35%,材料费占65%。 693.65×10%＝69.37 人工费:69.37×35%＝24.28	547.5 人 191.62 机 0	—
			单价措施项目费				1533.22 人 536.62 机 0	—
			合计(分部分项工程费及单价措施项目费)				37924.99 人 10393.82 机 310.29	—

3. 总价措施项目清单与计价表,见表3-53。

总价措施项目清单与计价表　　表 3-53

序号	费用项目		计算方法	金额（元）
1	分部分项工程和单价措施项目费		Σ（分部分项工程和单价措施项目费）	37924.99
1.1	其中	人工费	Σ（人工费）	10393.82
1.2		施工机具使用费	Σ（施工机具使用费）	310.29
2	总价措施项目费		2.1＋2.2	1065.06
2.1	安全文明施工费		（1.1＋1.2）×费率	994.41
2.2	其他总价措施项目费		（1.1＋1.2）×费率	70.65

4. 其他项目清单与计价汇总表，见表 3-54。

其他项目清单与计价汇总表　　表 3-54

序号	费用项目		计算方法	金额（元）
1	暂列金额		按招标文件	2000
2	专业工程暂估价/结算价		按招标文件/结算价	0
3	计日工		3.1＋3.2＋3.3＋3.4＋3.5	617.19
3.1	其中	人工费	Σ（人工价格×暂定数量）	460
3.2		材料费	Σ（材料价格×暂定数量）	0
3.3		施工机具使用费	Σ（机械台班价格×暂定数量）	0
3.4		企业管理费	（3.1＋3.3）×费率	86.76
3.5		利润	（3.1＋3.3）×费率	70.43
4	总包服务费		4.1＋4.2	0
4.1	其中	发包人发包专业工程	Σ（项目价值×费率）	0
4.2		发包人提供材料	Σ（材料价值×费率）	0
5	索赔与现场签证费		Σ（价格×数量）/Σ费用	0
6	其他项目费		1＋2＋3＋4＋5	2617.19

5. 单位工程造价汇总表，见表 3-55。

单位工程造价汇总表　　表 3-55

序号	费用项目		计算方法	金额（元）
1	分部分项工程和单价措施项目费		Σ（分部分项工程和单价措施项目费）	37924.99
1.1	其中	人工费	Σ（人工费）	10393.82
1.2		施工机具使用费	Σ（施工机具使用费）	310.29
2	总价措施项目费		Σ（总价措施项目费）	1065.06
3	其他项目费		Σ（其他项目费）	2617.19
3.1	其中	人工费	Σ（人工费）	460
3.2		施工机具使用费	Σ（施工机具使用费）	0
4	规费		（1.1＋1.2＋3.1＋3.2）×费率	1336.34

续表

序号	费用项目	计算方法	金额(元)
5	增值税	(1+2+3+4)×税率	4723.79
6	含税工程造价	1+2+3+4+5	47667.37

自测练习3 🔍

一、单项选择题

1. 镀锌钢管的项目编码为（　　）。

A. 031001001　　　　　　　　　　　B. 031001002

C. 031001003　　　　　　　　　　　D. 031001004

2. 铸铁散热器按设计图示数量计算，以（　　）为计量单位。

A. 个　　　　　　B. 组　　　　　　C. 套　　　　　　D. 台

3. 钢制散热器的项目特征不包括（　　）。

A. 安装方式　　　　　　　　　　　B. 型号规格

C. 托架刷油　　　　　　　　　　　D. 压力试验

4. 钢制散热器的结构形式不包括（　　）。

A. 闭式　　　　　　　　　　　　　B. 板式

C. 扁管式　　　　　　　　　　　　D. 联管式

5. 热量表按设计图示数量计算，以（　　）为计量单位。

A. 个　　　　　　B. 组　　　　　　C. 块　　　　　　D. 套

6. 管道绝热的计量单位为（　　）。

A. m　　　　　　B. m^2　　　　　　C. m^3　　　　　　D. kg

7. 如发生除微锈时，其工程量执行轻锈定额人工、材料、机械乘以系数（　　）。

A. 0.2　　　B. 0.45　　　C. 0.9　　　D. 1.033

8. 某采暖管道直径为50mm、长度为10m，管道刷油的工程量为（　　）m^2。

A. 0.157　　　B. 0.5　　　C. 1.57　　　D. 31.4

9. 某采暖工程建筑物檐高为58m、层数为20层，该建筑物的超高增加费按人工费的（　　）计取。

A. 2%　　　　B. 5%　　　　C. 9%　　　　D. 14%

10. 下列不属于其他项目费的是（　　）。

A. 暂列金额　　　　　　　　　　　B. 工程定位复测费

C. 计日工　　　　　　　　　　　　D. 总承包服务费

11. 不可竞争性费用不包括（　　）。

A. 安全文明施工费　　　　　　　　B. 规费

C. 利润　　　　　　　　　　　　　D. 税金

12. 各专业工程的计费基数为（　　）。

A. 人工费　　　　　　　　　　　　B. 人工费+材料费

C. 人工费＋施工机具使用费　　　　　D. 人工费＋材料费＋施工机具使用费

13. 某工程按照简易计税法计算时，其增值税的征收率为（　　）。

A. 3％　　　　　　　　　　　　　　　B. 9％

C. 11％　　　　　　　　　　　　　　D. 13％

14. 在编制某采暖管道综合单价分析表时，假设其人工费、材料费、机械费分别为300 元、100 元、50 元，查询定额得到企业管理费的费率为 18.86％、利润的费率为15.31％，该管道的企业管理费和利润之和为（　　）元。

A. 102.51　　　　　　　　　　　　　B. 136.68

C. 119.6　　　　　　　　　　　　　D. 153.77

15. 某采暖工程的分部分项工程费为 8000 元，其中人工费为 1000 元、材料费为 6000元、机械费为 200 元，查询定额得到采暖工程系统调整费系数为 10％，该采暖工程的系统调整费为（　　）元。

A. 20　　　　　　　　　　　　　　　B. 100

C. 120　　　　　　　　　　　　　　D. 800

二、判断题

1. 室内外采暖管道如室外设有采暖入口装置者，以入口装置循环管三通为界。（　　）

2. 采暖管道工程量计算时，需要扣除减压器、水表、伸缩器等所占长度。（　　）

3. 采暖管道工程量计算时，方形补偿器以其所占长度列入管道安装工程量。（　　）

4. 除锈包括金属管道表面的手工除锈、动力工具除锈、喷射除锈及化学除锈等，其中各种管件、阀件和设备上人孔、管口凹凸部分的除锈未综合考虑在定额内，需要另行计算。（　　）

5. 刷油、绝热工程定额操作高度，均按 6m 以下编制；安装高度超过 6m 时需要计算操作高度增加费。（　　）

6. 采暖工程系统调整费为单价措施项目费，属于工程系统系数费用。（　　）

7. 在洞库、暗室、在已封闭的管道间（井）、地沟、吊顶内安装的项目，人工、机械费乘以系数 1.10。（　　）

8. 一般计税法时，暂列金额和专业工程暂估价为含进项税额的费用。简易计税法时，暂列金额和专业工程暂估价为不含进项税额的费用。（　　）

9. 材料市场价格是指发、承包人双方认定的价格，也可以是当地建设工程造价管理机构发布的市场信息价格。（　　）

10. 仪器仪表使用费是指工程施工所需使用的仪器仪表的折旧费、检修费、维护费、校验费、动力费。（　　）

三、案例题

工程案例背景资料如下：

（1）采暖系统图

① 如图 3-6 所示为某建筑物采暖系统图，图中标注尺寸标高以"m"计，其余均以"mm"计。

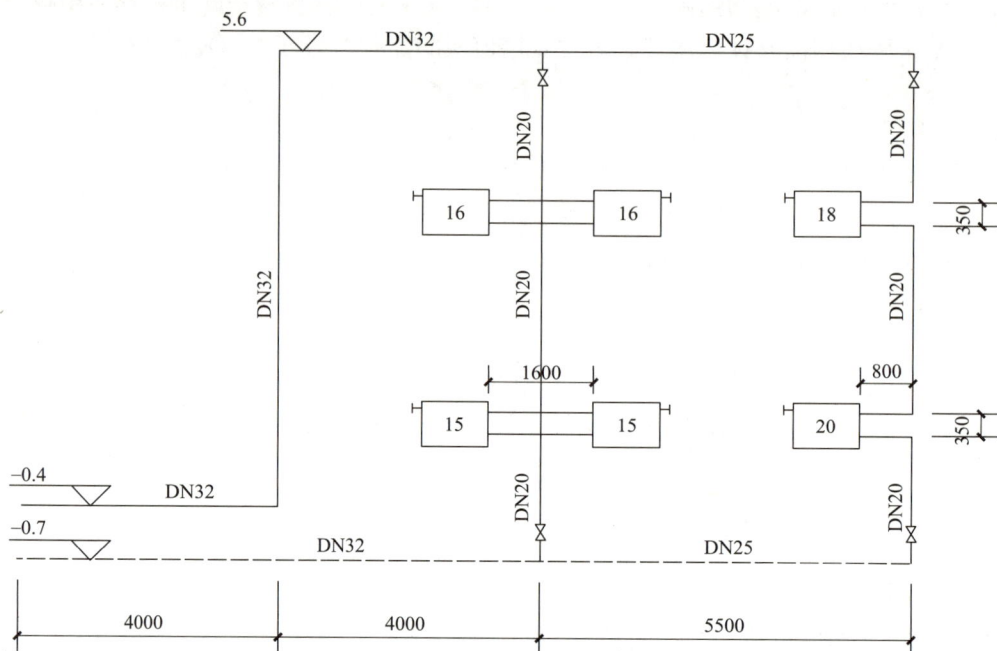

图 3-6　采暖系统图

② 采暖管道采用镀锌钢管、螺纹连接。

③ 散热器选用钢制柱式散热器，高度为 600mm，散热器支管管径均为 DN20。

④ 每组散热器上安装一个手动放风阀 φ10，立管上为螺纹截止阀。

（2）相关分部分项工程量清单项目统一编码见表 3-56。

相关分部分项工程量清单项目统一编码　　　　　　　表 3-56

项目编码	项目名称	项目特征	计量单位	工程量计算规则
031001001	镀锌钢管	1. 安装部位 2. 介质 3. 规格、压力等级 4. 连接形式	m	按设计图示管道中心线以长度计算
031001002	钢管			
031001003	不锈钢管			
031001004	铜管			
031001005	铸铁管	1. 安装部位 2. 介质 3. 材质、规格 4. 连接形式		
031001006	塑料管			
031001007	复合管			
031005001	铸铁散热器	1. 型号、规格 2. 安装方式	片（组）	按设计图示数量计算
031005002	钢制散热器	1. 结构形式 2. 型号、规格	组（片）	
031003001	螺纹阀门	1. 类型 2. 材质 3. 规格、压力等级 4. 连接形式	个	

（3）钢制柱式散热器（单组 15 片）安装定额的相关数据资料见表 3-57。

钢制柱式散热器（单组 15 片）安装定额的相关数据　　表 3-57

定额编号	项目名称	计量单位	定额基价(元)			未计价主材	
			人工费	材料费	施工机具使用费	单价	耗量
C10-7-14	钢制柱式散热器安装 高度 600mm 以内 单组 15 片以内	组	26	18	2	150 元/组	1组

注意：管理费和利润的费率分别为 18.86%、15.31%，计费基数均为人工费＋施工机具使用费。

根据以上工程案例背景资料，回答下列问题：

1. 根据采暖系统图，列式计算采暖管道及阀门的工程量。

2. 根据背景资料（2）中给出的相关分部分项清单工程量及相关项目统一编码，编制管道、散热器、阀门项目"分部分项工程量清单与计价表"（表 3-58）。（注：不计算计价部分。）

分部分项工程量清单与计价表　　表 3-58

工程名称：采暖工程　　　　　　　　　　　　　　　　　　　　　　　标段：采暖管道安装

序号	项目编码	项目名称	项目特征描述	计量单位	工程量	金额(元)		
						综合单价	合价	其中:暂估价
1								
2								
3								
4								
5								
6								
7								
8								
本页小计							—	
合计							—	

3.按照背景资料（3）中的相关定额，编制钢制柱式散热器（单组 15 片）的工程量清单"综合单价分析表"（表 3-59）。（注：表中结果均保留两位小数。）

综合单价分析表　　　　　　　　　表 3-59

工程名称：采暖工程　　　　　　　　　　　　　　　　　　　标段：采暖管道安装

项目编码		项目名称		计量单位	
清单综合单价组成明细					

定额编号	定额名称	定额单位	数量	单价（元）				合价（元）			
				人工费	材料费	施工机具使用费	管理费和利润	人工费	材料费	施工机具使用费	管理费和利润

人工单价		小计	
元/工日		未计价材料费	
清单项目综合单价			

材料费明细	主要材料名称、规格、型号	单位	数量	单价（元）	合价（元）	暂估单价	暂估合价
						—	—
	其他材料费						
	材料费小计						

教学单元4

Chapter 04

通风空调工程计量与计价

知识目标

• 掌握通风管道、通风管道部件、空调设备、空调水管道及附件、刷油、绝热的工程量计算规则；

• 掌握安装工程费用的组成及计价程序；

• 掌握通风空调工程定额中按系数计取费用的计算方法。

能力目标

• 能够准确计算通风空调工程的工程量；

• 能够准确编制通风管道及附件的工程量清单综合单价分析表；

• 能够准确编制通风空调工程清单与计价表。

素质目标

• 培养学生尊重知识、尊重专业规范标准的专业素养；

• 培养学生节能、环境保护、可持续发展的理念；

• 培养学生好学、多问、多思考、多总结的习惯。

4.1 通风空调工程案例

4.1.1 通风空调设计说明

（1）本工程为某办公楼一层室内通风空调工程，层高为 3.6m。本工程空调风系统为风机盘管加新风系统，空调水系统采用异程式两管制系统。

（2）风管采用镀锌薄钢板，咬口连接。其中矩形风管 250mm×120mm、240mm×240mm，铁皮厚度 $\delta=0.5$mm；矩形风管 400mm×200mm，铁皮厚度 $\delta=0.6$mm；矩形风管 720mm×320mm、630mm×250mm、500mm×200mm，铁皮厚度 $\delta=0.75$mm。

（3）吊顶式机组型号为 DBFP020，制冷量为 25.3kW，风量为 2000m³/h；风机盘管型号为 42CT003，制冷量为 2950W，风量为 510m³/h；回风口为铝合金带调节阀（过滤器）单层百叶回风口，尺寸为 500mm×500mm；送风口为铝合金带调节阀散流器，尺寸为 240mm×240mm；静压箱的尺寸为 600mm×500mm×500mm。风管软接头均为帆布材质，尺寸为 200mm×240mm×240mm。

（4）空调供水、回水管均采用镀锌钢管，螺纹连接；空调冷凝水管采用 PVC 管，粘接。

（5）管道先手工除轻锈，后刷红丹防锈漆两遍，风管采用 20mm 厚橡塑保温。

4.1.2 通风空调图纸

如图 4-1 至图 4-5 所示为空调风平面图、空调水平面图及大样图等，图中标注尺寸标高以"m"计，其余均以"mm"计。

其中：

① 空调水平面图中供、回、冷凝干管、支管之间的间距均为 100mm。

② 对开多叶调节阀、风管软接头、不锈钢软接头长度均为 200mm。

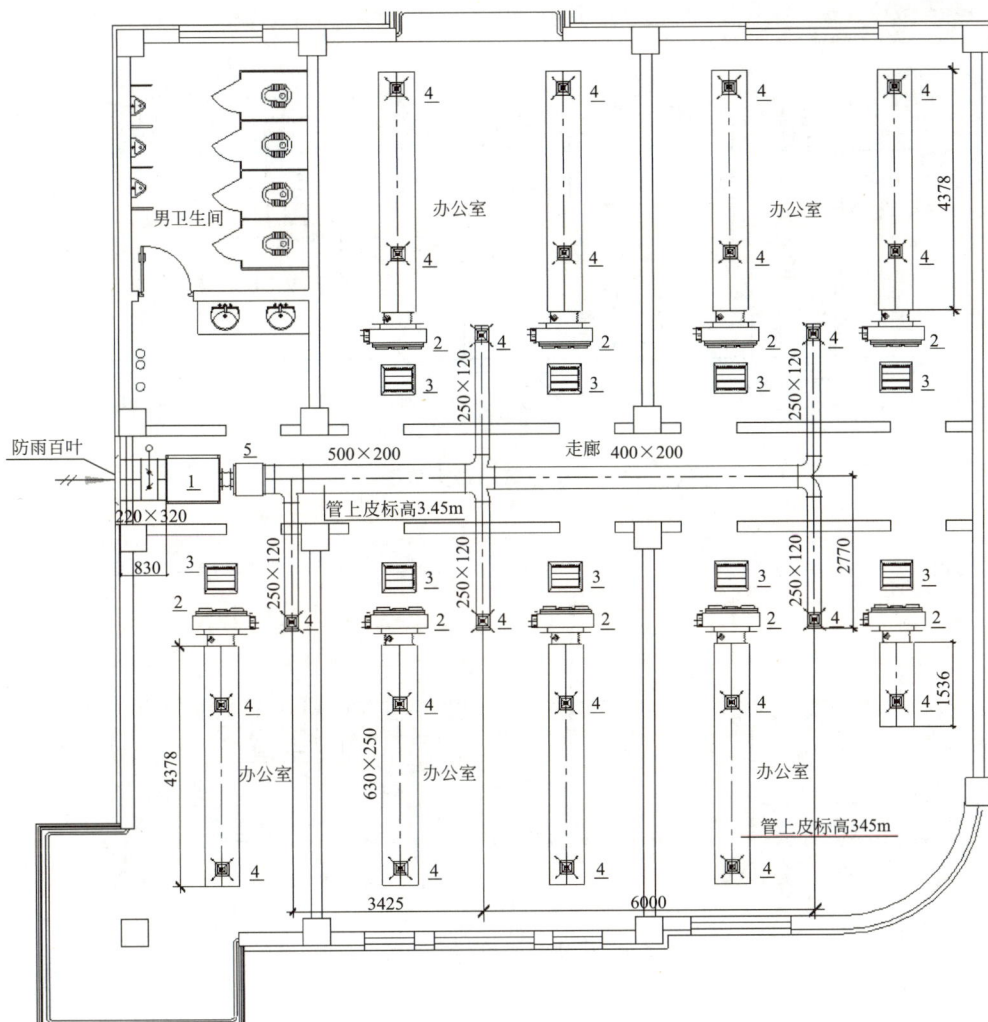

图 4-1　空调风平面图

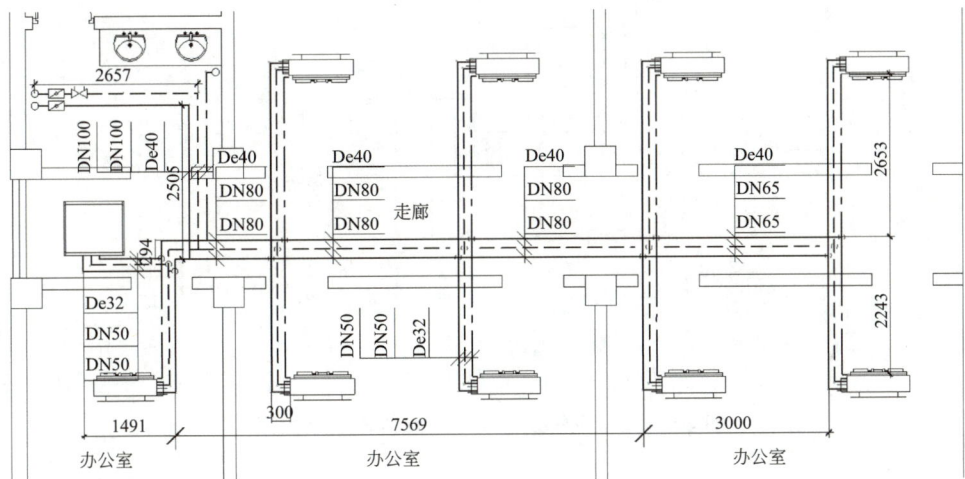

图 4-2　空调水平面图

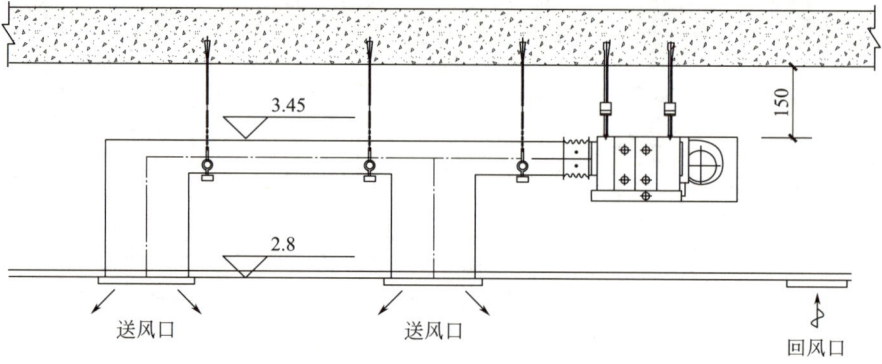

图 4-3　风机盘管吊装大样图（一）

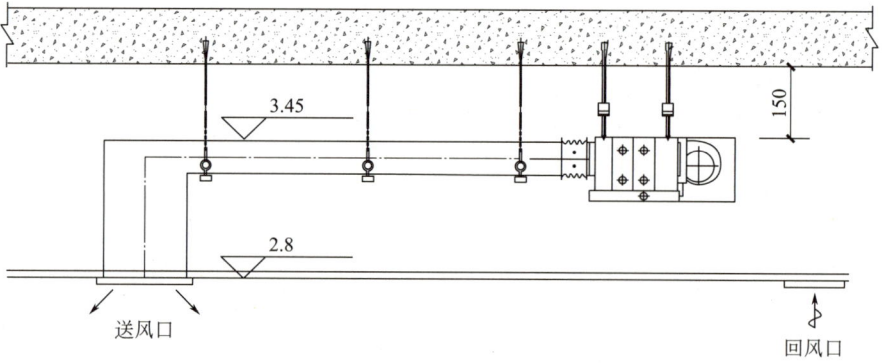

图 4-4　风机盘管吊装大样图（二）

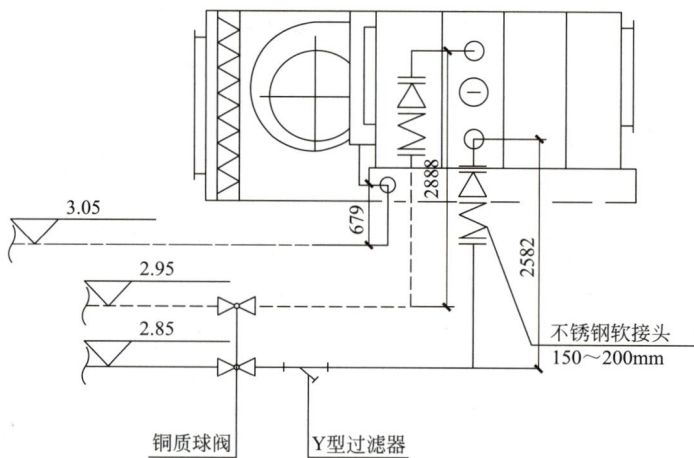

图 4-5　风机盘管及空调机组水管接法示意图

4.2 通风管道计量

4.2.1 清单计算规则

各类通风管道安装工程量均按风管展开面积计算，以"m²"为计量单位，不扣除检查孔、测定孔、送风口、吸风口等所占面积。风管长度一律以设计图示中心线长度为准（主管与支管以其中心线交点划分），包括弯头、三通、变径管、天圆地方等管件的长度，但不包括部件（阀门、消声器、静压箱等）所占的长度。

通风管道
计量

如表 4-1 所示为通风管道制作安装工程量清单项目设置、项目特征描述的内容、计量单位及工程量计算规则。

通风管道制作安装工程量清单查询表　　　　　表 4-1

项目编码	项目名称	项目特征	计量单位	工程量计算规则
030702001	碳钢通风管道	1. 名称 2. 材质 3. 形状 4. 规格 5. 板材厚度 6. 管件、法兰等附件及支架设计要求 7. 接口形式	m²	按设计图示内径尺寸以展开面积计算
030702002	净化通风管道			
030702003	不锈钢板通风管道	1. 名称 2. 形状 3. 规格 4. 板材厚度 5. 管件、法兰等附件及支架设计要求 6. 接口形式		
030702004	铝板通风管道			
030702005	塑料通风管道			
030702006	玻璃钢通风管道	1. 名称 2. 形状 3. 规格 4. 板材厚度 5. 支架形式、材质 6. 接口形式		按设计图示外径尺寸以展开面积计算
030702007	复合型风管	1. 名称 2. 材质 3. 形状 4. 规格 5. 板材厚度 6. 接口形式 7. 支架形式、材质		

注意：

1. 风管展开面积不包括风管、管口重叠部分面积。风管渐缩管：圆形风管按平均直径，矩形风管按平均周长。
2. 穿墙套管按展开面积计算，计入通风管道工程量中。

4.2.2　定额计算规则

薄钢板风管、净化风管、不锈钢风管、铝板风管、塑料风管、玻璃钢风管按设计图示规格以展开面积计算,复合型风管按设计图示规格以外径展开面积计算,以"m²"为计量单位。不扣除检查孔、测定孔、送风口、吸风口等所占面积。风管展开面积不计算风管、管口重叠部分面积。

薄钢板风管、净化风管、不锈钢风管、铝板风管、塑料风管、玻璃钢风管、复合型风管长度计算时均以设计图示中心线长度(主管与支管以其中心线交点划分),包括弯头、变径管、天圆地方等管件的长度,不包括部件(阀门、消声器、静压箱等)所占的长度。

计算公式:矩形风管 $F=2\times(A+B)\times L$

圆形风管 $F=\pi\times D\times L$

其中　F——风管展开面积,m²;

D——圆形风管直径,m;

L——管道中心线长度,m;

A——矩形风管长边尺寸,m;

B——矩形风管短边尺寸,m。

4.2.3　工程量计算

下面对 4.1 节中的通风空调工程案例进行通风管道工程量计算,编制通风管道工程量汇总表,如表 4-2 所示。

通风管道工程量汇总表　　　　表 4-2

名称	单位	计算式	工程量
镀锌薄钢板 720×320	m²	$L=0.83-0.2=0.63m$ $F=2\times(0.72+0.32)\times0.63=1.31m^2$	1.31
镀锌薄钢板 630×250	m²	$L=4.378\times8+1.536=36.56m$ $F=2\times(0.63+0.25)\times36.56=64.35m^2$	64.35
镀锌薄钢板 500×200	m²	$L=3.425m$ $F=2\times(0.5+0.2)\times3.425=4.8m^2$	4.8
镀锌薄钢板 400×200	m²	$L=6m$ $F=2\times(0.4+0.2)\times6=7.2m^2$	7.2
镀锌薄钢板 250×120	m²	$L=2.77\times5=13.85m$ $F=2\times(0.25+0.12)\times13.85=10.25m^2$	10.25
镀锌薄钢板 240×240	m²	$L=(3.45-0.25/2-2.8)\times17$(送风口处立管)$+(3.45-0.12/2-2.8)\times5$(新风口处立管)$=11.875m$ $F=2\times(0.24+0.24)\times11.875=11.4m^2$	11.4

4.3 通风管道部件计量

4.3.1 清单计算规则

各种阀门、风口均按设计图示数量计算，以"个"为计量单位；静压箱按设计图示数量计算时以"个"为计量单位，按设计图示尺寸以展开面积计算时以"m²"为计量单位；柔性接口按设计图示尺寸以展开面积计算时以"m²"为计量单位。

通风管道部件计量

如表 4-3 所示为通风管道部件工程量清单项目设置、项目特征描述的内容、计量单位及工程量计算规则。

通风管道部件工程量清单查询表　　　　　　　　表 4-3

项目编码	项目名称	项目特征	计量单位	工程量计算规则
030703001	碳钢阀门	1. 名称 2. 型号 3. 规格 4. 质量 5. 类型 6. 支架形式、材质	个	按设计图示数量计算
030703007	碳钢风口、散流器、百叶窗	1. 名称 2. 型号 3. 规格 4. 质量 5. 类型 6. 形式		
030703019	柔性接口	1. 名称 2. 规格 3. 材质 4. 类型 5. 形式	m²	按设计图示尺寸以展开面积计算
030703021	静压箱	1. 名称 2. 规格 3. 形式 4. 材质 5. 支架形式、材质	1. 个 2. m²	1. 以"个"计量，按设计图示数量计算 2. 以"m²"计量，按设计图示尺寸以展开面积计算

注意：

1. 碳钢阀门包括：空气加热器上通阀、空气加热器旁通阀、圆形瓣式气动阀、风管蝶阀、风管止回阀、密闭式斜插板阀、矩形风管三通调节阀、对开多叶调节阀、风管防火阀、各型风罩调节阀等。

2. 碳钢风口、散流器、百叶窗包括：百叶风口、矩形送风口、矩形空气分布器、风管插板风口、旋转吹风口、圆形散流器、方形散流器、流线型散流器、送吸风口、活动算式风口、网式风口、钢百叶窗等。

3. 柔性接口包括：金属、非金属软接口及伸缩节。

4. 消声器包括：片式消声器、矿棉管式消声器、聚酯泡沫管式消声器、卡普隆纤维管式消声器、弧形声流式消声器、阻抗复合式消声器、微穿孔板消声器、消声弯头等。

5. 通风部件如图纸要求制作安装或用成品部件只安装不制作，这类特征在项目特征中应明确描述。

6. 静压箱的面积计算：按设计图示尺寸以展开面积计算，不扣除开口的面积。

4.3.2　定额计算规则

1. 碳钢调节阀安装依据其类型、直径（圆形）或周长（方形），按设计图示数量计算，以"个"为计量单位；柔性软风管阀门安装依据其直径，按设计图示数量计算，以"个"为计量单位。

2. 碳钢各种风口、散流器、排烟口安装依据类型、规格尺寸，按设计图示数量计算，以"个"为计量单位。

3. 消声静压箱安装依据其展开面积，按设计图示数量计算，以"个"为计量单位。

4. 静压箱制作、安装按设计图示尺寸以展开面积计算，以"m^2"为计量单位。

5. 软管（帆布）接口制作安装按设计图示尺寸，以展开面积计算，以"m^2"为计量单位。

4.3.3　工程量计算

下面对 4.1 节中的通风空调工程案例进行通风管道部件工程量计算，编制通风管道部件工程量汇总表，如表 4-4 所示。

通风管道部件工程量汇总表　　　　表 4-4

名称	单位	计算式	工程量
对开多叶调节阀 720×320	个	1	1
散流器送风口 240×240	个	17(送风)＋5(新风)	22
单层百叶回风口 500×500	个	9	9
静压箱 600×500×500	m^2	2×(0.5＋0.5)×0.6	1.2
帆布软接 200×240×240	m^2	10×2×(0.24＋0.24)×0.2	1.92

4.4　空调设备计量

4.4.1　清单计算规则

如表 4-5 所示为空调设备工程量清单项目设置、项目特征描述的内容、计量单位及工程量计算规则。

空调设备
计量

空调设备工程量清单查询表　　　　　　　　表 4-5

项目编码	项目名称	项目特征	计量单位	工程量计算规则
030701003	空调器	1. 名称 2. 型号 3. 规格 4. 安装形式 5. 质量 6. 隔振垫（器）、支架形式、材质	台（组）	按设计图示数量计算
030701004	风机盘管	1. 名称 2. 型号 3. 规格 4. 安装形式 5. 减振器、支架形式、材质 6. 试压要求	台	

4.4.2　定额计算规则

1. 整体式空调机组、空调器安装（一拖一分体空调以室内机、室外机之和）按设备质量、依据设计图示数量计算，以"台"为计量单位。

2. 组合式空调机组安装按设计风量，依据设计图示数量计算，以"台"为计量单位。

3. 多联体空调机室外机安装按制冷量，依据设计图示数量计算，以"台"为计量单位。

4. 风机盘管安装按安装方式、依据设计图示数量计算，以"台"为计量单位。

5. 通风机安装按不同形式、规格、设计风量，依据设计图示数量计算，以"台"为计量单位。风机箱安装按安装方式，依据设计图示数量计算，以"台"为计量单位。

6. 设备支架制作安装依据设计图示尺寸，按质量计算，以"kg"为计量单位。

4.4.3　工程量计算

下面对 4.1 节中的通风空调工程案例进行空调设备工程量计算，编制空调设备工程量汇总表，如表 4-6 所示。

空调设备工程量汇总表　　　　　　　　表 4-6

名称	单位	计算式	工程量
吊顶式机组 DBF020	台	1	1
风机盘管 42CT003	台	9	9

4.5 空调水管道及附件计量

4.5.1 室内外管道界限划分

1. 室内外管道以建筑物外墙皮 1.5m 为界；建筑物入口处设阀门者以阀门为界。
2. 与设在建筑物内的空调机房管道以机房外墙皮为界。

4.5.2 清单计算规则

各类管道安装工程量均按设计图示管道中心线以长度计算，以"m"为计量单位，不扣除阀门、管件、附件所占长度；方形补偿器以其所占长度列入管道安装工程量。

如表 4-7 所示为空调水管道及附件工程量清单项目设置、项目特征描述的内容、计量单位及工程量计算规则。

空调水管道及附件工程量清单查询表 表 4-7

项目编码	项目名称	项目特征	计量单位	工程量计算规则
031001001	镀锌钢管	1. 安装部位 2. 介质 3. 规格、压力等级 4. 连接形式	m	按设计图示管道中心线以长度计算
031001002	钢管			
031001003	不锈钢管			
031001004	铜管			
031001005	铸铁管	1. 安装部位 2. 介质 3. 材质、规格 4. 连接形式		
031001006	塑料管			
031001007	复合管			
031003001	螺纹阀门	1. 类型 2. 材质 3. 规格、压力等级 4. 连接形式	个	按设计图示数量计算
031003002	螺纹法兰阀门			
031003003	焊接法兰阀门			
031003008	除污器（过滤器）	1. 材质 2. 规格、压力等级 3. 连接形式	组	
031003010	软接头（软管）	1. 材质 2. 规格 3. 连接形式	个（组）	

注意：
1. 安装部位：指管道安装在室内、室外。
2. 介质：包括给水、排水、中水、雨水、热媒体、燃气、空调水等。
3. 方形补偿器制作安装：应包含在管道安装综合单价中。
4. 铸铁管安装：适用于承插铸铁管、球墨铸铁管、柔性抗震铸铁管等。
5. 塑料管安装：适用于 UPVC、PVC、PP-C、PP-R、PE、PB 管等塑料管材。
6. 复合管安装：适用于钢塑复合管、铝塑复合管、钢骨架复合管等复合型管道安装。

4.5.3　定额计算规则

1. 各类管道安装按室内外、材质、连接形式、规格分别列项，以"10m"为计量单位。定额中除塑料管按公称外径表示，其他管道均按公称直径表示。

2. 各类管道安装工程量，均按设计管道中心线长度，以"10m"为计量单位，不扣除阀门、管件、附件所占长度。

3. 方形补偿器所占长度计入管道安装工程量。

4. 各种阀门、过滤器、软接头安装，均按照不同连接方式、材质、规格，以"个"或"组"为计量单位。

4.5.4　工程量计算

下面对 4.1 节中的通风空调工程案例进行空调水管道及附件工程量计算，编制空调水管道及附件工程量汇总表，如表 4-8 所示。

空调水管道及附件工程量汇总表　　　　　　表 4-8

名称	单位	计算式	工程量
镀锌钢管 DN100	m	供水：$2.657-0.1+2.505=5.062$ 回水：$2.657+2.505=5.162$	10.22
镀锌钢管 DN80	m	供水：$7.569+0.294=7.863$ 回水：$7.569+0.1×2+0.294=8.063$	15.93
镀锌钢管 DN65	m	供水：3 回水：3	6
镀锌钢管 DN50	m	供水：$(2.243+0.3)×5+(2.653+0.4+0.3)×4+(1.491+0.3)$ $=27.918$ 回水：$(2.243+0.2)×5+(2.653+0.2+0.2)×4+(1.491-0.2+0.2)=25.918$	53.84
PVC 塑料管 De40	m	冷凝水：$2.505+(7.569+3+0.4)+0.294=13.768$	13.77
PVC 塑料管 De32	m	冷凝水：$(2.243+0.1)×5+(2.653+0.1)×4+(1.491-0.4+0.1)$ $=23.918$	23.92
蝶阀 DN100	个	2	2
平衡阀 DN100	个	1	1
铜质球阀 DN50	个	$2×10$	20
Y 形过滤器 DN50	个	$1×10$	10
不锈钢软接头 DN50	个	$2×10$	20

4.6 刷油、绝热工程计量

4.6.1 清单计算规则

如表 4-9 所示为刷油工程工程量清单项目设置、项目特征描述的内容、计量单位及工程量计算规则。

刷油工程工程量清单查询表　　　　　　　　　　　　表 4-9

项目编码	项目名称	项目特征	计量单位	工程量计算规则
031201001	管道刷油	1. 除锈级别 2. 油漆品种 3. 涂刷遍数、漆膜厚度 4. 标志色方式、品种	1. m² 2. m	1. 以"m²"计量,按设计图示表面积尺寸以面积计算 2. 以"m"计量,按设计图示尺寸以长度计算
031201002	设备与矩形管道刷油			
031201003	金属结构刷油	1. 除锈级别 2. 油漆品种 3. 结构类型 4. 涂刷遍数、漆膜厚度	1. m² 2. kg	1. 以"m²"计量,按设计图示表面积尺寸以面积计算 2. 以"kg"计量,按金属结构的理论质量计算
031201004	铸铁管、暖气片刷油	1. 除锈级别 2. 油漆品种 3. 涂刷遍数、漆膜厚度	1. m² 2. m	1. 以"m²"计量,按设计图示表面积尺寸以面积计算 2. 以"m"计量,按设计图示尺寸以长度计算

注意:

1. 管道刷油以"m"计算时,按图示中心线以延长米计算,不扣除附属构筑物、管件及阀门等所占长度。
2. 涂刷部位:指涂刷表面的部位,如设备、管道等部位。
3. 结构类型:指涂刷金属结构的类型,如一般钢结构、管廊钢结构、H 型钢钢结构等类型。
4. 通风管道表面积:$S=\pi \times D \times L$（圆形风管）或者 $S=2 \times (A+B) \times L$（矩形风管）。
5. 设备筒体、管道表面积包括管件、阀门、法兰、人孔、管口凹凸部分。

如表 4-10 所示为绝热工程工程量清单项目设置、项目特征描述的内容、计量单位及工程量计算规则。

绝热工程工程量清单查询表　　　　　　　　　　　　表 4-10

项目编码	项目名称	项目特征	计量单位	工程量计算规则
031208001	设备绝热	1. 绝热材料品种 2. 绝热厚度 3. 设备形式 4. 软木品种	m³	按图示表面积加绝热层厚度及调整系数计算
031208002	管道绝热	1. 绝热材料品种 2. 绝热厚度 3. 管道外径 4. 软木品种		

项目编码	项目名称	项目特征	计量单位	工程量计算规则
031208003	通风管道绝热	1. 绝热材料品种 2. 绝热厚度 3. 软木品种	1. m³ 2. m²	1. 以"m³"计量,按图示表面积加绝热层厚度及调整系数计算 2. 以"m²"计量,按图示表面积及调整系数计算

注意:

1. 设备形式指立式、卧式或球形。
2. 通风管道绝热工程量 $V=\pi\times(D+1.033\delta)\times1.033\delta\times L$（圆形风管）或者 $V=2\times(A+B+1.033\delta)\times1.033\delta\times L$（矩形风管）（π—圆周率，D—圆形风管直径，1.033—调整系数，δ—绝热层厚度，L—管道中心线长度，A—矩形风管长边尺寸，B—矩形风管短边尺寸）。

4.6.2　定额计算规则

1. 管道除锈以"m²"计量，按设计图示表面积尺寸以面积计算，$S=\pi\times D\times L$ 或 $S=2\times(A+B)\times L$。除锈包括金属管道表面的手工除锈、动力工具除锈、喷射除锈及化学除锈等，其中各种管件、阀件和设备上人孔、管口凹凸部分的除锈已综合考虑在定额内，不另行计算。如发生除微锈时，其工程量执行轻锈定额人工、材料、机械乘以系数0.2。

2. 管道刷油以"m²"计量，按设计图示表面积尺寸以面积计算，$S=\pi\times D\times L$ 或 $S=2\times(A+B)\times L$。其中各种管件、阀件和设备上人孔、管口凹凸部分的刷油已综合考虑在定额内，不另行计算。如安装前集中刷油，人工乘以系数0.45（暖气片除外）。

3. 管道绝热以"m³"计量，按设计图示表面积加绝热层厚度及调整系数计算，$V=\pi\times(D+1.033\delta)\times1.033\delta\times L$（圆形风管）或 $V=2\times(A+B+1.033\delta)\times1.033\delta\times L$（矩形风管）。管道绝热均按现场安装后绝热施工考虑，若先绝热后安装时，其人工乘以系数0.9。

4.6.3　工程量计算

本工程仅计算风管刷油、绝热的工程量，水管同采暖工程中刷油、绝热工程量计算方法。下面对4.1节中的通风空调工程案例进行刷油、绝热工程量计算，编制风管刷油、绝热工程量汇总表，如表4-11所示。

风管刷油、绝热工程量汇总表　　　表4-11

名称	单位	计算式	工程量
风管手工除轻锈	m²	①720×320:1.31 ②630×250:64.35 ③500×200:4.8 ④400×200:7.2 ⑤250×120:10.25 ⑥240×240:11.4	99.31

名称	单位	计算式	工程量
风管刷红丹防锈漆第一遍	m²	同上面除锈计算式	99.31
风管刷红丹防锈漆第二遍	m²	同上面除锈计算式	99.31
风管采用 20mm 厚橡塑保温	m³	①720×320：2×(0.72+0.32+1.033×0.02)×0.63×1.033×0.02=0.028 ②630×250：2×(0.63+0.25+1.033×0.02)×36.56×1.033×0.02=1.361 ③500×200：2×(0.5+0.2+1.033×0.02)×3.425×1.033×0.02=0.102 ④400×200：2×(0.4+0.2+1.033×0.02)×6×1.033×0.02=0.154 ⑤250×120：2×(0.25+0.12+1.033×0.02)×13.85×1.033×0.02=0.224 ⑥240×240：2×(0.24+0.24+1.033×0.02)×11.875×1.033×0.02=0.246	2.12

4.7 通风空调工程计价

4.7.1 按系数计取的费用

通风空调
工程计价

定额系数是预算定额的重要组成部分，《湖北省通用安装工程消耗量定额及全费用基价表》（2018）把定额系数按其实质内容分为子目系数、工程系统系数和综合系数。

子目系数：当分项工程内容与定额子目考虑的编制环境不同时，所需进行的定额调整内容。如各章节规定的定额子目调整系数、操作高度增加费系数、暗室施工系数等。

工程系统系数：与工程建筑形式或工程系统调试有关的费用。如建筑物超高增加费系数，通风工程检测、调试系数，采暖工程系统调试费系数等。

综合系数：与工程本体形态无直接关系，而与施工方法和施工环境有关的系数。如脚手架搭拆费系数，安装与生产同时进行增加系数，有害环境影响增加系数等。

子目系数是计取工程系统系数的基础，子目系数和工程系统系数是计算综合系数的基础。

1. 操作高度增加费

通风空调工程定额操作高度，均按 6m 以下编制；安装高度超过 6m 时，超过部分工程量按定额人工费乘以系数 1.2 计取。

刷油、绝热工程定额操作高度，均按 6m 以下编制；安装高度超过 6m 时，超过部分工程量按定额人工、机械乘以表 4-12 中系数计算。

操作物高度(m)	≤30	≤50
系数	1.20	1.50

该费用为分部分项工程费，属于子目系数费用。

2. 建筑物超高增加费

高度在 6 层或者 20m 以上的工业与民用建筑物上进行安装时增加的费用，按表 4-13 计算，其费用中人工费占 65%。该费用为单价措施项目费，属于工程系统系数费用。

建筑物檐高(m)	≤40	≤60	≤80	≤100	≤120	≤140	≤160	≤180	≤200
建筑层数(层)	≤12	≤18	≤24	≤30	≤36	≤42	≤48	≤54	≤60
按人工费的(%)	2	5	9	14	20	26	32	38	44

3. 脚手架搭拆费

通风空调工程按定额人工费的 4% 计算，其费用中人工费占 35%；刷油工程按定额人工费的 7% 计算，其费用中人工费占 35%；绝热工程按定额人工费的 10% 计算，其费用中人工费占 35%。该费用为单价措施项目费，属于综合系数费用。

4. 系统调整费

① 变风量空调风系统调试按系统工程人工费 9% 计取，其费用中人工费占 35%。包括漏风量测试和漏光法测试费、风系统平衡调试费。

② 变风量空调风系统以外的系统，按系统工程人工费 7% 计取，其费用中人工费占 35%，包括漏风量测试和漏光法测试费用。

③ 空调水系统调整费按空调水系统工程（含冷凝水管）人工费的 10% 计算，其费用中人工费占 35%。

该费用为单价措施项目费，属于工程系统系数费用。

4.7.2　工程量清单计价

1. 工程量清单综合单价分析表

查询《湖北省通用安装工程消耗量定额及全费用基价表》（2018）第七册 通风空调工程，完成工程量清单综合单价分析表，见表 4-14 至表 4-37。

矩形风管
（δ=1.2mm
以内咬口）

镀锌薄钢板 720×320、630×250、500×200 工程量清单综合单价分析表　　　**表 4-14**

项目编码	030702001001	项目名称	碳钢通风管道		计量单位	m²	工程量	70.46
清单综合单价组成明细								
定额编号	定额名称	定额单位	数量	单价				合价			

定额编号	定额名称	定额单位	数量	人工费	材料费	施工机具使用费	管理费和利润	人工费	材料费	施工机具使用费	管理费和利润
C7-2-8	镀锌薄钢板矩形风管(δ=1.2mm 以内咬口)长边长 1000mm 以内	10m²	0.1	356.93	215.21	7.94	124.68	35.7	21.52	0.79	12.47
人工单价			小计					35.7	21.52	0.79	12.47
技工 142 元/工日；普工 92 元/工日			未计价材料费					29.04			
清单综合单价								99.52			

材料费明细	主要材料名称、规格、型号	单位	数量	单价	合价	暂估单价	暂估合价
	镀锌薄钢板 δ0.75	m²	1.138	25.52	29.04	—	—
	其他材料费				21.52		
	材料费小计				50.56		

镀锌薄钢板 400×200 工程量清单综合单价分析表　　　**表 4-15**

项目编码	030702001002	项目名称	碳钢通风管道		计量单位	m²	工程量	7.2
清单综合单价组成明细								

定额编号	定额名称	定额单位	数量	人工费	材料费	施工机具使用费	管理费和利润	人工费	材料费	施工机具使用费	管理费和利润
C7-2-7	镀锌薄钢板矩形风管(δ=1.2mm 以内咬口)长边长 450mm 以内	10m²	0.1	475.01	215.79	12.10	166.45	47.5	21.58	1.21	16.65
人工单价			小计					47.5	21.58	1.21	16.65
技工 142 元/工日；普工 92 元/工日			未计价材料费					23.23			
清单综合单价								110.17			

材料费明细	主要材料名称、规格、型号	单位	数量	单价	合价	暂估单价	暂估合价
	镀锌薄钢板 δ0.6	m²	1.138	20.41	23.23	—	—
	其他材料费				21.58		
	材料费小计				44.81		

镀锌薄钢板 250×120、240×240 工程量清单综合单价分析表　　表 4-16

项目编码	030702001003	项目名称	碳钢通风管道	计量单位	m²	工程量	21.65
清单综合单价组成明细							
定额编号	定额名称	定额单位	数量	单价			
				人工费	材料费	施工机具使用费	管理费和利润
				合价			
				人工费	材料费	施工机具使用费	管理费和利润
C7-2-6	镀锌薄钢板矩形风管(δ=1.2mm 以内咬口)长边长 320mm 以内	10m²	0.1	652.60　人工费 240.31　材料费 16.94　施工机具使用费 228.78　管理费和利润			65.26　人工费 24.03　材料费 1.69　施工机具 22.88　管理费

人工单价	小计				65.26	24.03	1.69	22.88
技工 142 元/工日；普工 92 元/工日	未计价材料费				19.38			
清单综合单价					133.24			

材料费明细	主要材料名称、规格、型号	单位	数量	单价	合价	暂估单价	暂估合价
	镀锌薄钢板 δ0.5	m²	1.138	17.03	19.38	—	—
	其他材料费				24.03		
	材料费小计				43.41		

对开多叶调节阀 720×320 工程量清单综合单价分析表　　表 4-17

项目编码	030703001001	项目名称	碳钢阀门	计量单位	个	工程量	1
清单综合单价组成明细							
定额编号	定额名称	定额单位	数量	单价			合价
				人工费	材料费	施工机具使用费	管理费和利润 / 人工费 材料费 施工机具使用费 管理费和利润
C7-3-26	碳钢对开多叶调节阀 周长 2800mm 以内	个	1	35.03　8.99　2.36　12.78			35.03　8.99　2.36　12.78

人工单价	小计				35.03	8.99	2.36	12.78
技工 142 元/工日；普工 92 元/工日	未计价材料费				185			
清单综合单价					244.16			

材料费明细	主要材料名称、规格、型号	单位	数量	单价	合价	暂估单价	暂估合价
	对开多叶调节阀 720×320	个	1	185	185	—	—
	其他材料费				8.99		
	材料费小计				193.99		

碳钢风口安装

散流器送、新风口 240×240 工程量清单综合单价分析表　　表 4-18

项目编码	030703007001	项目名称	碳钢散流器	计量单位	个	工程量	22
清单综合单价组成明细							

定额编号	定额名称	定额单位	数量	单价				合价			
				人工费	材料费	施工机具使用费	管理费和利润	人工费	材料费	施工机具使用费	管理费和利润
C7-3-87	带调节阀方形散流器安装 周长1200mm 以内	个	1	43.13	12.47	0	14.74	43.13	12.47	0	14.74

人工单价	小计		43.13	12.47	0	14.74
技工 142 元/工日；普工 92 元/工日	未计价材料费		39.45			
清单综合单价			109.79			

材料费明细	主要材料名称、规格、型号	单位	数量	单价	合价	暂估单价	暂估合价
	带调节阀散流器 240×240	个	1	39.45	39.45	—	—
	其他材料费				12.47		
	材料费小计				51.92		

单层百叶回风口 500×500 工程量清单综合单价分析表　　表 4-19

项目编码	030703007002	项目名称	碳钢风口	计量单位	个	工程量	9
清单综合单价组成明细							

定额编号	定额名称	定额单位	数量	单价				合价			
				人工费	材料费	施工机具使用费	管理费和利润	人工费	材料费	施工机具使用费	管理费和利润
C7-3-75	带调节阀(过滤器)百叶风口安装 周长2400mm 以内	个	1	75.6	20.28	0	25.83	75.6	20.28	0	25.83

人工单价	小计		75.6	20.28	0	25.83
技工 142 元/工日；普工 92 元/工日	未计价材料费		158			
清单综合单价			279.71			

材料费明细	主要材料名称、规格、型号	单位	数量	单价	合价	暂估单价	暂估合价
	带调节阀过滤器单层百叶风口 500×500	个	1	158	158	—	—
	其他材料费				20.28		
	材料费小计				178.28		

静压箱 600×500×500 工程量清单综合单价分析表　　　表 4-20

项目编码		030703021001	项目名称		静压箱	计量单位	m²	工程量	1.2
清单综合单价组成明细									
定额编号	定额名称	定额单位	数量	单价				合价	
				人工费	材料费	施工机具使用费	管理费和利润	人工费	材料费	施工机具使用费	管理费和利润
C7-3-224	静压箱制作、安装	10m²	0.1	882.17	235.88	7.13	303.87	88.22	23.59	0.71	30.39
人工单价			小计					88.22	23.59	0.71	30.39
技工 142 元/工日；普工 92 元/工日			未计价材料费					34.01			
清单综合单价								176.92			
材料费明细	主要材料名称、规格、型号			单位	数量	单价	合价	暂估单价	暂估合价
	镀锌薄钢板 δ1.0			m²	1.149	34.01	39.08	—	—
	其他材料费						23.59		
	材料费小计						62.67		

静压箱制作、安装

帆布软接

帆布软接 200×240×240 工程量清单综合单价分析表　　　表 4-21

项目编码		030703019001	项目名称		柔性接口	计量单位	m²	工程量	1.92
清单综合单价组成明细									
定额编号	定额名称	定额单位	数量	单价				合价	
				人工费	材料费	施工机具使用费	管理费和利润	人工费	材料费	施工机具使用费	管理费和利润
C7-2-128	软管接口	m²	1	125.69	115.01	0.48	43.11	125.69	115.01	0.48	43.11
人工单价			小计					125.69	115.01	0.48	43.11
技工 142 元/工日；普工 92 元/工日			未计价材料费					0			
清单综合单价								284.29			
材料费明细	主要材料名称、规格、型号			单位	数量	单价	合价	暂估单价	暂估合价
	—			—	—	—	—	—	—
	其他材料费						115.01		
	材料费小计						115.01		

吊顶式机组 DBF020 工程量清单综合单价分析表　　　　表 4-22

项目编码	030701003001	项目名称	空调器	计量单位	台	工程量	1

				清单综合单价组成明细							
定额编号	定额名称	定额单位	数量	单价				合价			
				人工费	材料费	施工机具使用费	管理费和利润	人工费	材料费	施工机具使用费	管理费和利润
C7-1-8	吊顶式空调器安装 质量 0.15t 以内	台	1	141.23	10.13	16.74	53.98	141.23	10.13	16.74	53.98
人工单价			小计					141.23	10.13	16.74	53.98
技工 142 元/工日；普工 92 元/工日			未计价材料费					5588			
清单综合单价								5810.08			

材料费明细	主要材料名称、规格、型号		单位	数量	单价	合价	暂估单价	暂估合价
	吊顶式新风机组 DBF020		台	1	5588	5588	—	—
	其他材料费					10.13		
	材料费小计					5598.13		

吊顶式空调器

风机盘管

风机盘管 42CT003 工程量清单综合单价分析表　　　　表 4-23

项目编码	030701004001	项目名称	风机盘管	计量单位	台	工程量	9

				清单综合单价组成明细							
定额编号	定额名称	定额单位	数量	单价				合价			
				人工费	材料费	施工机具使用费	管理费和利润	人工费	材料费	施工机具使用费	管理费和利润
C7-1-33	风机盘管吊顶式安装	台	1	104.82	58.76	10.92	39.55	104.82	58.76	10.92	39.55
人工单价			小计					104.82	58.76	10.92	39.55
技工 142 元/工日；普工 92 元/工日			未计价材料费					663			
清单综合单价								877.05			

材料费明细	主要材料名称、规格、型号		单位	数量	单价	合价	暂估单价	暂估合价
	风机盘管 42CT003		台	1	663	663	—	—
	其他材料费					58.76		
	材料费小计					721.76		

空调冷热
水镀锌钢
管(螺纹
连接)

镀锌钢管 DN100 工程量清单综合单价分析表　　　　　　　　表 4-24

项目编码	031001001001		项目名称		镀锌钢管	计量单位		m	工程量	10.22
清单综合单价组成明细										

定额编号	定额名称	定额单位	数量	单价				合价			
				人工费	材料费	施工机具使用费	管理费和利润	人工费	材料费	施工机具使用费	管理费和利润
C10-3-9	空调冷热水镀锌钢管(螺纹连接)公称直径(100mm 以内)	10m	0.1	235.53	43.67	26.10	89.4	23.55	4.37	2.61	8.94
人工单价			小计					23.55	4.37	2.61	8.94
技工 142 元/工日；普工 92 元/工日			未计价材料费					63.56			
清单综合单价								103.03			

材料费明细	主要材料名称、规格、型号			单位	数量	单价	合价	暂估单价	暂估合价
	镀锌钢管 DN100			m	1.002	51.83	51.93	—	—
	空调冷热水室内镀锌钢管螺纹管件 DN100			个	0.506	22.98	11.63	—	—
	其他材料费						4.37		
	材料费小计						67.93		

镀锌钢管 DN80 工程量清单综合单价分析表　　　　　　　　表 4-25

项目编码	031001001002		项目名称		镀锌钢管	计量单位		m	工程量	15.93
清单综合单价组成明细										

定额编号	定额名称	定额单位	数量	单价				合价			
				人工费	材料费	施工机具使用费	管理费和利润	人工费	材料费	施工机具使用费	管理费和利润
C10-3-8	空调冷热水镀锌钢管(螺纹连接)公称直径(80mm 以内)	10m	0.1	213.34	21.14	10.50	76.49	21.33	2.11	1.05	7.65
人工单价			小计					21.33	2.11	1.05	7.65
技工 142 元/工日；普工 92 元/工日			未计价材料费					47.53			
清单综合单价								79.67			

材料费明细	主要材料名称、规格、型号			单位	数量	单价	合价	暂估单价	暂估合价
	镀锌钢管 DN80			m	1.002	40.21	40.29	—	—
	空调冷热水室内镀锌钢管螺纹管件 DN80			个	0.54	13.4	7.24	—	—
	其他材料费						2.11		
	材料费小计						49.64		

镀锌钢管 DN65 工程量清单综合单价分析表　　表 4-26

项目编码	031001001003	项目名称	镀锌钢管	计量单位	m	工程量	6

<table>
<tr><td colspan="11" align="center">清单综合单价组成明细</td></tr>
<tr><td rowspan="2">定额编号</td><td rowspan="2">定额名称</td><td rowspan="2">定额单位</td><td rowspan="2">数量</td><td colspan="4">单价</td><td colspan="4">合价</td></tr>
<tr><td>人工费</td><td>材料费</td><td>施工机具使用费</td><td>管理费和利润</td><td>人工费</td><td>材料费</td><td>施工机具使用费</td><td>管理费和利润</td></tr>
<tr><td>C10-3-7</td><td>空调冷热水镀锌钢管(螺纹连接)公称直径(65mm 以内)</td><td>10m</td><td>0.1</td><td>192.22</td><td>17.49</td><td>8.15</td><td>68.47</td><td>19.22</td><td>1.75</td><td>0.82</td><td>6.85</td></tr>
<tr><td colspan="2" align="center">人工单价</td><td colspan="2" align="center">小计</td><td colspan="4"></td><td>19.22</td><td>1.75</td><td>0.82</td><td>6.85</td></tr>
<tr><td colspan="2">技工 142 元/工日；普工 92 元/工日</td><td colspan="4" align="center">未计价材料费</td><td colspan="5" align="center">27.83</td></tr>
<tr><td colspan="6" align="center">清单综合单价</td><td colspan="5" align="center">56.47</td></tr>
</table>

<table>
<tr><td rowspan="5">材料费明细</td><td colspan="3" align="center">主要材料名称、规格、型号</td><td>单位</td><td>数量</td><td>单价</td><td>合价</td><td>暂估单价</td><td>暂估合价</td></tr>
<tr><td colspan="3" align="center">镀锌钢管 DN65</td><td>m</td><td>1.002</td><td>22.37</td><td>22.41</td><td>—</td><td>—</td></tr>
<tr><td colspan="3" align="center">空调冷热水室内镀锌钢管螺纹管件 DN65</td><td>个</td><td>0.565</td><td>9.6</td><td>5.42</td><td>—</td><td>—</td></tr>
<tr><td colspan="5" align="center">其他材料费</td><td colspan="4" align="center">1.75</td></tr>
<tr><td colspan="5" align="center">材料费小计</td><td colspan="4" align="center">29.58</td></tr>
</table>

镀锌钢管 DN50 工程量清单综合单价分析表　　表 4-27

项目编码	031001001004	项目名称	镀锌钢管	计量单位	m	工程量	53.84

<table>
<tr><td colspan="11" align="center">清单综合单价组成明细</td></tr>
<tr><td rowspan="2">定额编号</td><td rowspan="2">定额名称</td><td rowspan="2">定额单位</td><td rowspan="2">数量</td><td colspan="4">单价</td><td colspan="4">合价</td></tr>
<tr><td>人工费</td><td>材料费</td><td>施工机具使用费</td><td>管理费和利润</td><td>人工费</td><td>材料费</td><td>施工机具使用费</td><td>管理费和利润</td></tr>
<tr><td>C10-3-6</td><td>空调冷热水镀锌钢管(螺纹连接)公称直径(50mm 以内)</td><td>10m</td><td>0.1</td><td>179.57</td><td>14.73</td><td>6.19</td><td>63.47</td><td>17.96</td><td>1.47</td><td>0.62</td><td>6.35</td></tr>
<tr><td colspan="2" align="center">人工单价</td><td colspan="2" align="center">小计</td><td colspan="4"></td><td>17.96</td><td>1.47</td><td>0.62</td><td>6.35</td></tr>
<tr><td colspan="2">技工 142 元/工日；普工 92 元/工日</td><td colspan="4" align="center">未计价材料费</td><td colspan="5" align="center">27.52</td></tr>
<tr><td colspan="6" align="center">清单综合单价</td><td colspan="5" align="center">53.92</td></tr>
</table>

<table>
<tr><td rowspan="5">材料费明细</td><td colspan="3" align="center">主要材料名称、规格、型号</td><td>单位</td><td>数量</td><td>单价</td><td>合价</td><td>暂估单价</td><td>暂估合价</td></tr>
<tr><td colspan="3" align="center">镀锌钢管 DN50</td><td>m</td><td>1.002</td><td>24.19</td><td>24.24</td><td>—</td><td>—</td></tr>
<tr><td colspan="3" align="center">空调冷热水室内镀锌钢管螺纹管件 DN50</td><td>个</td><td>0.652</td><td>5.03</td><td>3.28</td><td>—</td><td>—</td></tr>
<tr><td colspan="5" align="center">其他材料费</td><td colspan="4" align="center">1.47</td></tr>
<tr><td colspan="5" align="center">材料费小计</td><td colspan="4" align="center">28.99</td></tr>
</table>

空调凝结水塑料管（粘接）

PVC 塑料管 De40 工程量清单综合单价分析表　　　　表 4-28

项目编码	031001006001	项目名称	塑料管	计量单位	m	工程量	13.77
清单综合单价组成明细							

定额编号	定额名称	定额单位	数量	单价 人工费	单价 材料费	单价 施工机具使用费	单价 管理费和利润	合价 人工费	合价 材料费	合价 施工机具使用费	合价 管理费和利润
C10-3-71	空调凝结水塑料管(粘接)公称外径(40mm 以内)	10m	0.1	63.12	1.71	0.16	21.62	6.31	0.17	0.02	2.16
人工单价		小计						6.31	0.17	0.02	2.16
技工 142 元/工日；普工 92 元/工日		未计价材料费					9.48			
清单综合单价								18.14			

材料费明细	主要材料名称、规格、型号	单位	数量	单价	合价	暂估单价	暂估合价
	PVC 塑料管 De40	m	1.02	7.76	7.92	—	—
	空调凝结水室内 PVC 塑料管粘接管件 De40	个	0.553	2.83	1.56	—	—
	其他材料费				0.17		
	材料费小计				9.65		

PVC 塑料管 De32 工程量清单综合单价分析表　　　　表 4-29

项目编码	031001006002	项目名称	塑料管	计量单位	m	工程量	23.92
清单综合单价组成明细							

定额编号	定额名称	定额单位	数量	单价 人工费	单价 材料费	单价 施工机具使用费	单价 管理费和利润	合价 人工费	合价 材料费	合价 施工机具使用费	合价 管理费和利润
C10-3-70	空调凝结水塑料管(粘接)公称外径(32mm 以内)	10m	0.1	58.06	1.5	0.16	19.89	5.81	0.15	0.02	1.99
人工单价		小计						5.81	0.15	0.02	1.99
技工 142 元/工日；普工 92 元/工日		未计价材料费					6.2			
清单综合单价								14.17			

材料费明细	主要材料名称、规格、型号	单位	数量	单价	合价	暂估单价	暂估合价
	PVC 塑料管 De32	m	1.02	5.03	5.13	—	—
	空调凝结水室内 PVC 塑料管粘接管件 De32	个	0.68	1.58	1.07	—	—
	其他材料费				0.15		
	材料费小计				6.35		

螺纹阀门
安装

蝶阀 DN100 工程量清单综合单价分析表　　　　　　　表 4-30

项目编码	031003001001	项目名称	螺纹阀门	计量单位	个	工程量	2
清单综合单价组成明细							

定额编号	定额名称	定额单位	数量	单价				合价			
				人工费	材料费	施工机具使用费	管理费和利润	人工费	材料费	施工机具使用费	管理费和利润
C10-5-9	螺纹阀门安装公称直径（100mm 以内）	个	1	59	50.74	8.44	23.04	59	50.74	8.44	23.04
人工单价		小计						59	50.74	8.44	23.04
技工 142 元/工日；普工 92 元/工日		未计价材料费						214.76			
清单综合单价								355.98			

材料费明细	主要材料名称、规格、型号	单位	数量	单价	合价	暂估单价	暂估合价
	螺纹蝶阀（D341X-16)DN100	个	1.01	212.63	214.76	—	—
	其他材料费					50.74	
	材料费小计					265.5	

平衡阀 DN100 工程量清单综合单价分析表　　　　　　　表 4-31

项目编码	031003001002	项目名称	螺纹阀门	计量单位	个	工程量	1
清单综合单价组成明细							

定额编号	定额名称	定额单位	数量	单价				合价			
				人工费	材料费	施工机具使用费	管理费和利润	人工费	材料费	施工机具使用费	管理费和利润
C10-5-9	螺纹阀门安装公称直径（100mm 以内）	个	1	59	50.74	8.44	23.04	59	50.74	8.44	23.04
人工单价		小计						59	50.74	8.44	23.04
技工 142 元/工日；普工 92 元/工日		未计价材料费						580.25			
清单综合单价								721.47			

材料费明细	主要材料名称、规格、型号	单位	数量	单价	合价	暂估单价	暂估合价
	电动平衡阀（EDRV-A)DN100	个	1.01	574.5	580.25	—	—
	其他材料费					50.74	
	材料费小计					630.99	

球阀 DN50 工程量清单综合单价分析表 表 4-32

项目编码	031003001003	项目名称	螺纹阀门	计量单位	个	工程量	20
清单综合单价组成明细								

定额编号	定额名称	定额单位	数量	单价				合价			
				人工费	材料费	施工机具使用费	管理费和利润	人工费	材料费	施工机具使用费	管理费和利润
C10-5-6	螺纹阀门安装公称直径（50mm 以内）	个	1	17	18.4	3.24	6.92	17	18.4	3.24	6.92
人工单价		小计						17	18.4	3.24	6.92
技工 142 元/工日；普工 92 元/工日		未计价材料费						232.2			
清单综合单价								277.76			

材料费明细	主要材料名称、规格、型号			单位	数量	单价	合价	暂估单价	暂估合价
	球阀（Q41F-16C）DN50			个	1.01	229.9	232.2	—	—
	其他材料费						18.4		
	材料费小计						250.6		

Y 形过滤器 DN50 工程量清单综合单价分析表 表 4-33

项目编码	031003001004	项目名称	螺纹阀门	计量单位	个	工程量	10
清单综合单价组成明细								

定额编号	定额名称	定额单位	数量	单价				合价			
				人工费	材料费	施工机具使用费	管理费和利润	人工费	材料费	施工机具使用费	管理费和利润
C10-5-6	螺纹阀门安装公称直径（50mm 以内）	个	1	17	18.4	3.24	6.92	17	18.4	3.24	6.92
人工单价		小计						17	18.4	3.24	6.92
技工 142 元/工日；普工 92 元/工日		未计价材料费						157.56			
清单综合单价								203.12			

材料费明细	主要材料名称、规格、型号			单位	数量	单价	合价	暂估单价	暂估合价
	Y 形过滤器（GL41H-16ZH）DN50			个	1.01	156	157.56	—	—
	其他材料费						18.4		
	材料费小计						175.96		

不锈钢软接头 DN50 工程量清单综合单价分析表　　　　**表 4-34**

项目编码	031003010001		项目名称	软接头	计量单位	个	工程量	20
清单综合单价组成明细								
定额编号	定额名称	定额单位	数量	单价				合价
				人工费	材料费	施工机具使用费	管理费和利润	人工费	材料费	施工机具使用费	管理费和利润

定额编号	定额名称	定额单位	数量	人工费	材料费	施工机具使用费	管理费和利润	人工费	材料费	施工机具使用费	管理费和利润
C10-5-462	螺纹式软接头安装 公称直径（50mm 以内）	个	1	21.59	2.37	0.55	7.57	21.59	2.37	0.55	7.57
人工单价			小计					21.59	2.37	0.55	7.57
技工 142 元/工日；普工 92 元/工日			未计价材料费					282			
清单综合单价								314.08			

材料费明细	主要材料名称、规格、型号		单位	数量	单价	合价	暂估单价	暂估合价
	不锈钢软接头（KXT-10/16）DN50		个	1	282	282	—	—
	其他材料费					2.37		
	材料费小计					284.37		

螺纹式软接头安装

手工除锈

风管手工除轻锈工程量清单综合单价分析表　　　　**表 4-35**

项目编码	031201001001		项目名称	管道刷油	计量单位	m²	工程量	99.31
清单综合单价组成明细								

定额编号	定额名称	定额单位	数量	人工费	材料费	施工机具使用费	管理费和利润	人工费	材料费	施工机具使用费	管理费和利润
C12-1-1	管道手工除轻锈	10m²	0.1	24.54	3.03	0	8.39	2.45	0.3	0	0.84
人工单价			小计					2.45	0.3	0	0.84
技工 142 元/工日；普工 92 元/工日			未计价材料费					—			
清单综合单价								3.59			

材料费明细	主要材料名称、规格、型号		单位	数量	单价	合价	暂估单价	暂估合价
	—		—	—	—	—		
	其他材料费					0.3		
	材料费小计					0.3		

风管刷红丹防锈漆工程量清单综合单价分析表　　　　　　表 4-36

项目编码	031201001002		项目名称	管道刷油		计量单位	m²	工程量	99.31
清单综合单价组成明细									
定额编号	定额名称	定额单位	数量	单价				合价	

定额编号	定额名称	定额单位	数量	人工费	材料费	施工机具使用费	管理费和利润	人工费	材料费	施工机具使用费	管理费和利润
C12-2-1	管道刷银粉漆第一遍	10m²	0.1	19.48	18.28	0	6.66	1.95	1.83	0	0.67
C12-2-2	管道刷银粉漆第二遍	10m²	0.1	19.48	16.18	0	6.66	1.95	1.62	0	0.67
人工单价		小计						3.9	3.45	0	1.34
技工 142 元/工日；普工 92 元/工日		未计价材料费						—			
清单综合单价								8.69			
材料费明细	主要材料名称、规格、型号			单位		数量	单价	合价	暂估单价		暂估合价
	—			—		—	—	—	—		—
	其他材料费							3.45			
	材料费小计							3.45			

管道刷油

橡塑板安装（管道、风管）

风管保温工程量清单综合单价分析表　　　　　　表 4-37

项目编码	031208003001		项目名称	通风管道绝热		计量单位	m³	工程量	2.12
清单综合单价组成明细									

定额编号	定额名称	定额单位	数量	单价				合价			
				人工费	材料费	施工机具使用费	管理费和利润	人工费	材料费	施工机具使用费	管理费和利润
C12-4-351	风管橡塑板安装 厚度 20mm	m³	1	631.77	191.89	0	215.88	631.77	191.89	0	215.88
人工单价		小计						631.77	191.89	0	215.88
技工 142 元/工日；普工 92 元/工日		未计价材料费						492.48			
清单综合单价								1532.02			
材料费明细	主要材料名称、规格、型号			单位		数量	单价	合价	暂估单价		暂估合价
	橡塑板厚度 20mm			m³		1.08	456	492.48	—		—
	其他材料费							191.89			
	材料费小计							684.37			

2. 分部分项工程和单价措施项目清单与计价表，见表 4-38。

分部分项工程和单价措施项目清单与计价表　　　　　　　　　　表 4-38

序号	项目编码	项目名称	项目特征描述	计量单位	工程量	金额（元）		
						综合单价	合价	其中：暂估价
1	030702001001	碳钢通风管道	1. 名称：通风管道 2. 材质：镀锌薄钢板 3. 形状：矩形 4. 规格：720×320、630×250、500×200 5. 板材厚度：0.75mm	m²	70.46	99.52 人 35.7 机 0.79	7012.18 人 2515.42 机 55.66	—
2	030702001002	碳钢通风管道	1. 名称：通风管道 2. 材质：镀锌薄钢板 3. 形状：矩形 4. 规格：400×200 5. 板材厚度：0.6mm	m²	7.2	110.17 人 47.5 机 1.21	793.22 人 342 机 8.71	—
3	030702001003	碳钢通风管道	1. 名称：通风管道 2. 材质：镀锌薄钢板 3. 形状：矩形 4. 规格：250×120、240×240 5. 板材厚度：0.5mm	m²	21.65	133.24 人 65.26 机 1.69	2884.65 人 1412.88 机 36.59	—
4	030703001001	碳钢阀门	1. 名称：风阀 2. 型号：对开多叶调节阀 3. 规格：720×320	个	1	244.16 人 35.03 机 2.36	244.16 人 35.03 机 2.36	—
5	030703007001	碳钢散流器	1. 名称：送、新风口 2. 型号：带调节阀散流器 3. 规格：240×240	个	22	109.79 人 43.13 机 0	2415.38 人 948.86 机 0	—
6	030703007002	碳钢风口	1. 名称：回风口 2. 型号：带调节阀过滤器单层百叶风口 3. 规格：500×500	个	9	279.71 人 75.6 机 0	2517.39 人 680.4 机 0	—
7	030703021001	静压箱	1. 名称：静压箱制作、安装 2. 规格：600×500×500 3. 材质：1.0mm 厚镀锌薄钢板	m²	1.2	176.92 人 88.22 机 0.71	212.3 人 105.86 机 0.85	—
8	030703019001	柔性接口	1. 名称：帆布软接头 2. 规格：200×240×240 3. 材质：软布	m²	1.92	284.29 人 125.69 机 0.48	545.84 人 241.32 机 0.92	—
9	030701003001	空调器	1. 名称：吊顶式机组 2. 型号：DBF020 3. 规格：供冷量 25.3kW、风量 2000m³/h、余压 180Pa、功率 530W	台	1	5810.08 人 141.23 机 16.74	5810.08 人 141.23 机 16.74	—
10	030701004001	风机盘管	1. 名称：风机盘管 2. 型号：42CT003 3. 规格：供冷量 2.95kW、风量 510m³/h、静压 30Pa、功率 55W	台	9	877.05 人 104.82 机 10.92	7893.45 人 943.38 机 98.28	—

续表

序号	项目编码	项目名称	项目特征描述	计量单位	工程量	金额(元)		
						综合单价	合价	其中：暂估价
11	031001001001	镀锌钢管	1. 安装部位:室内 2. 介质:空调冷热水 3. 规格:DN100 4. 连接形式:螺纹连接	m	10.22	103.03 人 23.55 机 2.61	1052.97 人 240.68 机 26.67	—
12	031001001002	镀锌钢管	1. 安装部位:室内 2. 介质:空调冷热水 3. 规格:DN80 4. 连接形式:螺纹连接	m	15.93	79.67 人 21.33 机 1.05	1269.14 人 339.79 机 16.73	—
13	031001001003	镀锌钢管	1. 安装部位:室内 2. 介质:空调冷热水 3. 规格:DN65 4. 连接形式:螺纹连接	m	6	56.47 人 19.22 机 0.82	338.82 人 115.32 机 4.92	—
14	031001001004	镀锌钢管	1. 安装部位:室内 2. 介质:空调冷热水 3. 规格:DN50 4. 连接形式:螺纹连接	m	53.84	53.92 人 17.96 机 0.62	2903.05 人 966.97 机 33.38	—
15	031001006001	塑料管	1. 安装部位:室内 2. 介质:空调凝结水 3. 材质、规格:PVC、De40 4. 连接形式:粘接连接	m	13.77	18.14 人 6.31 机 0.02	249.79 人 86.89 机 0.28	—
16	031001006002	塑料管	1. 安装部位:室内 2. 介质:空调凝结水 3. 材质、规格:PVC、De32 4. 连接形式:粘接连接	m	23.92	14.17 人 5.81 机 0.02	338.95 人 138.98 机 0.48	—
17	031003001001	螺纹阀门	1. 类型:蝶阀 2. 材质:D341X-16 3. 规格、压力等级:DN100、1.6MPa 4. 连接形式:螺纹连接	个	2	355.98 人 59 机 8.44	711.96 人 118 机 16.88	—
18	031003001002	螺纹阀门	1. 类型:电动平衡阀 2. 材质:EDRV-A 3. 规格、压力等级:DN100、1.6MPa 4. 连接形式:螺纹连接	个	1	721.47 人 59 机 8.44	721.47 人 59 机 8.44	—
19	031003001003	螺纹阀门	1. 类型:球阀 2. 材质:Q41F-16C 3. 规格、压力等级:DN50、1.6MPa 4. 连接形式:螺纹连接	个	20	277.76 人 17 机 3.24	5555.2 人 340 机 64.8	—
20	031003001004	螺纹阀门	1. 类型:Y 形过滤器 2. 材质:GL41H-16ZH 3. 规格、压力等级:DN50、1.6MPa 4. 连接形式:螺纹连接	个	10	203.12 人 17 机 3.24	2031.2 人 170 机 32.4	—
21	031003010001	软接头	1. 材质:不锈钢软接头 2. 规格:KXT-10/16、DN50 3. 连接形式:螺纹连接	个	20	314.08 人 21.59 机 0.55	6281.6 人 431.8 机 11	—

序号	项目编码	项目名称	项目特征描述	计量单位	工程量	金额(元)		
						综合单价	合价	其中:暂估价
22	031201001001	管道刷油	1. 除锈方式:手工除锈 2. 除锈级别:轻锈	m²	99.31	3.59 人2.45 机0	356.52 人243.31 机0	—
23	031201001002	管道刷油	1. 油漆品种:红丹防锈漆 2. 涂刷遍数:两遍	m²	99.31	8.69 人3.9 机0	863 人387.31 机0	—
24	031208002001	管道绝热	1. 绝热材料品种:橡塑板 2. 绝热厚度:20mm	m³	2.12	1532.02 人631.77 机0	3247.88 人1339.35 机0	—
		分部分项工程费					56250.2 人12343.78 机436.09	—
25	030704001001	通风工程检测、调试	1. 空调风系统费用(包括风管、风阀、风口、软接头、静压箱、空调器、风机盘管的费用)中的人工费:7366.38元。 2. 空调风系统调试费按照空调风系统人工费的7%计取,其费用中人工费占35%,机械费占65%	系统	1	515.65 人180.48 机335.17	515.65 人180.48 机335.17	—
26	031009002001	空调水工程系统调试	1. 空调水系统费用(包括水管道、阀门、软接头、空调器、风机盘管的费用)中的人工费:4092.04元。 2. 空调水系统调试费按照空调水系统人工费的10%计取,其费用中人工费占35%,机械费占65%	系统	1	409.2 人143.22 机265.98	409.2 人143.22 机265.98	—
27	031301017001	脚手架搭拆	1. 场内、场外材料搬运 2. 搭、拆脚手架 3. 拆除脚手架后材料的堆放	1. 脚手架搭拆费计费基础:分部分项工程费人工费＋空调风系统调试费中人工费＋空调水系统调试费中人工费 ＝ 12343.78 ＋ 180.48＋143.22 ＝12667.48元 2. 脚手架搭拆费按定额人工费的4%计算,其费用中人工费占35%,材料费占65%				506.7 人177.35 材329.35	—
		单价措施项目费					1431.55 人501.05 机601.15	—
		合计(分部分项工程费及单价措施项目费)					57681.75 人12844.83 机1037.24	—

3. 总价措施项目清单与计价表，见表 4-39。

总价措施项目清单与计价表　　　　　　　　　　　表 4-39

序号	费用项目		计算方法	金额（元）
1	分部分项工程和单价措施项目费		Σ（分部分项工程和单价措施项目费）	57681.75
1.1	其中	人工费	Σ（人工费）	12844.83
1.2		施工机具使用费	Σ（施工机具使用费）	1037.24
2	总价措施项目费		2.1＋2.2	1381.26
2.1	安全文明施工费		（1.1＋1.2）×费率	1289.64
2.2	其他总价措施项目费		（1.1＋1.2）×费率	91.62

4. 其他项目清单与计价汇总表，见表 4-40。

其他项目清单与计价汇总表　　　　　　　　　　　表 4-40

序号	费用项目		计算方法	金额（元）
1	暂列金额		按招标文件	2000
2	专业工程暂估价/结算价		按招标文件/结算价	0
3	计日工		3.1＋3.2＋3.3＋3.4＋3.5	617.19
3.1	其中	人工费	Σ（人工价格×暂定数量）	460
3.2		材料费	Σ（材料价格×暂定数量）	0
3.3		施工机具使用费	Σ（机械台班价格×暂定数量）	0
3.4		企业管理费	（3.1＋3.3）×费率	86.76
3.5		利润	（3.1＋3.3）×费率	70.43
4	总包服务费		4.1＋4.2	0
4.1	其中	发包人发包专业工程	Σ（项目价值×费率）	0
4.2		发包人提供材料	Σ（材料价值×费率）	0
5	索赔与现场签证费		Σ（价格×数量）/Σ 费用	0
6	其他项目费		1＋2＋3＋4＋5	2617.19

5. 单位工程造价汇总表，见表 4-41。

单位工程造价汇总表　　　　　　　　　　　表 4-41

序号	费用项目		计算方法	金额（元）
1	分部分项工程和单价措施项目费		Σ（分部分项工程和单价措施项目费）	57681.75
1.1	其中	人工费	Σ（人工费）	12844.83
1.2		施工机具使用费	Σ（施工机具使用费）	1037.24
2	总价措施项目费		Σ（总价措施项目费）	1381.26
3	其他项目费		Σ（其他项目费）	2617.19
3.1	其中	人工费	Σ（人工费）	460
3.2		施工机具使用费	Σ（施工机具使用费）	0

续表

序号	费用项目	计算方法	金额(元)
4	规费	(1.1+1.2+3.1+3.2)×费率	1716.75
5	增值税	(1+2+3+4)×税率	6973.66
6	含税工程造价	1+2+3+4+5	70370.61

自测练习4

一、单项选择题

1. 各类通风管道安装工程量均按风管展开面积计算，以（   ）为计量单位。

A. m B. m^2

C. m^3 D. kg

2. 风管工程量计算时，下列需要扣除的是（   ）。

A. 弯头 B. 三通

C. 变径管 D. 阀门

3. 不锈钢板通风管道的项目编码为（   ）。

A. 030702001 B. 030702002

C. 030702003 D. 030702004

4. 某段镀锌薄钢板风管，其截面尺寸为500mm×200mm、长度为10m，该段风管的工程量为（   ）m^2。

A. 1 B. 2 C. 7 D. 14

5. 某段镀锌薄钢板风管，其截面尺寸为ϕ200mm、长度为10m，该段风管的工程量为（   ）m^2。

A. 1.256 B. 2 C. 4 D. 6.28

6. 各种阀门、风口均按设计图示数量计算，以（   ）为计量单位。

A. 个 B. 组 C. 套 D. m^2

7. 风机盘管安装按安装方式、依据设计图示数量计算，以（   ）为计量单位。

A. 个 B. 组 C. 台 D. 套

8. 温度、风量测定孔制作安装依据其型号，按设计图示数量计算，以（   ）为计量单位。

A. 处 B. 个 C. 组 D. kg

9. 柔性软风管安装按设计图示中心线长度计算，以（   ）为计量单位。

A. m B. m^2 C. m^3 D. kg

10. 通风工程检测、调试的计量单位为（   ）。

A. m B. m^2 C. 组 D. 系统

11. 下列不属于分部分项工程费中的人工费的是（   ）。

A. 劳动保护费 B. 奖金

C. 津贴补贴 D. 加班费

12. 下列属于单价措施项目费的是（　　）。

A. 环境保护费 　　　　　　　　 B. 冬雨季施工增加费

C. 脚手架搭拆费 　　　　　　　 D. 二次搬运费

13. 在施工过程中，承包人完成发包人提供的工程合同范围以外的零星项目或工作，按合同中约定单价计算的费用是（　　）。

A. 暂列金额 　　　　　　　　　 B. 暂估价

C. 计日工 　　　　　　　　　　 D. 总承包服务费

14. 在编制某风管综合单价分析表时，假设其人工费、材料费、机械费分别为 300 元、100 元、30 元，查询定额得到企业管理费的费率为 18.86%、利润的费率为 15.31%，该管道的企业管理费和利润之和为（　　）元。

A. 102.51 　　　　　　　　　　 B. 112.76

C. 136.68 　　　　　　　　　　 D. 146.93

15. 某通风空调工程的分部分项工程费为 5000 元，其中人工费为 1000 元、材料费为 3000 元、机械费 250 元，查询定额得到脚手架搭拆费的系数为 4%，该工程的脚手架搭拆费为（　　）元。

A. 40 　　　　　　　　　　　　 B. 50

C. 170 　　　　　　　　　　　　 D. 200

二、判断题

1. 风管工程量计算时需要扣除检查孔、测定孔、送风口、吸风口等所占面积。（　　）

2. 风管渐缩管工程量计算时，圆形风管按平均直径，矩形风管按平均周长。（　　）

3. 风管展开面积需要计算风管、管口重叠部分面积。（　　）

4. 软管（帆布）接口制作安装按设计图示尺寸，以展开面积计算，以"m²"为计量单位。（　　）

5. 除锈包括金属管道表面的手工除锈、动力工具除锈、喷射除锈及化学除锈等，其中各种管件、阀件和设备上人孔、管口凹凸部分的除锈未综合考虑在定额内，需要另行计算。（　　）

6. 通风空调工程定额操作高度，均按 5m 以下编制；安装高度超过 5m 时需要计算操作高度增加费。（　　）

7. 变风量空调风系统调试费按系统工程人工费的 9% 计取。（　　）

8. 临时设施费属于单价措施项目费。（　　）

9. 总价措施项目费中的安全文明施工费、规费和税金是不可竞争性费用，应按规定计取。（　　）

10. 一般计税法下，分部分项工程费、措施项目费、其他项目费等的组成内容为含进项税的价格，计税基础为含进项税额的不含税工程造价。（　　）

三、案例题

工程案例背景资料如下：

（1）通风系统平面图

① 如图 4-6 所示为某建筑物通风管道平面图，图中标注尺寸均以"mm"计。

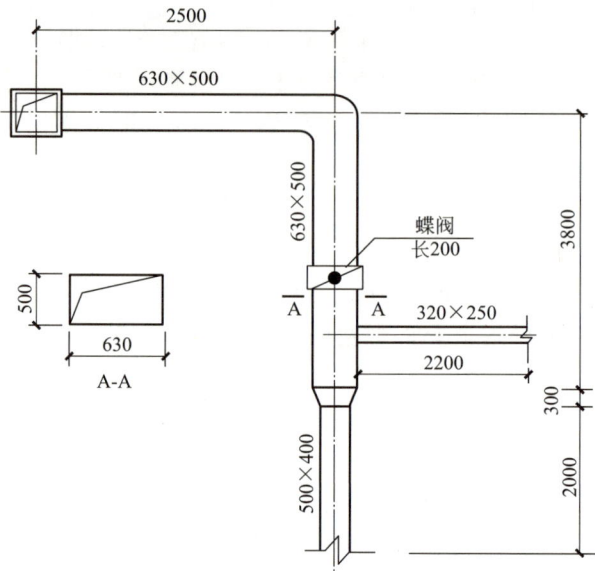

图 4-6 通风管道平面图

② 风管采用镀锌薄钢板，板厚均为 1.0mm。

（2）相关分部分项工程量清单项目统一编码见表 4-42。

相关分部分项工程量清单项目统一编码 表 4-42

项目编码	项目名称	项目特征	计量单位	工程量计算规则
030702001	碳钢通风管道	1. 名称 2. 材质 3. 形状 4. 规格	m²	按设计图示内径尺寸以展开面积计算
030702002	净化通风管道	5. 板材厚度 6. 管件、法兰等附件及支架设计要求 7. 接口形式		
030702003	不锈钢板通风管道	1. 名称 2. 形状 3. 规格 4. 板材厚度 5. 管件、法兰等附件及支架设计要求 6. 接口形式		
030703001	碳钢阀门	1. 名称 2. 型号 3. 规格 4. 质量 5. 类型 6. 支架形式、材质	个	按设计图示数量计算

（3）镀锌薄钢板矩形风管（δ＝1.2mm 以内咬口、长边长 320mm 以内）安装定额的

相关数据见表 4-43。

镀锌薄钢板矩形风管（δ＝1.2mm 以内咬口、长边长 320mm 以内）安装定额的相关数据

表 4-43

定额编号	项目名称	计量单位	定额基价(元)			未计价主材	
			人工费	材料费	施工机具使用费	单价	耗量
C7-2-6	镀锌薄钢板矩形风管（δ＝1.2mm 以内咬口、长边长 320mm 以内）	10m²	650	240	20	25 元/m²	11.38

注意：管理费和利润的费率分别为 18.86％、15.31％，计费基数均为人工费＋施工机具使用费。

根据以上工程案例背景资料，回答下列问题：

1. 根据通风管道平面图，列式计算风管及风阀的工程量。

2. 根据背景资料（2）中给出的相关分部分项工程量清单项目统一编码，编制风管、风阀项目"分部分项工程量清单与计价表"（表 4-44）。（注：不计算计价部分。）

分部分项工程量清单与计价表　　　　表 4-44

工程名称：通风工程　　　　　　　　　　　　　　　　　　　　标段：风管安装

序号	项目编码	项目名称	项目特征描述	计量单位	工程量	金额(元)		
						综合单价	合价	其中：暂估价
1								
2								—
3								
4								
本页小计								—
合计								—

3. 按照背景资料（3）中的相关定额，编制风管 320×250 的工程量清单"综合单价分析表"（表 4-45）。（注：表中结果均保留两位小数。）

综合单价分析表　　　　　　　　　　　　　　表 4-45

工程名称：通风工程　　　　　　　　　　　　　　　　　　　　标段：风管安装

项目编码		项目名称		计量单位	
清单综合单价组成明细									

定额编号	定额名称	定额单位	数量	单价(元)				合价(元)			
				人工费	材料费	施工机具使用费	管理费和利润	人工费	材料费	施工机具使用费	管理费和利润

人工单价		小计			
元/工日		未计价材料费			
清单项目综合单价					

材料费明细	主要材料名称、规格、型号		单位	数量	单价(元)	合价(元)	暂估单价	暂估合价
							—	—
	其他材料费							
	材料费小计							

教学单元5

Chapter 05

电气工程计量与计价

知识目标

- 掌握配电箱、灯具、开关、插座、电缆、配管、配线的工程量计算规则；
- 掌握安装工程费用的组成及计价程序；
- 掌握电气工程定额中按系数计取费用的计算方法。

能力目标

- 能够准确计算电气工程的工程量；
- 能够准确编制电气工程的工程量清单综合单价分析表；
- 能够准确编制电气工程清单与计价表。

素质目标

- 培养学生爱岗敬业的职业素养；
- 培养学生做工程时精益求精、一丝不苟的工作态度；
- 培养学生理论联系实践、实践联系生活的工作习惯。

5.1 电气工程案例

5.1.1 电气设计说明

电气工程案例

（1）本工程为某办公大厦，建筑物层数为地下 1 层，地上 1 层，负一层层高为 4m，首层层高为 3.8m。

（2）桥架为钢制槽式桥架，安装高度为线槽顶梁下 100mm，其中梁高度为 600mm，桥架安装高度按层顶标高－0.7m 考虑。

（3）各种灯具、开关、插座、配电箱的型号、规格及安装方式等详见表 5-1，其中配电箱的尺寸、安装方式、进出线方式详见后文图 5-4～图 5-6。

灯具、开关、插座、配电箱图例表 表 5-1

图例	名称	型号、规格	安装方式及高度
	单管荧光灯	1×36W	链吊，底距地 2.6m
	双管荧光灯	2×36W	链吊，底距地 2.6m
	壁灯	1×18W	明装，底距地 2.5m
	疏散指示灯	1×8W LED	沿墙暗装，底距地 0.5m
E	安全出口指示灯	1×8W LED	沿墙明装，底距地 2.2m
	墙上座灯	1×13W	明装，底距地 2.2m
	吸顶灯	1×24W	吸顶安装(灯罩直径 40cm)
	单控单联跷板开关	250V 10A	暗装，底距地 1.3m
	单控双联跷板开关	250V 10A	暗装，底距地 1.3m
	单控三联跷板开关	250V 10A	暗装，底距地 1.3m
	单相二、三极插座	250V 10A	暗装，底距地 0.3m
K	单相三极插座	250V 16A	暗装，底距地 2.5m(挂机空调)
	照明配电箱	参考尺寸见系统图	参考尺寸见系统图
	控制箱	参考尺寸见系统图	参考尺寸见系统图

5.1.2 电气图纸

如图 5-1 至图 5-6 所示为负一层照明平面图、首层照明平面图、首层插座平面图、配电箱 AA1 系统图、配电箱 ALD1 系统图、配电箱 AL1 系统图，图中标注尺寸均以"mm"计。

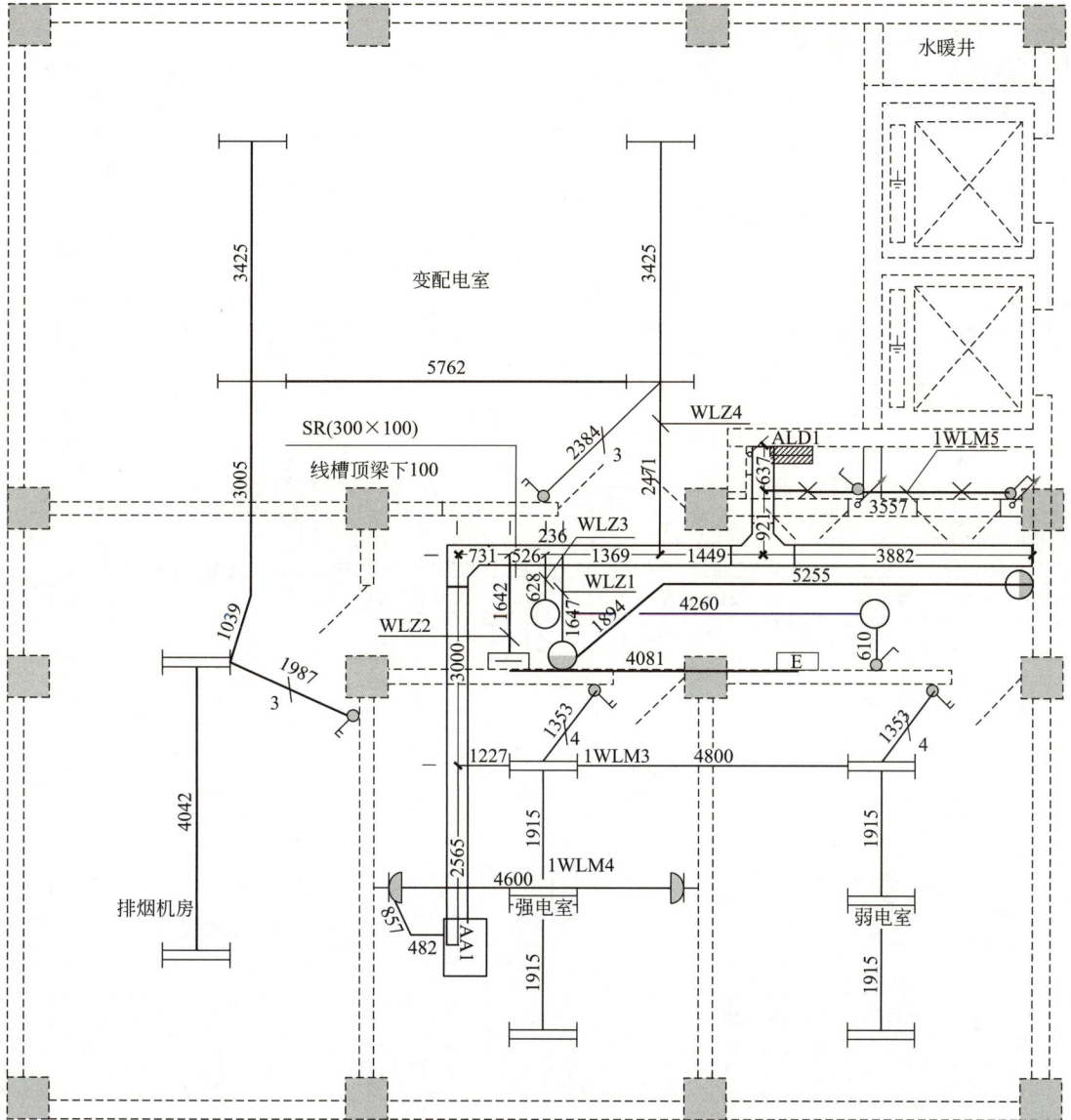

图 5-1　负一层照明平面图

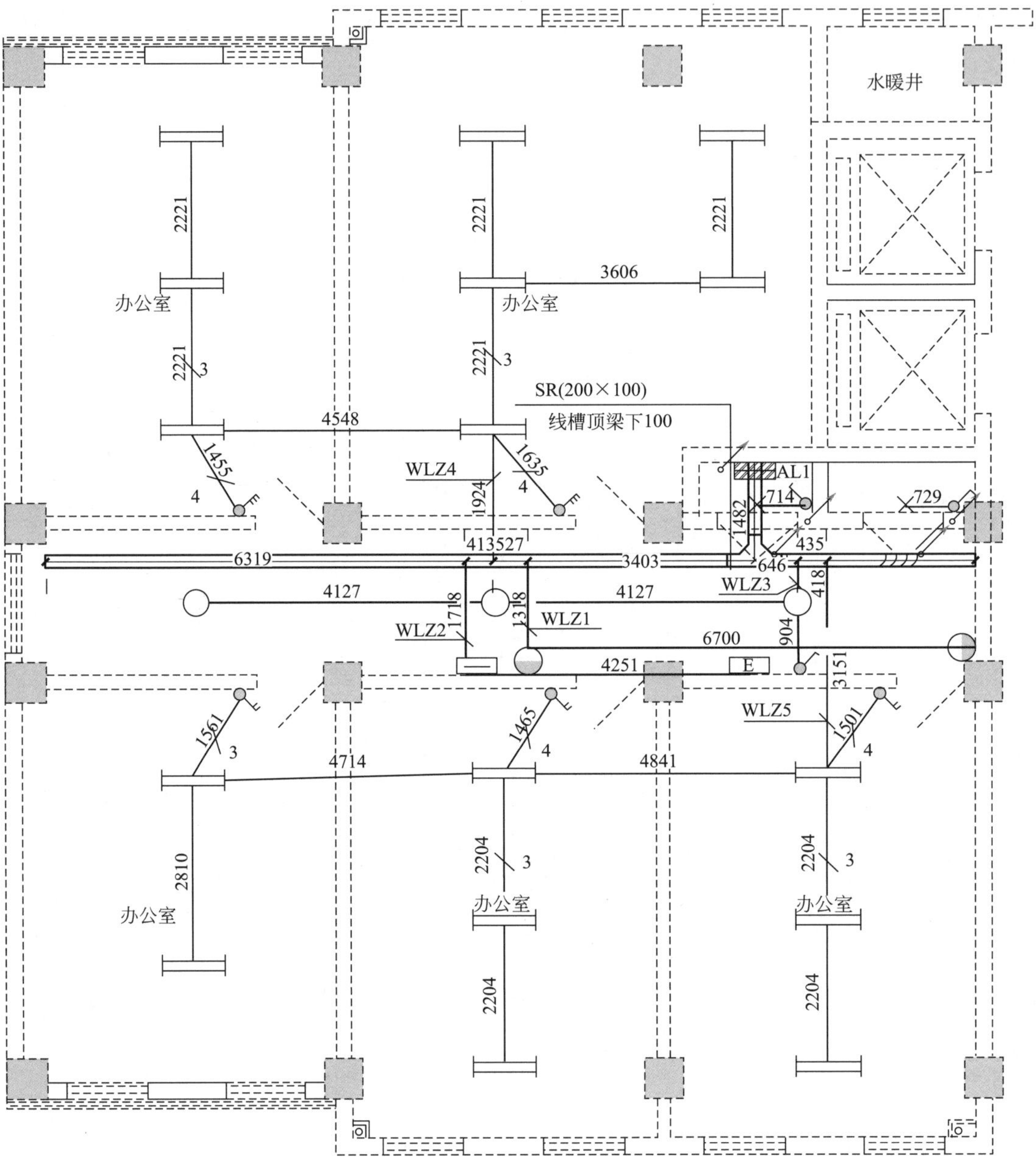

图 5-2　首层照明平面图

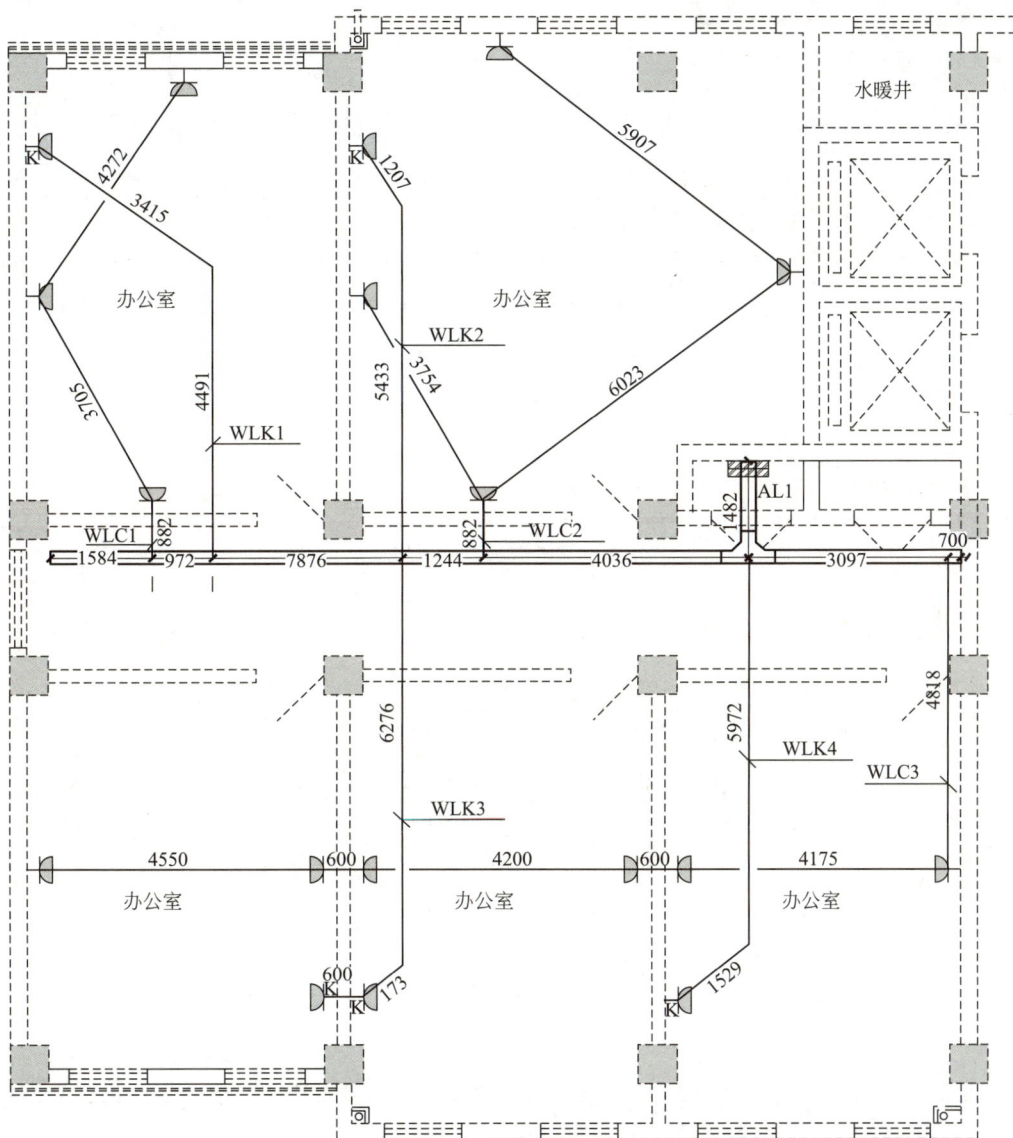

图 5-3　首层插座平面图

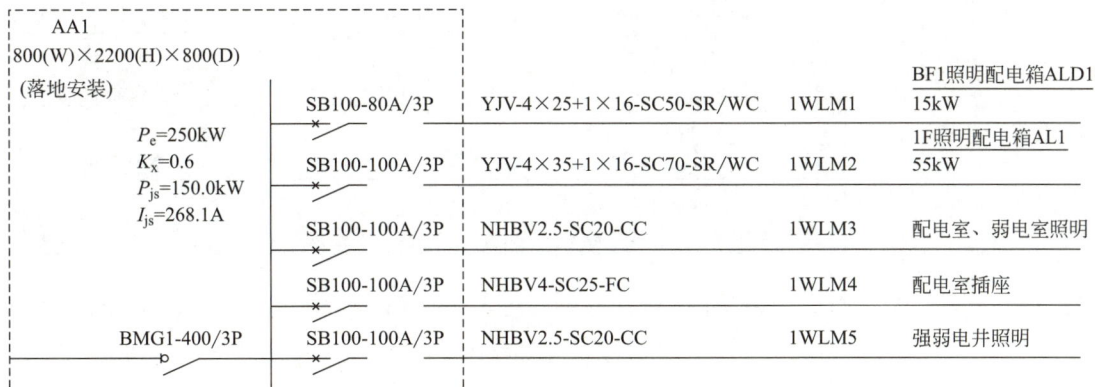

图 5-4　配电箱 AA1 系统图

照明配电箱　　　　距地1.3m明装
800(W)×1000(H)×200(D)

ALD1	L1	BMN-32	16A	WLZ1	NHBV2.5-SC20-CC	应急照明1.0kW
	L2	BMN-32	16A	WLZ2	NHBV2.5-SC20-CC	疏散指示1.0kW
P_e=15kW						
K_x=0.7	L3	BMN-32	16A	WLZ3	BV2.5-PC20-CC	照明1.0kW
P_{js}=10.5kW	L1	SB-63/3P	25A	WLZ4	BV2.5-PC20-CC	照明1.0kW
I_{js}=19A						
BGL-32/4P						
R						

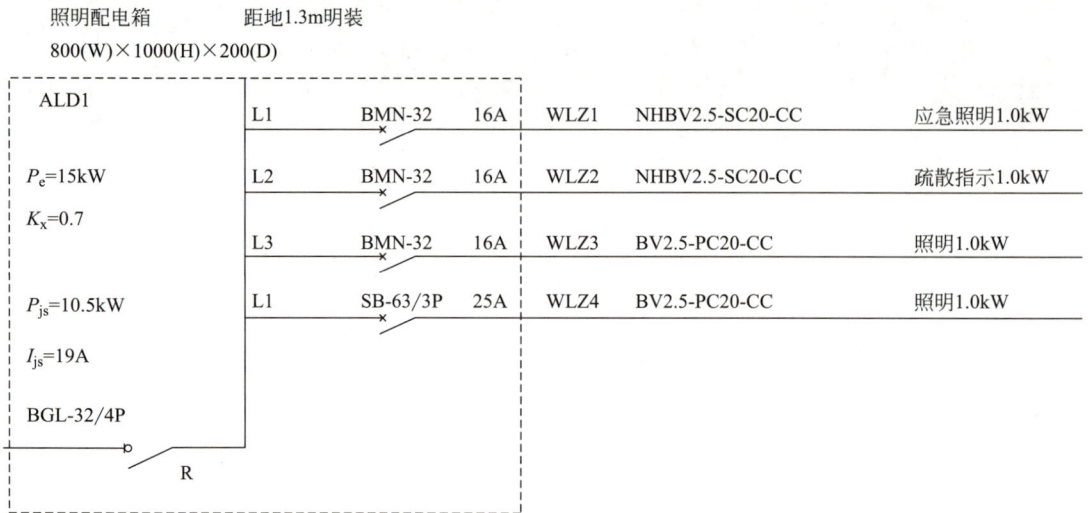

图 5-5　配电箱 ALD1 系统图

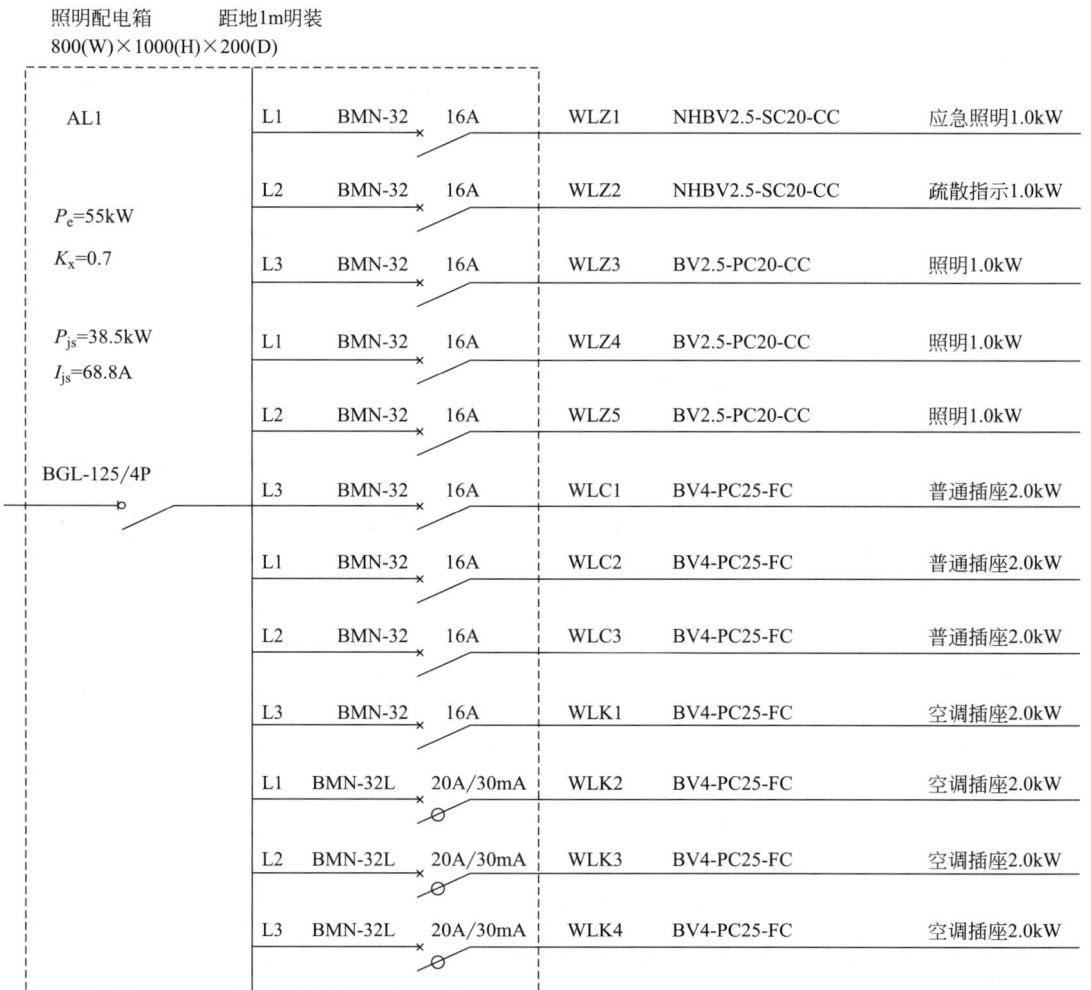

照明配电箱　　　　距地1m明装
800(W)×1000(H)×200(D)

AL1	L1	BMN-32	16A	WLZ1	NHBV2.5-SC20-CC	应急照明1.0kW
	L2	BMN-32	16A	WLZ2	NHBV2.5-SC20-CC	疏散指示1.0kW
P_e=55kW						
K_x=0.7	L3	BMN-32	16A	WLZ3	BV2.5-PC20-CC	照明1.0kW
	L1	BMN-32	16A	WLZ4	BV2.5-PC20-CC	照明1.0kW
P_{js}=38.5kW						
I_{js}=68.8A	L2	BMN-32	16A	WLZ5	BV2.5-PC20-CC	照明1.0kW
	L3	BMN-32	16A	WLC1	BV4-PC25-FC	普通插座2.0kW
BGL-125/4P	L1	BMN-32	16A	WLC2	BV4-PC25-FC	普通插座2.0kW
	L2	BMN-32	16A	WLC3	BV4-PC25-FC	普通插座2.0kW
	L3	BMN-32	16A	WLK1	BV4-PC25-FC	空调插座2.0kW
	L1	BMN-32L	20A/30mA	WLK2	BV4-PC25-FC	空调插座2.0kW
	L2	BMN-32L	20A/30mA	WLK3	BV4-PC25-FC	空调插座2.0kW
	L3	BMN-32L	20A/30mA	WLK4	BV4-PC25-FC	空调插座2.0kW

图 5-6　配电箱 AL1 系统图

5.2　配电箱计量

5.2.1　清单计算规则

各类配电箱分不同规格、安装方式，按设计图示数量以"台"为计量单位。

如表 5-2 所示为配电箱工程量清单项目设置、项目特征描述的内容、计量单位及工程量计算规则。

配电箱工程量清单查询表　　　　表 5-2

项目编码	项目名称	项目特征	计量单位	工程量计算规则
030404016	控制箱	1. 名称 2. 型号 3. 规格 4. 安装方式	台	按设计图示数量计算
030404017	配电箱			
030404018	插座箱			

如表 5-3 所示为盘、箱、柜的外部进出线预留长度。

盘、箱、柜的外部进出线预留长度（单位：m/根）　　　　表 5-3

序号	项目	预留长度	说明
1	各种箱、柜、盘、板、盒	高+宽	盘面尺寸
2	单独安装的铁壳开关、自动开关、刀开关、启动器、箱式电阻器、变阻器	0.5	从安装对象中心算起
3	继电器、控制开关、信号灯、按钮、熔断器等小电器	0.3	从安装对象中心算起
4	分支接头	0.2	分支线预留

5.2.2　定额计算规则

落地式成套配电箱安装，以"台"为计量单位；悬挂和嵌入式配电箱安装根据设计图纸区分不同的安装方式和箱体半周长（配电箱的宽+高），以"台"为计量单位。

5.2.3　工程量计算

下面对 5.1 节中的电气工程案例进行配电箱工程量计算，编制配电箱工程量汇总表，如表 5-4 所示。

配电箱工程量汇总表 表 5-4

名称	单位	计算式	工程量
控制箱 AA1	台	1(负一层)	1
照明配电箱 ALD1	台	1(一层)	1
照明配电箱 AL1	台	1(一层)	1

5.3 灯具计量

5.3.1 清单计算规则

灯具
计量

普通灯具区分规格、型号，按设计图示数量以"套"为计量单位；装饰灯、荧光灯区分规格、型号以及安装形式，按设计图示数量以"套"为计量单位。

如表 5-5 所示为灯具工程量清单项目设置、项目特征描述的内容、计量单位及工程量计算规则。

灯具工程量清单查询表 表 5-5

项目编码	项目名称	项目特征	计量单位	工程量计算规则
030412001	普通灯具	1. 名称 2. 型号 3. 规格 4. 类型	套	按设计图示数量计算
030412004	装饰灯	1. 名称 2. 型号 3. 规格 4. 安装形式		
030412005	荧光灯			

注意：
1. 普通灯具：包括圆球吸顶灯、半圆球吸顶灯、方形吸顶灯、软线吊灯、座灯头、吊链灯、防水吊灯、壁灯等。
2. 装饰灯：包括吊式艺术装饰灯、吸顶式艺术装饰灯、荧光艺术装饰灯、几何型组合艺术装饰灯、标志灯、诱导装饰灯、水下（上）艺术装饰灯、点光源艺术灯、歌舞厅灯具、草坪灯具等。

5.3.2 定额计算规则

1. 吸顶灯具安装，根据设计图纸区分灯具的灯罩周长，以"套"为计量单位；其他普通灯具安装，根据设计图纸区分不同的灯具种类、名称，按照设计图示安装数量以"套"为计量单位。

2. 装饰灯根据设计图纸装饰灯具示意图所示，区分不同的安装方式，以"套"为计量单位；荧光灯具安装，根据设计图纸区分不同的安装形式、灯具种类和灯管数量，按照设计图示安装数量以"套"为计量单位。

5.3.3　工程量计算

下面对 5.1 节中的电气工程案例进行灯具工程量计算，编制灯具工程量汇总表，如表 5-6 所示。

灯具工程量汇总表　　　　　　　　　　　　　　　　表 5-6

名称	单位	计算式	工程量
单管荧光灯	套	4(负一层)	4
双管荧光灯	套	8(负一层)＋16(一层)	24
吸顶灯	套	2(负一层)＋3(一层)	5
壁灯	套	2(负一层)＋2(一层)	4
单向疏散指示灯	套	1(负一层)＋1(一层)	2
安全出口指示灯	套	1(负一层)＋1(一层)	2
墙上座灯	套	2(负一层)＋2(一层)	4

5.4　开关计量

5.4.1　清单计算规则

照明开关区分名称、材质、规格及安装方式，按照设计图示数量以"个"为计量单位；控制开关区分名称、型号、规格以及额定电流，按照设计图示数量以"个"为计量单位。

如表 5-7 所示为开关工程量清单项目设置、项目特征描述的内容、计量单位及工程量计算规则。

开关工程量清单查询表　　　　　　　　　　　　　　表 5-7

项目编码	项目名称	项目特征	计量单位	工程量计算规则
030404019	控制开关	1. 名称 2. 型号 3. 规格 4. 接线端子材质、规格 5. 额定电流(A)	个	按设计图示数量计算
030404034	照明开关	1. 名称 2. 材质 3. 规格 4. 安装方式		

注意：控制开关包括自动空气开关、刀型开关、铁壳开关、胶盖刀闸开关、组合控制开关、万能转换开关、风机盘管三速开关、漏电保护开关等。

5.4.2　定额计算规则

　　1. 照明开关安装：对于拉线开关、明装跷板开关，按照设计图示数量以"套"为计量单位；对于跷板暗开关，根据设计图纸区分不同的控制方式、联数，按照设计图示数量以"套"为计量单位。

　　2. 声控延时开关、柜门触动开关、智能控制面板等控制开关安装：根据设计图纸区分不同的开关种类，按照设计图示数量以"套"为计量单位。

5.4.3　工程量计算

　　下面对 5.1 节中的电气工程案例进行开关工程量计算，编制开关工程量汇总表，如表 5-8 所示。

开关工程量汇总表　　　　　　　　　　　　　　　　表 5-8

名称	单位	计算式	工程量
单控单联跷板暗开关	套	3（负一层）＋3（一层）	6
单控双联跷板暗开关	套	2（负一层）＋1（一层）	3
单控三联跷板暗开关	套	2（负一层）＋4（一层）	6

5.5　插座计量

5.5.1　清单计算规则

插座计量

　　插座区分名称、材质、规格及安装方式，按照设计图示数量以"个"为计量单位。

　　如表 5-9 所示为插座工程量清单项目设置、项目特征描述的内容、计量单位及工程量计算规则。

插座工程量清单查询表　　　　　　　　　　　　　　表 5-9

项目编码	项目名称	项目特征	计量单位	工程量计算规则
030404035	插座	1. 名称 2. 材质 3. 规格 4. 安装方式	个	按设计图示数量计算

5.5.2　定额计算规则

插座安装根据设计图纸区分不同的安装方式、额定电流、供电方式，按照设计图示数量以"套"为计量单位。

5.5.3　工程量计算

下面对 5.1 节中的电气工程案例进行插座工程量计算，编制插座工程量汇总表，如表 5-10 所示。

插座工程量汇总表　　　　　　　　　　　　　　表 5-10

名称	单位	计算式	工程量
单相二、三极插座暗装	个	2(负一层)＋13(一层)	15
单相三极挂机空调插座暗装	个	5(一层)	5

5.6　电缆计量

5.6.1　清单计算规则

电缆区分规格型号、敷设方式、敷设部位、电压等级，以"m"为计量单位，按设计图示尺寸以长度计算（含预留长度及附加长度）。

如表 5-11 所示为电缆工程量清单项目设置、项目特征描述的内容、计量单位及工程量计算规则。

电缆工程量清单查询表　　　　　　　　　　　　表 5-11

项目编码	项目名称	项目特征	计量单位	工程量计算规则
030408001	电力电缆	1. 名称 2. 型号 3. 规格 4. 材质 5. 敷设方式、部位 6. 电压等级(kV)	m	按设计图示尺寸以长度计算(含预留长度及附加长度)
030408002	控制电缆			
030408003	电缆保护管	1. 名称 2. 材质 3. 规格 4. 敷设方式		按设计图示尺寸以长度计算
030408004	电缆槽盒			

续表

项目编码	项目名称	项目特征	计量单位	工程量计算规则
030408006	电力电缆头	1. 名称 2. 型号 3. 规格 4. 材质、类型 5. 安装部位 6. 电压等级（kV）	个	按设计图示数量计算
030408007	控制电缆头	1. 名称 2. 型号 3. 规格 4. 材质、类型 5. 安装方式		

如表 5-12 所示为电缆敷设预留及附加长度。

电缆敷设预留及附加长度　　　　　　　　　　　　　　　表 5-12

序号	项目	预留（附加）长度	说明
1	电缆敷设弛度、波形弯度、交叉	2.5％	按电缆全长计算
2	电缆进入建筑物	2.0m	规范规定最小值
3	电缆进入沟内或吊架时引上（下）预留	1.5m	规范规定最小值
4	变电所进线、出线	1.5m	规范规定最小值
5	电力电缆终端头	1.5m	检修余量最小值
6	电缆中间接头盒	两端各留 2.0m	检修余量最小值
7	电缆进控制屏、保护屏及模拟盘、配电箱等	高＋宽	按盘面尺寸
8	高压开关柜及低压配电盘、箱	2.0m	盘下进出线
9	电缆至电动机	0.5m	从电动机接线盒算起
10	厂用变压器	3.0m	从地坪算起
11	电缆绕过梁柱等增加长度	按实计算	按被绕物的断面情况计算增加长度
12	电梯电缆与电缆架固定点	每处 0.5m	规范规定最小值

5.6.2　定额计算规则

1. 电缆敷设根据电缆敷设环境与规格，按照设计图示单根敷设数量，以"m"为计量单位。

① 竖井通道内敷设电缆长度按照电缆敷设在竖井通道垂直高度以"延长米"计算工程量。

② 预制分支电缆敷设长度按照敷设主电缆长度计算工程量。

③ 计算电缆敷设长度时，应考虑因波形敷设、弛度、电缆绕梁（柱）所增加的长度以及电缆与设备连接、电缆接头等必要的预留长度。预留长度按照设计规定计算，设计无规定时按照表 5-12 规定计算。

2. 电力电缆敷设定额与接头定额是按照三芯（包括三芯连地）编制的，电缆每增加一芯相应定额增加 15%。单芯电力电缆敷设与接头定额按照同截面电缆相应定额人工、材料、机械乘以系数 0.7，两芯电缆按照同截面电缆相应定额人工、材料、机械乘以系数 0.85。

3. 电力电缆头制作安装根据电压等级与电缆头形式及电缆截面，控制电缆终端头制作安装根据控制电缆芯数，按照设计图示单根电缆接头数量以"个"为计量单位。

① 电力电缆和控制电缆均按照一根电缆有两个终端头计算。

② 电力电缆中间头按照设计规定计算；设计没有规定的以单根长度 400m 为标准，每增加 400m 计算一个中间头，增加长度小于 400m 时计算一个中间头。

5.6.3 工程量计算

下面对 5.1 节中的电气工程案例进行电缆工程量计算，按式（5-1）编制电缆工程量汇总表，如表 5-13 所示。

$$电缆长度＝（水平长度＋垂直长度＋预留长度）×（1＋2.5\%） \tag{5-1}$$

式中，2.5%——电缆曲折弯余量系数。

电缆工程量汇总表

表 5-13

名称	单位	计算式	工程量
YJV-4×25＋1×16 电力电缆	m	AA1 至 ALD1（1WLM1 回路）： ①垂直长度： (4－0.7－2.2)＋(4－0.7－1.3－1) （AA1 至 ALD1 沿垂直桥架内敷设电缆） ②水平长度： 2.565＋3＋0.731＋0.526＋0.236＋1.369＋1.449＋0.921＋0.637 （AA1 至 ALD1 沿水平桥架内敷设电缆） ③预留长度： (0.8＋2.2)（出 AA1 预留）＋(0.8＋1)（进 ALD1 预留）	18.79
YJV-4×35＋1×16 电力电缆	m	AA1 至 AL1（1WLM2 回路）： ①垂直长度： (4－0.7－2.2)＋(0.7＋1) （AA1 至 AL1 沿垂直桥架内敷设电缆） ②水平长度： 2.565＋3＋0.731＋0.526＋0.236＋1.369＋1.449＋0.921＋0.637 （AA1 至 ALD1 沿水平桥架内敷设电缆）	19.51

续表

名称	单位	计算式	工程量
YJV-4×35+1×16 电力电缆	m	③预留长度： (0.8+2.2)(出 AA1 预留)+(0.8+1)(进 AL1 预留)	19.51

5.7 配管、配线计量

5.7.1 清单计算规则

配管、配线计量

配管区分材质、规格、配置形式，以"m"为计量单位，按设计图示尺寸以长度计算。

配线区分型号、规格、材质、配线形式、配线部位，以"m"为计量单位，按设计图示尺寸以单线长度计算（含预留长度）。

如表 5-14 所示为配管、配线工程量清单项目设置、项目特征描述的内容、计量单位及工程量计算规则。

配管、配线工程量清单查询表　　　　　表 5-14

项目编码	项目名称	项目特征	计量单位	工程量计算规则
030411001	配管	1. 名称 2. 材质 3. 规格 4. 配置形式	m	按设计图示尺寸以长度计算
030411002	线槽	1. 名称 2. 材质 3. 规格		
030411003	桥架	1. 名称 2. 型号 3. 规格 4. 材质 5. 类型		
030411004	配线	1. 名称 2. 配线形式 3. 型号 4. 规格 5. 材质 6. 配线部位	m	按设计图示尺寸以单线长度计算（含预留长度）

续表

项目编码	项目名称	项目特征	计量单位	工程量计算规则
030411005	接线箱	1. 名称 2. 材质 3. 规格 4. 安装形式	个	按设计图示数量计算
030411006	接线盒			

注意：

1. 配管、线槽安装不扣除管路中间的接线箱（盒）、灯头盒、开关盒所占长度。
2. 配管名称指电线管、钢管、防爆管、塑料管、软管、波纹管等。
3. 配管配置形式指明配、暗配、吊顶内、钢结构支架、钢索配管、埋地敷设、水下敷设、砌筑沟内敷设等。
4. 配线名称指管内穿线、瓷夹板配线、塑料夹板配线、绝缘子配线、槽板配线、塑料护套配线、线槽配线、车间带形母线等。
5. 配线形式指照明线路、动力线路、木结构、顶棚内、砖、混凝土结构、沿支架、钢索、屋架、梁、柱、墙，以及跨屋架、梁、柱。
6. 配线保护管遇到下列情况之一时，应增设管路接线盒和拉线盒：
   (1) 管长度每超过 30m，无弯曲；
   (2) 管长度每超过 20m，有 1 个弯曲；
   (3) 管长度每超过 15m，有 2 个弯曲；
   (4) 管长度每超过 8m，有 3 个弯曲。
   垂直敷设的电线保护管遇到下列情况之一时，应增设固定导线用的拉线盒：
   (1) 管内导线截面为 50mm² 及以下，长度每超过 30m；
   (2) 管内导线截面为 70～95mm²，长度每超过 20m；
   (3) 管内导线截面为 120～240mm²，长度每超过 18m。
   在配管清单项目计量时，设计无要求时上述规定可以作为计量接线盒、拉线盒的依据。
7. 配管安装中不包括凿槽、刨沟。
8. 配线进入箱、柜、板的预留长度如表 5-15 所示。

配线进入箱、柜、板的预留长度　　　　　表 5-15

序号	项目	预留长度（m）	说明
1	各种开关箱、柜、板	高＋宽	盘面尺寸
2	单独安装（无箱、盘）的铁壳开关、闸刀开关、启动器、线槽进出线盒等	0.3	从安装对象中心算起
3	由地面管子出口引至动力接线箱	1.0	从管口计算
4	电源与管内导线连接（管内穿线与软、硬母线接点）	1.5	从管口计算
5	出户线	1.5	从管口计算

5.7.2　定额计算规则

1. 配管计算规则

① 配管敷设根据配管材质与直径，区别敷设位置、敷设方式，按照设计图示安装数量以"m"为计量单位。计算长度时，不计算安装损耗量，不扣除管路中的接线箱、接线盒、灯头盒、开关盒、插座盒、管件等所占长度。

② 金属软管敷设根据金属管直径及每根长度，按照设计图示安装数量以"m"为计量单位。计算长度时，不计算安装损耗量。

③ 线槽敷设根据线槽材质与规格，按照设计图示安装数量以"m"为计量单位。计算

长度时，不计算安装损耗量，不扣除管路中的接线箱、接线盒、灯头盒、开关盒、插座盒、管件等所占长度。

2. 配线计算规则

① 管内穿线根据导线材质与截面面积，区别照明线与动力线，按照设计图示安装数量以"10m"为计量单位；管内穿多芯软导线根据软导线芯数与单芯软导线截面面积，按照设计图示安装数量以"10m"为计量单位。管内穿线的线路分支接头线长度已综合考虑在定额中，不得另行计算。

② 线槽配线根据导线截面面积，按照设计图示安装数量以"10m"为计量单位。

③ 绝缘导线明敷设根据导线截面面积，按照设计图示安装数量以"10m"为计量单位。

④ 盘、柜、箱、板配线根据导线截面面积，按照设计图示配线数量以"10m"为计量单位。

3. 接线箱、接线盒计算规则

① 接线箱安装根据安装形式（明装、暗装）及接线箱半周长，按照设计图示安装数量以"个"为计量单位。

② 接线盒安装根据安装形式（明装、暗装）及接线盒类型，按照设计图示安装数量以"个"为计量单位。

4. 预留长度

① 配线进入箱、柜、板时每根线的预留长度按照设计规定计算，设计无规定时按照表 5-15 规定计算，并计入工程量。

② 灯具、开关、插座、按钮等预留线，已分别综合在相应项目内，不另行计算。

5.7.3　工程量计算

下面对 5.1 节中的电气工程案例进行配管、配线工程量计算，按式（5-2）和式（5-3）编制工程量汇总表，如表 5-16 所示。

$$配管长度＝水平长度＋垂直长度 \tag{5-2}$$

$$配线长度＝（配管长度＋导线预留长度）\times 同截面导线根数 \tag{5-3}$$

配管、配线工程量汇总表（单位：m）　　　　　　　　　　　表 5-16

名称	计算式	工程量
桥架 SR300×100	(1)负一层 ①垂直长度:(4−0.7−2.2)＋(4−0.7−1.3−1)(AA1 至 ALD1 路径垂直桥架) ②水平长度:2.565＋3＋0.731＋0.526＋0.236＋1.369＋1.449＋0.921＋0.637 (AA1 至 ALD1 路径水平桥架) (2)穿负一层至首层楼板 垂直长度:0.7＋1 (3)首层 ①垂直长度:(3.8−0.7−1−1)(AL1 处垂直桥架) ②水平长度:6.319＋0.413＋0.527＋3.403＋0.64＋0.435＋2.222＋1.482 计算公式:水平长度＋垂直长度	31.78

名称	计算式	工程量
AA1 系统	(1)1WLM3 回路 ①配管 SC20： 水平部分：2.565(桥架部分，不计算)＋1.227＋4.8＋1.915×4＋1.353×2(4 根线) 垂直部分：(4－0.7－2.2)(桥架部分，不计算)＋0.7(出桥架至顶棚处)＋(4－2.6)×6(双管荧光灯处)＋(4－1.3)×2(单控三联开关处)(4 根) 小计：30.89 ②配线 NHBV2.5： 水平部分：2.565×2(沿桥架敷设)＋1.227×2＋4.8×2＋1.915×4×2＋1.353×2(4 根线)×4 垂直部分：(4－0.7－2.2)×2(沿桥架敷设)＋(0.8＋2.2)×2(出 AA1 配电箱处预留)＋0.7×2(出桥架至顶棚处)＋(4－2.6)×6(双管荧光灯处)×2＋(4－1.3)×2(单控三联开关处)(4 根)×4 小计：91.33 (2)1WLM4 回路 ①配管 SC25： 水平部分：0.482＋0.857＋4.6 垂直部分：0.3×2 小计：6.54 ②配线 NHBV4： 水平部分：(0.482＋0.857＋4.6)×3＋(0.8＋2.2)×3(出 AA1 配电箱处预留) 垂直部分：0.3×2×3 小计：28.62 (3)1WLM5 回路 ①配管 SC20： 水平部分：(2.565＋3＋0.731＋0.526＋0.236＋1.369＋1.449＋0.921)(桥架部分，不计算)＋3.557(负一层座灯处)＋(0.714＋0.729)(首层座灯处) 垂直部分：(4－0.7－2.2)(桥架部分，不计算)＋0.7(出桥架至顶棚处)＋(4－2.2)×2(负一层墙上座灯处)＋(4－1.3)×2(负一层单控单联开关处)＋3.8×2(穿楼层立管)＋(4－2.2)×2(首层墙上座灯处)＋(4－1.3)×2(首层单控单联开关处) 小计：31.3 ②配线 NHBV2.5： 水平部分：(2.565＋3＋0.731＋0.526＋0.236＋1.369＋1.449＋0.921)×2(沿桥架敷设)＋3.557(负一层座灯处)×2＋(0.714＋0.729)(首层座灯处)×2 垂直部分：(4－0.7－2.2)×2(沿桥架敷设)＋(0.8＋2.2)×2(出 AA1 配电箱处预留)＋0.7(出桥架至顶棚处)×2＋(4－2.2)×2(负一层墙上座灯处)×2＋(4－1.3)×2(负一层单控单联开关处)×2＋3.8×2(穿楼层立管)×2＋(4－2.2)×2(首层墙上座灯处)×2＋(4－1.3)×2(首层单控单联开关处)×2 小计：92.4	汇总： ①配管 SC20：62.19 SC25：6.54 ②配线 NHBV2.5：183.73 NHBV4：28.62
ALD1 系统	(1)WLZ1 回路 ①配管 SC20： 水平部分：(0.637＋0.921＋1.449＋1.369)(桥架部分，不计算)＋1.647＋1.894＋5.255 垂直部分：(4－0.7－1－1.3)(桥架部分，不计算)＋0.7(出桥架至顶棚处)＋(4－2.5)(壁灯处) 小计：11	汇总： ①配管 SC20：22.72 PC20：50.94 ②配线 NHBV2.5：75.66 BV2.5：138.09

名称	计算式	工程量
ALD1 系统	②配线 NHBV2.5: 水平部分:(0.637+0.921+1.449+1.369)×2(沿桥架敷设)+(1.647+1.894+5.255)×2 垂直部分:(4-0.7-1-1.3)×2(沿桥架敷设)+(0.8+1)×2(出 ALD1 配电箱处预留)+0.7(出桥架至顶棚处)×2+(4-2.5)(壁灯处)×2 小计:36.34 (2)WLZ2 回路 ①配管 SC20: 水平部分:(0.637+0.921+1.449+1.369+0.236+0.526)(桥架部分,不计算)+1.642+4.081 垂直部分:(4-0.7-1-1.3)(桥架部分,不计算)+0.7(出桥架至顶棚处)+(4-0.5)(单向疏散指示灯处)+(4-2.2)(安全出口指示灯处) 小计:11.72 ②配线 NHBV2.5: 水平部分:(0.637+0.921+1.449+1.369+0.236+0.526)×2(沿桥架敷设)+(1.642+4.081)×2 垂直部分:(4-0.7-1-1.3)×2+(0.8+1)×2(出 ALD1 配电箱处预留)+0.7(出桥架至顶棚处)×2+(4-0.5)(单向疏散指示灯处)×2+(4-2.2)(安全出口指示灯处)×2 小计:39.32 (3)WLZ3 回路 ①配管 PC20: 水平部分:(0.637+0.921+1.449+1.369+0.236)(桥架部分,不计算)+0.628+4.26+0.61 垂直部分:(4-0.7-1-1.3)(桥架部分,不计算)+0.7(出桥架至顶棚处)+(4-1.3)(单控单联开关处) 小计:8.9 ②配线 BV2.5: 水平部分:(0.637+0.921+1.449+1.369+0.236)×2+(0.628+4.26+0.61)×2 垂直部分:(4-0.7-1-1.3)×2+(0.8+1)×2(出 ALD1 配电箱处预留)+0.7(出桥架至顶棚处)×2+(4-1.3)(单控单联开关处)×2 小计:32.62 (4)WLZ4 回路 ①配管 PC20: 水平部分:(0.637+0.921+1.449)(桥架部分,不计算)+2.471+3.425×2+5.762+3.005+1.039+4.042+(2.384+1.987)(3 根) 垂直部分:(4-0.7-1-1.3)(桥架部分,不计算)+0.7(出桥架至顶棚处)+(4-2.6)×4(单管荧光灯处)+(4-2.6)×2(双管荧光灯处)+(4-1.3)×2(单控双联开关处)(3 根) 小计:42.04 ②配线 BV2.5: 水平部分:(0.637+0.921+1.449)×2+(2.471+3.425×2+5.762+3.005+1.039+4.042)×2+(2.384+1.987)(3 根)×3 垂直部分:(4-0.7-1-1.3)×2+(0.8+1)×2(出 ALD1 配电箱处预留)+0.7(出桥架至顶棚处)×2+(4-2.6)×4(单管荧光灯处)×2+(4-2.6)×2(双管荧光灯处)×2+(4-1.3)×2(单控双联开关处)(3 根)×3 小计:105.47	汇总: ①配管 SC20:22.72 PC20:50.94 ②配线 NHBV2.5:75.66 BV2.5:138.09

名称	计算式	工程量
AL1 系统	(1)WLZ1 回路 ①配管 SC20： 水平部分：(1.482＋3.403)(桥架部分,不计算)＋1.318＋6.7 垂直部分：(3.8－0.7－1－1)(桥架部分,不计算)＋0.7(出桥架至顶棚处)＋(3.8－2.5)×2(壁灯处) 小计:11.32 ②配线 NHBV2.5： 水平部分：(1.482＋3.403)×2＋(1.318＋6.7)×2 垂直部分：(3.8－0.7－1－1)×2＋(0.8＋1)×2(出 AL1 配电箱处预留)＋0.7(出桥架至顶棚处)×2＋(3.8－2.5)×2(壁灯处)×2 小计:38.21 (2)WLZ2 回路 ①配管 SC20： 水平部分：(1.482＋3.403＋0.527＋0.413)(桥架部分,不计算)＋1.718＋4.251 垂直部分：(3.8－0.7－1－1)(桥架部分,不计算)＋0.7(出桥架至顶棚处)＋(3.8－0.5)(单向疏散指示灯处)＋(3.8－2.2)(安全出口指示灯处) 小计:11.57 ②配线 NHBV2.5： 水平部分：(1.482＋3.403＋0.527＋0.413)×2＋(1.718＋4.251)×2 垂直部分：(3.8－0.7－1－1)×2＋(0.8＋1)×2(出 AL1 配电箱处预留)＋0.7(出桥架至顶棚处)×2＋(3.8－0.5)(单向疏散指示灯处)×2＋(3.8－2.2)(安全出口指示灯处)×2 小计:40.59 (3)WLZ3 回路 ①配管 PC20： 水平部分：(1.482＋0.64)(桥架部分,不计算)＋0.418＋0.904＋4.127×2 垂直部分：(3.8－0.7－1－1)(桥架部分,不计算)＋0.7(出桥架至顶棚处)＋(3.8－1.3)(单控单联开关处) 小计:12.78 ②配线 BV2.5： 水平部分：(1.482＋0.64)×2＋(0.418＋0.904＋4.127×2)×2 垂直部分：(3.8－0.7－1－1)×2＋(0.8＋1)×2(出 AL1 配电箱处预留)＋0.7(出桥架至顶棚处)×2＋(3.8－1.3)(单控单联开关处)×2 小计:35.6 (4)WLZ4 回路 ①配管 PC20： 水平部分：(1.482＋3.403＋0.527)(桥架部分,不计算)＋(1.924＋4.548＋3.606＋2.221×2)＋2.221×2(3 根)＋(1.635＋1.455)(4 根) 垂直部分：(3.8－0.7－1－1)(桥架部分,不计算)＋0.7(出桥架至顶棚处)＋(3.8－2.6)×8(双管荧光灯处)＋(3.8－1.3)×2(单控三联开关处)(4 根) 小计:37.35 ②配线 BV2.5： (1.482＋3.403＋0.527)×2＋(1.924＋4.548＋3.606＋2.221×2)×2＋2.221×2(3 根)×3＋(1.635＋1.455)(4 根)×4 垂直部分：(3.8－0.7－1－1)×2＋(0.8＋1)×2(出 AL1 配电箱处预留)＋0.7(出桥架至顶棚处)×2＋(3.8－2.6)×8(双管荧光灯处)×2＋(3.8－1.3)×2(单控三联开关处)(4 根)×4 小计:111.95	汇总: ①配管 SC20:22.89 PC20:94.29 PC25:121.97 ②配线 NHBV2.5:78.8 BV2.5:268.68 BV4:562.7

名称	计算式	工程量
AL1系统	(5)WLZ5回路 ①配管PC20： 水平部分：(1.482+0.64+0.435)(桥架部分,不计算)+(3.151+4.841+4.714+2.81+2.204×2)+(1.561+2.204×2)(3根)+(1.465+1.501)(4根) 垂直部分：(3.8-0.7-1-1)(桥架部分,不计算)+0.7(出桥架至顶棚处)+(3.8-2.6)×8(双管荧光灯处)+(3.8-1.3)×2(单控三联开关处)(4根) 小计：44.16 ②配线BV2.5： 水平部分：(1.482+0.64+0.435)×2+(3.151+4.841+4.714+2.81+2.204×2)×2+(1.561+2.204×2)(3根)×3+(1.465+1.501)(4根)×4 垂直部分：(3.8-0.7-1-1)×2+(0.8+1)×2(出AL1配电箱处预留)+0.7(出桥架至顶棚处)×2+(3.8-2.6)×8(双管荧光灯处)×2+(3.8-1.3)×2(单控三联开关处)(4根)×4 小计：121.13 (6)WLC1回路 ①配管PC25： 水平部分：(1.482+4.036+1.244+2.876+0.922)(桥架部分,不计算)+0.882+3.705+4.272 垂直部分：(3.8-0.7-1-1)(桥架部分,不计算)+0.7(出桥架至顶棚处)+3.8(从顶棚沿墙到地面)+0.3×3(单相二、三极插座处) 小计：14.26 ②配线BV4： 水平部分：(1.482+4.036+1.244+2.876+0.922)×3+(0.882+3.705+4.272)×3 垂直部分：(3.8-0.7-1-1)×3+(0.8+1)×3(出AL1配电箱处预留)+0.7(出桥架至顶棚处)×3+3.8(从顶棚沿墙到地面)×3+0.3×3(单相二、三极插座处)×3 小计：83.16 (7)WLC2回路 ①配管PC25： 水平部分：(1.482+4.036)(桥架部分,不计算)+0.882+3.754+6.023+5.907 垂直部分：(3.8-0.7-1-1)(桥架部分,不计算)+0.7(出桥架至顶棚处)+3.8(从顶棚沿墙到地面)+0.3×4(单相二、三极插座处) 小计：22.27 ②配线BV4： 水平部分：(1.482+4.036)×3+(0.882+3.754+6.023+5.907)×3 垂直部分：(3.8-0.7-1-1)×3+(0.8+1)×3(出AL1配电箱处预留)+0.7(出桥架至顶棚处)×3+3.8(从顶棚沿墙到地面)×3+0.3×4(单相二、三极插座处)×3 小计：92.05 (8)WLC3回路 ①配管PC25： 水平部分：(1.482+3.097)(桥架部分,不计算)+4.818+4.175+0.6+4.2+0.6+4.55 垂直部分：(3.8-0.7-1-1)(桥架部分,不计算)+0.7(出桥架至顶棚处)+3.8(从顶棚沿墙到地面)+0.3×6(单相二、三极插座处) 小计：25.24	汇总： ①配管 SC20：22.89 PC20：94.29 PC25：121.97 ②配线 NHBV2.5：78.8 BV2.5：268.68 BV4：562.7

名称	计算式	工程量
AL1 系统	②配线 BV4： 水平部分：(1.482＋3.097)×3＋(4.818＋4.175＋0.6＋4.2＋0.6＋4.55)×3 垂直部分：(3.8－0.7－1－1)×3＋(0.8＋1)×3(出 AL1 配电箱处预留)＋0.7 (出桥架至顶棚处)×3＋3.8(从顶棚沿墙到地面)×3＋0.3×6(单相二、三极插座 处)×3 小计：98.17 (9)WLK1 回路 ①配管 PC25： 水平部分：(1.482＋4.036＋1.244＋2.876)(桥架部分，不计算)＋4.491＋3.415 垂直部分：(3.8－0.7－1－1)(桥架部分，不计算)＋0.7(出桥架至顶棚处)＋3.8 (从顶棚沿墙到地面)＋2.5(单相三极插座处) 小计：14.91 ②配线 BV4： 水平部分：(1.482＋4.036＋1.244＋2.876)×3＋(4.491＋3.415)×3 垂直部分：(3.8－0.7－1－1)×3＋(0.8＋1)×3(出 AL1 配电箱处预留)＋0.7 (出桥架至顶棚处)×3＋3.8(从顶棚沿墙到地面)×3＋2.5(单相三极插座处)×3 小计：82.33 (10)WLK2 回路 ①配管 PC25： 水平部分：(1.482＋4.036＋1.244)(桥架部分，不计算)＋5.433＋1.207 垂直部分：(3.8－0.7－1－1)(桥架部分，不计算)＋0.7(出桥架至顶棚处)＋3.8 (从顶棚沿墙到地面)＋2.5(单相三极插座处) 小计：13.64 ②配线 BV4： 水平部分：(1.482＋4.036＋1.244)×3＋(5.433＋1.207)×3 垂直部分：(3.8－0.7－1－1)×3＋(0.8＋1)×3(出 AL1 配电箱处预留)＋0.7 (出桥架至顶棚处)×3＋3.8(从顶棚沿墙到地面)×3＋2.5(单相三极插座处)×3 小计：69.91 (11)WLK3 回路 ①配管 PC25： 水平部分：(1.482＋4.036＋1.244)(桥架部分，不计算)＋6.276＋0.773＋0.6 垂直部分：(3.8－0.7－1－1)(桥架部分，不计算)＋0.7(出桥架至顶棚处)＋3.8 (从顶棚沿墙到地面)＋2.5×2(单相三极插座处) 小计：17.15 ②配线 BV4： 水平部分：(1.482＋4.036＋1.244)×3＋(6.276＋0.773＋0.6)×3 垂直部分：(3.8－0.7－1－1)×3＋(0.8＋1)×3(出 AL1 配电箱处预留)＋0.7 (出桥架至顶棚处)×3＋3.8(从顶棚沿墙到地面)×3＋2.5×2(单相三极插座处) ×3 小计：80.43 (12)WLK4 回路 ①配管 PC25： 水平部分：1.482(桥架部分，不计算)＋5.972＋1.529 垂直部分：(3.8－0.7－1－1)(桥架部分，不计算)＋0.7(出桥架至顶棚处)＋3.8 (从顶棚沿墙到地面)＋2.5(单相三极插座处) 小计：14.50 ②配线 BV4： 水平部分：1.482×3＋(5.972＋1.529)×3 垂直部分：(3.8－0.7－1－1)×3＋(0.8＋1)×3(出 AL1 配电箱处预留)＋0.7 (出桥架至顶棚处)×3＋3.8(从顶棚沿墙到地面)×3＋2.5(单相三极插座处)×3 小计：56.65	汇总： ①配管 SC20：22.89 PC20：94.29 PC25：121.97 ②配线 NHBV2.5：78.8 BV2.5：268.68 BV4：562.7

续表

名称	计算式	工程量
AA1、ALD1、AL1 配电箱系统回路配管配线汇总	①配管： SC20：62.19＋22.72＋22.89＝107.8 SC25：6.54 PC20：50.94＋94.29＝145.23 PC25：121.97 ②配线： NHBV2.5：183.73＋75.66＋78.8＝338.19 NHBV4：28.62 BV2.5：138.09＋268.68＝406.77 BV4：562.7	①配管： SC20：107.8 SC25：6.54 PC20：145.23 PC25：121.97 ②配线： NHBV2.5：338.19 NHBV4：28.62 BV2.5：406.77 BV4：562.7

5.8 电气工程计价

5.8.1 按系数计取的费用

电气工程
计价

定额系数是预算定额的重要组成部分，《湖北省通用安装工程消耗量定额及全费用基价表》（2018）把定额系数按其实质内容分为子目系数、工程系统系数和综合系数。

子目系数：当分项工程内容与定额子目考虑的编制环境不同时，所需进行的定额调整内容。如各章节规定的定额子目调整系数、操作高度增加费系数、暗室施工系数等。

工程系统系数：与工程建筑形式或工程系统调试有关的费用。如建筑物超高增加费系数，通风工程检测、调试系数，采暖工程系统调试费系数等。

综合系数：与工程本体形态无直接关系，而与施工方法和施工环境有关的系数。如脚手架搭拆费系数，安装与生产同时进行增加系数，有害环境影响增加系数等。

子目系数是计取工程系统系数的基础，子目系数和工程系统系数是计算综合系数的基础。

1. 操作高度增加费

电气工程安装高度距离楼面或地面大于 5m 时，超过部分工程量按定额人工费乘以系数 1.1 计算（已经考虑了超高因素的定额项目除外，如投光灯、氙气灯、烟囱或水塔指示灯、装饰灯具、电缆敷设、电压等级小于或等于 10kV 架空输电线路工程）。

该费用为分部分项工程费，属于子目系数费用。

2. 建筑物超高增加费

高度在 6 层或者 20m 以上的工业与民用建筑物上进行安装时增加的费用，按表 5-17

计算，其费用中人工费占 65％。该费用为单价措施项目费，属于工程系统系数费用。

建筑物超高增加费　　　　　　　　　　　　　　　　　**表 5-17**

建筑物檐高(m)	≤40	≤60	≤80	≤100	≤120	≤140	≤160	≤180	≤200
建筑层数(层)	≤12	≤18	≤24	≤30	≤36	≤42	≤48	≤54	≤60
按人工费的(％)	2	5	9	14	20	26	32	38	44

3. 脚手架搭拆费

脚手架搭拆费按定额人工费（不包括《湖北省通用安装工程消耗量定额及全费用基价表》（2018）第四册 电气设备安装工程第十七章 电气设备调试工程及装饰灯具安装工程中的人工费）5％计算，其费用中人工费占 35％。独立的电压等级小于或等于 10kV 架空输电线路工程和直埋敷设电缆工程，不计算该费用。该费用为单价措施项目费，属于综合系数费用。

5.8.2　工程量清单计价

1. 工程量清单综合单价分析表

查询《湖北省通用安装工程消耗量定额及全费用基价表》（2018）第四册 电气设备安装工程，完成工程量清单综合单价分析表，见表 5-18 至表 5-43。

成套配电箱安装

控制箱 AA1 工程量清单综合单价分析表　　　　　　　　**表 5-18**

项目编码	030404016001		项目名称		控制箱	计量单位		台	工程量		1
清单综合单价组成明细											
定额编号	定额名称	定额单位	数量	单价				合价			
				人工费	材料费	施工机具使用费	管理费和利润	人工费	材料费	施工机具使用费	管理费和利润
C4-2-74	成套配电箱落地式安装	台	1	248.69	40.40	63.44	106.65	248.69	40.40	63.44	106.65
人工单价			小计					248.69	40.40	63.44	106.65
技工 142 元/工日；普工 92 元/工日			未计价材料费					2062.5			
清单综合单价								2521.68			
材料费明细	主要材料名称、规格、型号				单位	数量		单价	合价	暂估单价	暂估合价
	控制箱 AA1 XL-21 宽 800 高 2200 厚 800				台	1		2062.5	2062.5	—	—
	其他材料费								40.40		
	材料费小计								2102.9		

配电箱 ALD1 工程量清单综合单价分析表　　　　　　　表 5-19

项目编码	030404017001	项目名称	配电箱		计量单位	台	工程量	1

清单综合单价组成明细

定额编号	定额名称	定额单位	数量	单价				合价			
				人工费	材料费	施工机具使用费	管理费和利润	人工费	材料费	施工机具使用费	管理费和利润
C4-2-78	成套配电箱悬挂、嵌入式安装(半周长2.5m 以内)	台	1	191.96	42.14	1.46	66.09	191.96	42.14	1.46	66.09
人工单价		小计						191.96	42.14	1.46	66.09
技工 142 元/工日；普工 92 元/工日		未计价材料费						588			
清单综合单价								889.65			

材料费明细	主要材料名称、规格、型号	单位	数量	单价	合价	暂估单价	暂估合价
	配电箱 ALD1 QK 国控不锈钢 宽 800 高 1000 厚 200	台	1	588	588	—	—
	其他材料费				42.14		
	材料费小计				630.14		

配电箱 AL1 工程量清单综合单价分析表　　　　　　　表 5-20

项目编码	030404017002	项目名称	配电箱		计量单位	台	工程量	1

清单综合单价组成明细

定额编号	定额名称	定额单位	数量	单价				合价			
				人工费	材料费	施工机具使用费	管理费和利润	人工费	材料费	施工机具使用费	管理费和利润
C4-2-78	成套配电箱悬挂、嵌入式安装(半周长2.5m 以内)	台	1	191.96	42.14	1.46	66.09	191.96	42.14	1.46	66.09
人工单价		小计						191.96	42.14	1.46	66.09
技工 142 元/工日；普工 92 元/工日		未计价材料费						588			
清单综合单价								889.65			

材料费明细	主要材料名称、规格、型号	单位	数量	单价	合价	暂估单价	暂估合价
	配电箱 AL1 QK 国控不锈钢 宽 800 高 1000 厚 200	台	1	588	588	—	—
	其他材料费				42.14		
	材料费小计				630.14		

荧光灯具
安装

单管荧光灯工程量清单综合单价分析表　　　　　表 5-21

项目编码	030412005001	项目名称	荧光灯	计量单位	套	工程量	4
清单综合单价组成明细							

定额编号	定额名称	定额单位	数量	单价				合价			
				人工费	材料费	施工机具使用费	管理费和利润	人工费	材料费	施工机具使用费	管理费和利润
C4-14-200	单管荧光灯吊链式安装	套	1	15.42	21.27	0	5.27	15.42	21.27	0	5.27
人工单价			小计					15.42	21.27	0	5.27
技工 142 元/工日；普工 92 元/工日		未计价材料费						46.46			
清单综合单价								88.42			

材料费明细	主要材料名称、规格、型号			单位	数量	单价	合价	暂估单价	暂估合价
	成套单管荧光灯 36W T8			套	1.01	46	46.46	—	—
	其他材料费						21.27		
	材料费小计						67.73		

双管荧光灯工程量清单综合单价分析表　　　　　表 5-22

项目编码	030412005002	项目名称	荧光灯	计量单位	套	工程量	24
清单综合单价组成明细							

定额编号	定额名称	定额单位	数量	单价				合价			
				人工费	材料费	施工机具使用费	管理费和利润	人工费	材料费	施工机具使用费	管理费和利润
C4-14-201	双管荧光灯吊链式安装	套	1	19.12	21.27	0	6.53	19.12	21.27	0	6.53
人工单价			小计					19.12	21.27	0	6.53
技工 142 元/工日；普工 92 元/工日		未计价材料费						72.72			
清单综合单价								119.64			

材料费明细	主要材料名称、规格、型号			单位	数量	单价	合价	暂估单价	暂估合价
	成套双管荧光灯 2×36W T8			套	1.01	72	72.72	—	—
	其他材料费						21.27		
	材料费小计						93.99		

吸顶灯工程量清单综合单价分析表　　　　　　　　表 5-23

项目编码	030412001001	项目名称	普通灯具	计量单位	套	工程量	5
清单综合单价组成明细								

定额编号	定额名称	定额单位	数量	单价				合价			
				人工费	材料费	施工机具使用费	管理费和利润	人工费	材料费	施工机具使用费	管理费和利润
C4-14-3	吸顶灯安装 灯罩周长 >1100mm	套	1	16.5	7.57	0	5.64	16.5	7.57	0	5.64
人工单价			小计					16.5	7.57	0	5.64
技工 142 元/工日；普工 92 元/工日			未计价材料费					50.4			
清单综合单价								80.11			

材料费明细	主要材料名称、规格、型号	单位	数量	单价	合价	暂估单价	暂估合价
	成套吸顶灯 灯罩直径 40cm 24W TCL	套	1.01	49.9	50.4	—	—
	其他材料费				7.57		
	材料费小计				57.97		

壁灯工程量清单综合单价分析表　　　　　　　　表 5-24

项目编码	030412001002	项目名称	普通灯具	计量单位	套	工程量	4
清单综合单价组成明细								

定额编号	定额名称	定额单位	数量	单价				合价			
				人工费	材料费	施工机具使用费	管理费和利润	人工费	材料费	施工机具使用费	管理费和利润
C4-14-8	普通壁灯安装	套	1	15.42	4.06	0	5.27	15.42	4.06	0	5.27
人工单价			小计					15.42	4.06	0	5.27
技工 142 元/工日；普工 92 元/工日			未计价材料费					38.38			
清单综合单价								63.13			

材料费明细	主要材料名称、规格、型号	单位	数量	单价	合价	暂估单价	暂估合价
	成套壁灯 18W 施科普 6001-1 黑配 LED	套	1.01	38	38.38	—	—
	其他材料费				4.06		
	材料费小计				42.44		

墙上座灯工程量清单综合单价分析表　　　　　　　　　　　表 5-25

项目编码	030412001003	项目名称	普通灯具	计量单位	套	工程量	4

| 清单综合单价组成明细 ||||||||||

定额编号	定额名称	定额单位	数量	单价				合价			
				人工费	材料费	施工机具使用费	管理费和利润	人工费	材料费	施工机具使用费	管理费和利润
C4-14-10	座灯安装	套	1	9.42	0.99	0	3.22	9.42	0.99	0	3.22
人工单价		小计						9.42	0.99	0	3.22
技工 142 元/工日；普工 92 元/工日		未计价材料费						28.28			
清单综合单价								41.91			

材料费明细	主要材料名称、规格、型号	单位	数量	单价	合价	暂估单价	暂估合价
	成套座灯 13W 谋虎 LED	套	1.01	28	28.28	—	—
	其他材料费					0.99	
	材料费小计					29.27	

标志、诱导装饰灯具安装

单向疏散指示灯工程量清单综合单价分析表　　　　　　　　表 5-26

项目编码	030412004001	项目名称	装饰灯	计量单位	套	工程量	2

| 清单综合单价组成明细 ||||||||||

定额编号	定额名称	定额单位	数量	单价				合价			
				人工费	材料费	施工机具使用费	管理费和利润	人工费	材料费	施工机具使用费	管理费和利润
C4-14-156	标志、诱导装饰灯具 墙壁式安装	套	1	18.51	6.38	0	6.32	18.51	6.38	0	6.32
人工单价		小计						18.51	6.38	0	6.32
技工 142 元/工日；普工 92 元/工日		未计价材料费						23.13			
清单综合单价								54.34			

材料费明细	主要材料名称、规格、型号	单位	数量	单价	合价	暂估单价	暂估合价
	成套单向疏散指示灯 8W 趣行新国标 LED	套	1.01	22.9	23.13	—	—
	其他材料费					6.38	
	材料费小计					29.51	

安全出口指示灯工程量清单综合单价分析表　　　　　　表 5-27

项目编码	030412004002	项目名称	装饰灯	计量单位	套	工程量	2
清单综合单价组成明细							
定额编号	定额名称	定额单位	数量	单价				合价			

定额编号	定额名称	定额单位	数量	人工费	材料费	施工机具使用费	管理费和利润	人工费	材料费	施工机具使用费	管理费和利润
C4-14-156	标志、诱导装饰灯具 墙壁式安装	套	1	18.51	6.38	0	6.32	18.51	6.38	0	6.32
人工单价			小计					18.51	6.38	0	6.32
技工 142 元/工日；普工 92 元/工日			未计价材料费					23.13			
清单综合单价								54.34			

材料费明细	主要材料名称、规格、型号	单位	数量	单价	合价	暂估单价	暂估合价
	成套安全出口指示灯 8W 趣行新国标 LED	套	1.01	22.9	23.13	—	—
	其他材料费				6.38		
	材料费小计				29.51		

普通开关安装

单控单联跷板暗开关工程量清单综合单价分析表　　　　　　表 5-28

项目编码	030404034001	项目名称	照明开关	计量单位	套	工程量	6
清单综合单价组成明细							

定额编号	定额名称	定额单位	数量	人工费	材料费	施工机具使用费	管理费和利润	人工费	材料费	施工机具使用费	管理费和利润
				单价				合价			
C4-14-283	普通跷板暗开关安装 单控≤3 联	套	1	6.38	1.02	0	2.18	6.38	1.02	0	2.18
人工单价			小计					6.38	1.02	0	2.18
技工 142 元/工日；普工 92 元/工日			未计价材料费					8.06			
清单综合单价								17.64			

材料费明细	主要材料名称、规格、型号	单位	数量	单价	合价	暂估单价	暂估合价
	单控单联跷板暗开关 公牛 G09 86 型面板	只	1.02	7.9	8.06	—	—
	其他材料费				1.02		
	材料费小计				9.08		

单控双联跷板暗开关工程量清单综合单价分析表　　　　表 5-29

项目编码	030404034002	项目名称	照明开关	计量单位	套	工程量	3
清单综合单价组成明细							

定额编号	定额名称	定额单位	数量	单价				合价			
				人工费	材料费	施工机具使用费	管理费和利润	人工费	材料费	施工机具使用费	管理费和利润
C4-14-283	普通跷板暗开关安装 单控≤3联	套	1	6.38	1.02	0	2.18	6.38	1.02	0	2.18
人工单价		小计						6.38	1.02	0	2.18
技工 142 元/工日；普工 92 元/工日			未计价材料费					11.53			
清单综合单价								21.11			

材料费明细	主要材料名称、规格、型号	单位	数量	单价	合价	暂估单价	暂估合价
	单控双联跷板暗开关 公牛 G09 86 型面板	只	1.02	11.3	11.53	—	—
	其他材料费					1.02	
	材料费小计					12.55	

单控三联跷板暗开关工程量清单综合单价分析表　　　　表 5-30

项目编码	030404034003	项目名称	照明开关	计量单位	套	工程量	6
清单综合单价组成明细							

定额编号	定额名称	定额单位	数量	单价				合价			
				人工费	材料费	施工机具使用费	管理费和利润	人工费	材料费	施工机具使用费	管理费和利润
C4-14-283	普通跷板暗开关安装 单控≤3联	套	1	6.38	1.02	0	2.18	6.38	1.02	0	2.18
人工单价		小计						6.38	1.02	0	2.18
技工 142 元/工日；普工 92 元/工日			未计价材料费					14.99			
清单综合单价								24.57			

材料费明细	主要材料名称、规格、型号	单位	数量	单价	合价	暂估单价	暂估合价
	单控三联跷板暗开关 公牛 G09 86 型面板	只	1.02	14.7	14.99	—	—
	其他材料费					1.02	
	材料费小计					16.01	

单相二、三极插座工程量清单综合单价分析表　　　　表 5-31

项目编码	030404035001	项目名称		插座		计量单位	个	工程量	15
清单综合单价组成明细									
定额编号	定额名称	定额单位	数量	单价					
				人工费	材料费	施工机具使用费	管理费和利润		
C4-14-306	单相带接地插座暗装 电流≤15A	套	1	7.6	1.02	0	2.6		

定额编号	定额名称	定额单位	数量	合价			
				人工费	材料费	施工机具使用费	管理费和利润
C4-14-306	单相带接地插座暗装 电流≤15A	套	1	7.6	1.02	0	2.6

人工单价	小计	7.6	1.02	0	2.6
技工 142 元/工日；普工 92 元/工日	未计价材料费	11.02			
清单综合单价	22.24				

材料费明细	主要材料名称、规格、型号	单位	数量	单价	合价	暂估单价	暂估合价
	单相二、三极插座 暗装 10A 250V 公牛 G07	套	1.02	10.8	11.02	—	—
	其他材料费				1.02		
	材料费小计				12.04		

单相三极挂机空调插座工程量清单综合单价分析表　　　　表 5-32

项目编码	030404035002	项目名称		插座		计量单位	个	工程量	5
清单综合单价组成明细									
定额编号	定额名称	定额单位	数量	单价					
				人工费	材料费	施工机具使用费	管理费和利润		
C4-14-307	单相带接地插座暗装 电流≤30A	套	1	8.21	1.42	0	2.81		

定额编号	定额名称	定额单位	数量	合价			
				人工费	材料费	施工机具使用费	管理费和利润
C4-14-307	单相带接地插座暗装 电流≤30A	套	1	8.21	1.42	0	2.81

人工单价	小计	8.21	1.42	0	2.81
技工 142 元/工日；普工 92 元/工日	未计价材料费	15.2			
清单综合单价	27.64				

材料费明细	主要材料名称、规格、型号	单位	数量	单价	合价	暂估单价	暂估合价
	单相三极空调插座 暗装 16A 250V 公牛 G07	套	1.02	14.9	15.2	—	—
	其他材料费				1.42		
	材料费小计				16.62		

铜芯电力
电缆敷设

YJV-4×25+1×16 电力电缆工程量清单综合单价分析表　　　表 5-33

项目编码	030408001001	项目名称	电力电缆	计量单位	m	工程量	18.79
清单综合单价组成明细							
定额编号	定额名称	定额单位	数量	单价				合价			

定额编号	定额名称	定额单位	数量	人工费	材料费	施工机具使用费	管理费和利润	人工费	材料费	施工机具使用费	管理费和利润
C4-9-139	铜芯电力电缆敷设 电缆截面 ≤35mm²	10m	0.1	42.55× 1.15	19.29× 1.15	6.43× 1.15	19.25	4.89	2.22	0.74	1.93
人工单价		小计						4.89	2.22	0.74	1.93
技工142元/工日；普工92元/工日		未计价材料费						77.99			
清单综合单价								87.77			

材料费明细	主要材料名称、规格、型号	单位	数量	单价	合价	暂估单价	暂估合价
	YJV-0.6/1KV-4×25+1×16 电力电缆	m	1.01	77.22	77.99	—	—
	其他材料费				2.22		
	材料费小计				80.21		

YJV-4×35+1×16 电力电缆工程量清单综合单价分析表　　　表 5-34

项目编码	030408001002	项目名称	电力电缆	计量单位	m	工程量	19.51
清单综合单价组成明细							

定额编号	定额名称	定额单位	数量	人工费	材料费	施工机具使用费	管理费和利润	人工费	材料费	施工机具使用费	管理费和利润
C4-9-139	铜芯电力电缆敷设 电缆截面 ≤35mm²	10m	0.1	42.55× 1.15	19.29× 1.15	6.43× 1.15	19.25	4.89	2.22	0.74	1.93
人工单价		小计						4.89	2.22	0.74	1.93
技工142元/工日；普工92元/工日		未计价材料费						102.73			
清单综合单价								112.51			

材料费明细	主要材料名称、规格、型号	单位	数量	单价	合价	暂估单价	暂估合价
	YJV-0.6/1KV-4×35+1×16 电力电缆	m	1.01	101.71	102.73	—	—
	其他材料费				2.22		
	材料费小计				104.95		

桥架 SR300×100 工程量清单综合单价分析表　　　　　表 5-35

项目编码	030411003001	项目名称		桥架	计量单位	m	工程量	31.78
清单综合单价组成明细								
定额编号	定额名称	定额单位	数量	单价				
				人工费	材料费	施工机具使用费	管理费和利润	
C4-9-43	钢制桥架安装钢制槽式桥架（宽+高≤400mm）	10m	0.1	215.24	45.44	6.55	75.79	

定额编号	定额名称	定额单位	数量	合价			
				人工费	材料费	施工机具使用费	管理费和利润
C4-9-43	钢制桥架安装钢制槽式桥架（宽+高≤400mm）	10m	0.1	21.52	4.54	0.66	7.58
人工单价	小计			21.52	4.54	0.66	7.58
技工 142 元/工日；普工 92 元/工日	未计价材料费			94.32			
清单综合单价				128.62			

材料费明细	主要材料名称、规格、型号	单位	数量	单价	合价	暂估单价	暂估合价
	槽式钢制桥架 SR300×100	m	1.01	93.39	94.32	—	—
	其他材料费				4.54		
	材料费小计				98.86		

钢制桥架安装

镀锌钢管沿砖、混凝土结构敷设

配管 SC20 工程量清单综合单价分析表　　　　　表 5-36

项目编码	030411001001	项目名称		配管	计量单位	m	工程量	107.8
清单综合单价组成明细								
定额编号	定额名称	定额单位	数量	单价				
				人工费	材料费	施工机具使用费	管理费和利润	
C4-12-35	镀锌钢管沿砖、混凝土结构暗配（公称直径≤20mm）	10m	0.1	49.96	43.63	0	17.07	

定额编号	定额名称	定额单位	数量	合价			
				人工费	材料费	施工机具使用费	管理费和利润
C4-12-35	镀锌钢管沿砖、混凝土结构暗配（公称直径≤20mm）	10m	0.1	5	4.36	0	1.71
人工单价	小计			5	4.36	0	1.71
技工 142 元/工日；普工 92 元/工日	未计价材料费			6.9			
清单综合单价				17.97			

材料费明细	主要材料名称、规格、型号	单位	数量	单价	合价	暂估单价	暂估合价
	焊接钢管 SC20	m	1.03	6.7	6.9	—	—
	其他材料费				4.36		
	材料费小计				11.26		

配管 SC25 工程量清单综合单价分析表　　　　　　　　　　　　表 5-37

项目编码	030411001002	项目名称		配管	计量单位	m	工程量	6.54
清单综合单价组成明细								
定额编号	定额名称	定额单位	数量	单价				合价			
				人工费	材料费	施工机具使用费	管理费和利润	人工费	材料费	施工机具使用费	管理费和利润
C4-12-36	镀锌钢管沿砖、混凝土结构暗配（公称直径≤25mm）	10m	0.1	59.52	49.07	0	20.34	5.95	4.91	0	2.03
人工单价		小计						5.95	4.91	0	2.03
技工 142 元/工日；普工 92 元/工日		未计价材料费						10.01			
清单综合单价								22.9			

材料费明细	主要材料名称、规格、型号	单位	数量	单价	合价	暂估单价	暂估合价
	焊接钢管 SC25	m	1.03	9.72	10.01	—	—
	其他材料费				4.91		
	材料费小计				14.92		

配管 PC20 工程量清单综合单价分析表　　　　　　　　　　　　表 5-38

项目编码	030411001003	项目名称		配管	计量单位	m	工程量	145.23
清单综合单价组成明细								
定额编号	定额名称	定额单位	数量	单价				合价			
				人工费	材料费	施工机具使用费	管理费和利润	人工费	材料费	施工机具使用费	管理费和利润
C4-12-148	半硬质塑料管沿砖、混凝土结构暗配（公称外径≤20mm）	10m	0.1	39.93	0.89	0	13.64	3.99	0.09	0	1.36
人工单价		小计						3.99	0.09	0	1.36
技工 142 元/工日；普工 92 元/工日		未计价材料费						4.64			
清单综合单价								10.08			

材料费明细	主要材料名称、规格、型号	单位	数量	单价	合价	暂估单价	暂估合价
	半硬质塑料管 PC20	m	1.06	4.38	4.64	—	—
	其他材料费				0.09		
	材料费小计				4.73		

半硬质塑料管沿砖、混凝土结构暗配

配管 PC25 工程量清单综合单价分析表　　　　表 5-39

项目编码	030411001004	项目名称	配管	计量单位	m	工程量	121.97

| 清单综合单价组成明细 |||||||||||||

定额编号	定额名称	定额单位	数量	单价				合价				
				人工费	材料费	施工机具使用费	管理费和利润	人工费	材料费	施工机具使用费	管理费和利润
C4-12-149	半硬质塑料管沿砖、混凝土结构暗配(公称外径≤25mm)	10m	0.1	49.96	0.89	0	17.07	5	0.09	0	1.71
人工单价			小计					5	0.09	0	1.71
技工142元/工日；普工92元/工日		未计价材料费						4.78			
清单综合单价							11.58				

材料费明细	主要材料名称、规格、型号	单位	数量	单价	合价	暂估单价	暂估合价
	半硬质塑料管 PC25	m	1.06	4.51	4.78	—	—
	其他材料费					0.09	
	材料费小计					4.87	

管内穿照明线

配线 NHBV2.5 工程量清单综合单价分析表　　　　表 5-40

项目编码	030411004001	项目名称	配线	计量单位	m	工程量	338.19

| 清单综合单价组成明细 |||||||||||||

定额编号	定额名称	定额单位	数量	单价				合价				
				人工费	材料费	施工机具使用费	管理费和利润	人工费	材料费	施工机具使用费	管理费和利润
C4-13-5	管内穿照明线铜芯导线截面≤2.5mm²	10m	0.1	6.94	1.43	0	2.37	0.69	0.14	0	0.24
人工单价			小计					0.69	0.14	0	0.24
技工142元/工日；普工92元/工日		未计价材料费						2.52			
清单综合单价							3.59				

材料费明细	主要材料名称、规格、型号	单位	数量	单价	合价	暂估单价	暂估合价
	NHBV-500V-2.5mm²	m	1.16	2.17	2.52	—	—
	其他材料费					0.14	
	材料费小计					2.66	

配线 NHBV4 工程量清单综合单价分析表　　　　　　　表 5-41

项目编码	030411004002	项目名称	配线	计量单位	m	工程量	28.62

					清单综合单价组成明细						
定额编号	定额名称	定额单位	数量	单价				合价			
				人工费	材料费	施工机具使用费	管理费和利润	人工费	材料费	施工机具使用费	管理费和利润
C4-13-6	管内穿照明线铜芯导线截面≤4mm^2	10m	0.1	4.55	1.40	0	1.55	0.46	0.14	0	0.16
人工单价			小计					0.46	0.14	0	0.16
技工 142 元/工日；普工 92 元/工日			未计价材料费					3.76			
清单综合单价								4.52			

材料费明细	主要材料名称、规格、型号	单位	数量	单价	合价	暂估单价	暂估合价
	NHBV-500V-4mm^2	m	1.16	3.24	3.76	—	—
	其他材料费				0.14		
	材料费小计				3.9		

配线 BV2.5 工程量清单综合单价分析表　　　　　　　表 5-42

项目编码	030411004003	项目名称	配线	计量单位	m	工程量	406.77

					清单综合单价组成明细						
定额编号	定额名称	定额单位	数量	单价				合价			
				人工费	材料费	施工机具使用费	管理费和利润	人工费	材料费	施工机具使用费	管理费和利润
C4-13-5	管内穿照明线铜芯导线截面≤2.5mm^2	10m	0.1	6.94	1.43	0	2.37	0.69	0.14	0	0.24
人工单价			小计					0.69	0.14	0	0.24
技工 142 元/工日；普工 92 元/工日			未计价材料费					1.81			
清单综合单价								2.88			

材料费明细	主要材料名称、规格、型号	单位	数量	单价	合价	暂估单价	暂估合价
	BV-500V-2.5mm^2	m	1.16	1.56	1.81	—	—
	其他材料费				0.14		
	材料费小计				1.95		

配线 BV4 工程量清单综合单价分析表　　　　　表 5-43

项目编码	030411004004	项目名称		配线		计量单位	m	工程量	562.7
清单综合单价组成明细									
定额编号	定额名称	定额单位	数量	单价					
				人工费	材料费	施工机具使用费	管理费和利润		
				合价					
				人工费	材料费	施工机具使用费	管理费和利润		
C4-13-6	管内穿照明线铜芯导线截面 ≤4mm²	10m	0.1	4.55	1.40	0	1.55	0.46	0.14	0	0.16
人工单价			小计				0.46	0.14	0	0.16
技工 142 元/工日；普工 92 元/工日			未计价材料费				2.81			
清单综合单价							3.57			
材料费明细	主要材料名称、规格、型号			单位	数量	单价	合价	暂估单价	暂估合价
	BV-500V-4mm²			m	1.16	2.42	2.81	—	—
	其他材料费						0.14		
	材料费小计						2.95		

2. 分部分项工程和单价措施项目清单与计价表，见表 5-44。

分部分项和单价措施项目清单与计价表　　　　　表 5-44

序号	项目编码	项目名称	项目特征描述	计量单位	工程量	金额（元）		其中：暂估价
						综合单价	合价	
1	030404016001	控制箱	1. 名称：AA1 2. 型号：XL-21 3. 规格：宽 800 高 2200 厚 800 4. 安装方式：落地安装	台	1	2521.68 人 248.69 机 63.44	2521.68 人 248.69 机 63.44	—
2	030404017001	配电箱	1. 名称：ALD1 2. 型号：QK 国控不锈钢 3. 规格：宽 800 高 1000 厚 200 4. 安装方式：距地 1.3m 嵌入式安装	台	1	889.65 人 191.96 机 1.46	889.65 人 191.96 机 1.46	—
3	030404017002	配电箱	1. 名称：AL1 2. 型号：QK 国控不锈钢 3. 规格：宽 800 高 1000 厚 200 4. 安装方式：距地 1m 嵌入式安装	台	1	889.65 人 191.96 机 1.46	889.65 人 191.96 机 1.46	—
4	030412005001	荧光灯	1. 名称：单管荧光灯 2. 型号、规格：T8、36W 3. 安装形式：链吊 底距地 2.6m	套	4	88.42 人 15.42 机 0	353.68 人 61.68 机 0	—

序号	项目编码	项目名称	项目特征描述	计量单位	工程量	金额(元)		
						综合单价	合价	其中:暂估价
5	030412005002	荧光灯	1. 名称:双管荧光灯 2. 型号、规格:T82×36W 3. 安装形式:链吊 底距地2.6m	套	24	119.64 人19.12 机0	2871.36 人459.12 机0	—
6	030412001001	普通灯具	1. 名称:吸顶灯 2. 型号、规格:TCL 24W 灯罩直径40cm 3. 安装形式:吸顶安装	套	5	80.11 人16.5 机0	100.55 人82.5 机0	—
7	030412001002	普通灯具	1. 名称:壁灯 2. 型号、规格:施科普6001-1黑配 LED 18W 3. 安装形式:明装、底距地2.5m	套	4	63.13 人15.42 机0	252.52 人61.68 机0	—
8	030412001003	普通灯具	1. 名称:墙上座灯 2. 型号、规格:谋虎 LED 13W 3. 安装形式:明装、底距地2.2m	套	4	41.91 人9.42 机0	167.64 人37.68 机0	—
9	030412004001	装饰灯	1. 名称:单向疏散指示灯 2. 型号、规格:趣行新国标 LED 8W 3. 安装形式:沿墙暗装 底距地0.5m	套	2	54.34 人18.51 机0	108.68 人37.02 机0	—
10	030412004002	装饰灯	1. 名称:安全出口指示灯 2. 型号、规格:趣行新国标 LED 8W 3. 安装形式:沿墙明装 底距地2.2m	套	2	54.34 人18.51 机0	108.68 人37.02 机0	—
11	030404034001	照明开关	1. 名称:单控单联跷板开关 2. 材质:PC 3. 规格:公牛 G09 86型面板 250V 10A 4. 安装方式:暗装 底距地1.3m	套	6	17.64 人6.38 机0	105.84 人38.28 机0	—
12	030404034002	照明开关	1. 名称:单控双联跷板开关 2. 材质:PC 3. 规格:公牛 G09 86型面板 250V 10A 4. 安装方式:暗装 底距地1.3m	套	3	21.11 人6.38 机0	63.33 人19.14 机0	—
13	030404034003	照明开关	1. 名称:单控三联跷板开关 2. 材质:PC 3. 规格:公牛 G09 86型面板 250V 10A 4. 安装方式:暗装 底距地1.3m	套	6	24.57 人6.38 机0	147.42 人38.28 机0	—
14	030404035001	插座	1. 名称:单相二、三极插座 2. 材质:PC 3. 规格:公牛 G07 86型面板 250V 10A 4. 安装方式:暗装 底距地0.3m	个	15	22.24 人7.6 机0	333.6 人114 机0	—

序号	项目编码	项目名称	项目特征描述	计量单位	工程量	金额（元）		
						综合单价	合价	其中：暂估价
15	030404035002	插座	1. 名称：单相三极空调插座 2. 材质：PC 3. 规格：公牛 G07 86 型面板 250V 16A 4. 安装方式：暗装 底距地 2.5m	个	5	27.64 人 8.21 机 0	138.2 人 41.05 机 0	—
16	030408001001	电力电缆	1. 名称：YJV-4×25+1×16 2. 型号、规格、材质：阻燃铜芯交联聚乙烯绝缘聚氯乙烯护套电力电缆 3. 敷设方式、部位：沿桥架敷设 4. 电压等级(kV)：0.6/1kV	m	18.79	87.77 人 4.89 机 0.74	1649.2 人 91.88 机 13.9	—
17	030408001002	电力电缆	1. 名称：YJV-4×35+1×16 2. 型号、规格、材质：阻燃铜芯交联聚乙烯绝缘聚氯乙烯护套电力电缆 3. 敷设方式、部位：沿桥架敷设 4. 电压等级(kV)：0.6/1kV	m	19.51	112.51 人 4.89 机 0.74	2195.07 人 95.4 机 14.44	—
18	030411003001	桥架	1. 名称：槽式钢制桥架 2. 型号、规格：SR300×100 3. 材质：钢制	m	31.78	128.62 人 21.52 机 0.66	4087.54 人 683.91 机 20.97	—
19	030411001001	配管	1. 名称：配管 SC20 2. 材质：焊接钢管 3. 规格：公称直径 20mm 4. 配置形式：沿砖、混凝土结构暗配	m	107.8	17.97 人 5 机 0	1937.17 人 539 机 0	—
20	030411001002	配管	1. 名称：配管 SC25 2. 材质：焊接钢管 3. 规格：公称直径 25mm 4. 配置形式：沿砖、混凝土结构暗配	m	6.54	22.9 人 5.95 机 0	149.77 人 38.91 机 0	—
21	030411001003	配管	1. 名称：配管 PC20 2. 材质：半硬质塑料管 3. 规格：公称外径 20mm 4. 配置形式：沿砖、混凝土结构暗配	m	145.23	10.08 人 3.99 机 0	1463.92 人 579.47 机 0	—
22	030411001004	配管	1. 名称：配管 PC25 2. 材质：半硬质塑料管 3. 规格：公称外径 25mm 4. 配置形式：沿砖、混凝土结构暗配	m	121.97	11.58 人 5 机 0	1412.41 人 609.85 机 0	—
23	030411004001	配线	1. 名称：配线 NHBV2.5 2. 型号、规格、材质：耐火铜芯聚氯乙烯绝缘电线	m	338.19	3.59 人 0.69 机 0	1214.1 人 233.35 机 0	—

续表

序号	项目编码	项目名称	项目特征描述	计量单位	工程量	综合单价	合价	其中：暂估价
						金额（元）		
24	030411004002	配线	1. 名称：配线 NHBV4 2. 型号、规格、材质：耐火铜芯聚氯乙烯绝缘电线	m	28.62	4.52 人 0.46 机 0	129.36 人 13.17 机 0	—
25	030411004003	配线	1. 名称：配线 BV2.5 2. 型号、规格、材质：铜芯聚氯乙烯绝缘电线	m	406.77	2.88 人 0.69 机 0	1171.5 人 280.67 机 0	—
26	030411004004	配线	1. 名称：配线 BV4 2. 型号、规格、材质：铜芯聚氯乙烯绝缘电线	m	562.7	3.57 人 0.46 机 0	2008.84 人 258.84 机 0	—
			分部分项工程费				26471.36 人 5084.51 机 115.67	
27	031301017001	脚手架搭拆	1. 场内、场外材料搬运 2. 搭、拆脚手架 3. 拆除脚手架后材料的堆放	脚手架搭拆费按定额人工费的 5% 计算，其费用中人工费占 35%，材料费占 65%				254.23 人 88.98 机 0	
			单价措施项目费				254.23 人 88.98 机 0	
			合计（分部分项工程费及单价措施项目费）				26725.59 人 5173.49 机 115.67	—

3. 总价措施项目清单与计价表，见表 5-45。

总价措施项目清单与计价表　　　　　　　　　　　　　　　　表 5-45

序号	费用项目		计算方法	金额（元）
1	分部分项工程和单价措施项目费		Σ（分部分项工程和单价措施项目费）	26725.59
1.1	其中	人工费	Σ（人工费）	5173.49
1.2		施工机具使用费	Σ（施工机具使用费）	115.67
2	总价措施项目费		2.1+2.2	526.27
2.1	安全文明施工费		（1.1+1.2）×费率	491.36
2.2	其他总价措施项目费		（1.1+1.2）×费率	34.91

4. 其他项目清单与计价汇总表，见表 5-46。

其他项目清单与计价汇总表　　　　　　　　　　　　　　　　表 5-46

序号	费用项目	计算方法	金额（元）
1	暂列金额	按招标文件	2000
2	专业工程暂估价/结算价	按招标文件/结算价	0

续表

序号	费用项目		计算方法	金额（元）
3	计日工		3.1＋3.2＋3.3＋3.4＋3.5	617.19
3.1	其中	人工费	∑（人工价格×暂定数量）	460
3.2		材料费	∑（材料价格×暂定数量）	0
3.3		施工机具使用费	∑（机械台班价格×暂定数量）	0
3.4		企业管理费	（3.1＋3.3）×费率	86.76
3.5		利润	（3.1＋3.3）×费率	70.43
4	总包服务费		4.1＋4.2	0
4.1	其中	发包人发包专业工程	∑（项目价值×费率）	0
4.2		发包人提供材料	∑（材料价值×费率）	0
5	索赔与现场签证费		∑（价格×数量）/∑费用	0
6	其他项目费		1＋2＋3＋4＋5	2617.19

5. 单位工程造价汇总表，见表5-47。

单位工程造价汇总表　　　　　　　　　　　　　　　　　表 5-47

序号	费用项目		计算方法	金额（元）
1	分部分项工程和单价措施项目费		∑（分部分项工程和单价措施项目费）	26725.59
1.1	其中	人工费	∑（人工费）	5173.49
1.2		施工机具使用费	∑（施工机具使用费）	115.67
2	总价措施项目费		∑（总价措施项目费）	526.27
3	其他项目费		∑（其他项目费）	2617.19
3.1	其中	人工费	∑（人工费）	460
3.2		施工机具使用费	∑（施工机具使用费）	0
4	规费		（1.1＋1.2＋3.1＋3.2）×费率	688.17
5	增值税		（1＋2＋3＋4）×税率	3361.29
6	含税工程造价		1＋2＋3＋4＋5	33918.51

自测练习5 🔍

一、单项选择题

1. 各类配电箱区分不同规格、安装方式，按设计图示数量以（　　）为计量单位。

A. 个　　　　　　　　B. 组　　　　　　　　C. 套　　　　　　　　D. 台

2. 配电箱的项目编码为（　　）。

A. 030404015　　　B. 030404016　　　C. 030404017　　　D. 030404018

3. 某配电箱的尺寸为：宽500mm、高300mm、厚200mm，该配电箱外部进出线的预留长度为（　　）。

A. 0.5m　　　　　　B. 0.7m　　　　　　C. 0.8m　　　　　　D. 1m

4. 下列不属于普通灯具的是（ ）。

A. 吸顶灯　　　　B. 疏散指示灯　　　C. 吊灯　　　　D. 壁灯

5. 下列不属于照明开关的是（ ）。

A. 拉线开关　　　B. 跷板开关　　　C. 声控延时开关　　D. 风机盘管三速开关

6. 电缆区分规格型号、敷设方式、敷设部位、电压等级，按设计图示尺寸以长度计算，以（ ）为计量单位。

A. m　　　　　　B. m²　　　　　　C. 根　　　　　　D. kg

7. 电缆敷设预留及附加长度计算时，对于电缆敷设弛度、波形弯度、交叉，需要考虑的预留（附加）长度系数为（ ）。

A. 1%　　　　　　B. 2%　　　　　　C. 2.5%　　　　　D. 3.9%

8. 电力电缆敷设定额与接头定额是按照（ ）芯编制的，电缆每增加一芯相应定额增加15%。

A. 单　　　　　　B. 两　　　　　　C. 三　　　　　　D. 四

9. 某配管 PC20 长度为 10m，管内穿导线 BV2.5，导线引入尺寸为宽 500mm×高 300mm×厚 200mm 的配电箱，该配线的工程量为（ ）。

A. 10m　　　　　B. 30m　　　　　C. 32.1m　　　　D. 32.4m

10. 某电力电缆 YJV-4×25+1×16 穿焊接钢管 SC50 敷设，SC50 长度为 20m，电缆的曲折弯余量系数为 2.5%，该电力电缆的工程量为（ ）。

A. 20.5m　　　　B. 82m　　　　　C. 100m　　　　D. 102.5m

11. 建筑安装工程费用按照费用构成要素划分，下列不包括（ ）。

A. 施工机具使用费　B. 措施项目费　　C. 规费　　　　　D. 税金

12. 施工机械在规定的使用年限内，陆续收回其原值的费用是（ ）。

A. 大修理费　　　　　　　　　B. 经常修理费

C. 安拆费及场外运费　　　　　D. 折旧费

13. 全费用定额消耗量表中的费用不包括（ ）。

A. 单价措施项目费　　　　　　B. 企业管理费

C. 利润　　　　　　　　　　　D. 规费

14. 在编制某电缆综合单价分析表时，假设其人工费、材料费、机械费分别为 150 元、20 元、5 元，查询定额得到企业管理费的费率为 18.86%、利润的费率为 15.31%，该管道的企业管理费和利润之和为（ ）。

A. 51.26 元　　　B. 52.96 元　　　C. 58.09 元　　　D. 59.8 元

15. 某电气工程的分部分项工程费为 7000 元，其中人工费为 1500 元、材料费为 4000 元、机械费为 500 元，查询定额得到脚手架搭拆费的系数为 5%，该工程的脚手架搭拆费为（ ）。

A. 75 元　　　　B. 100 元　　　C. 300 元　　　D. 350 元

二、判断题

1. 悬挂和嵌入式配电箱安装根据设计图纸区分不同的安装方式和箱体半周长（配电箱的宽+高），以"台"为计量单位。（ ）

2. 普通灯具区分规格、型号，按设计图示数量以"具"为计量单位。（ ）

3. 清单规范中照明开关区分名称、材质、规格及安装方式，按照设计图示数量以"套"为计量单位。（　　）

4. 定额中插座安装根据设计图纸区分不同的安装方式、额定电流、供电方式，按照设计图示数量以"套"为计量单位。（　　）

5. 配管、线槽安装需要扣除管路中间的接线箱（盒）、灯头盒、开关盒所占长度。（　　）

6. 管内穿线根据导线材质与截面面积，不区别照明线与动力线，按照设计图示安装数量以"10m"为计量单位。（　　）

7. 电气工程安装高度距离楼面或地面大于 5m 时，超过部分工程量按定额人工费乘以系数 1.1 计算。（　　）

8. 定额材料消耗量带"（　）"的为未计价材料，可根据市场或实际购买的除税价格确定材料单价，该项材料费用计入材料费。（　　）

9. 定额注有"××以外"或"××以上"者，均包括本身；"××以内"或"××以下"者，则不包括本身。（　　）

10. 电缆桥架安装根据桥架材质与规格，按照设计图示安装数量，以"m"为计量单位。（　　）

三、案例题

工程案例背景资料如下：

（1）某房间照明系统中一回路如图 5-7 所示，设备材料表如表 5-48 所示。

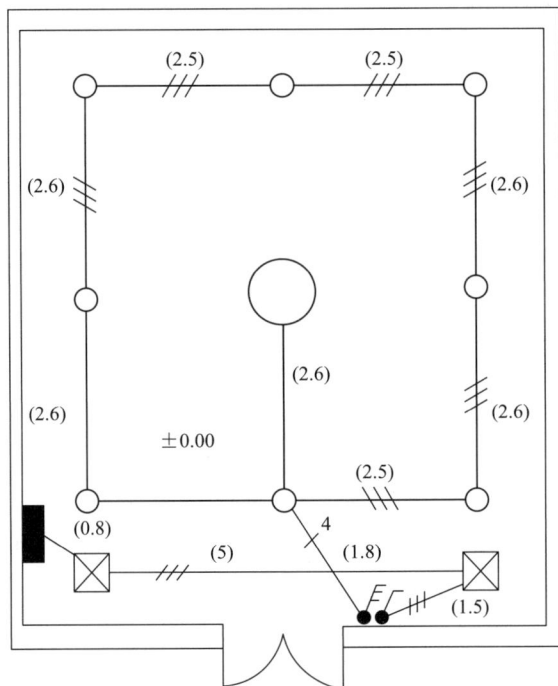

图 5-7　某房间照明平面图

设备材料表　　　　　　　　　　　　　　　　　　　　　表 5-48

序号	图例	名称、型号、规格	备注
1	（圆形）	装饰灯 XDCZ-50,8×100W	吸顶
2	（圆形）	装饰灯 FZS-164,1×100W	
3	（开关图例）	单联单控开关(暗装),10A 250V	安装高度为 1.4m
4	（开关图例）	三联单控开关(暗装),10A 250V	
5	（方形叉）	排风扇 300mm×300mm,1×60W	吸顶
6	（黑色矩形）	照明配电箱 AZM,300mm×200mm×120mm(宽×高×厚)	箱底标高为 1.6m

（2）照明配电箱 AZM 电源由本层总配电箱引来，配电箱为嵌入式安装。

（3）管路均为镀锌钢管 ϕ20 沿墙、顶板暗配，顶管敷设标高 4.5m，管内穿阻燃绝缘导线 ZRBV-1.5。

（4）开关控制装饰灯 FZS-164 为隔一控一。

（5）配管水平长度见图 5-7 中括号内数字，单位为"m"。

计算该照明工程各项目的相关费用见表 5-49。

照明工程各项目的相关费用　　　　　　　　　　　　表 5-49

序号	项目名称	计量单位	安装费(元)					主材	
			人工费	材料费	施工机具使用费	管理费	利润	单价(元)	消耗数量
1	镀锌钢管 ϕ20 沿砖、混凝土结构暗配	m	1.98	0.58	0.20	0.71	0.59	4.50	1.03
2	管内穿阻燃绝缘导线 ZRBV-1.5	m	0.30	0.18	0	0.11	0.09	1.20	1.16
3	接线盒安装	个	1.20	2.20	0	0.43	0.36	2.40	1.02
4	开关盒安装	个	1.20	2.20	0	0.43	0.36	2.40	1.02

根据以上工程案例背景资料，回答下列问题：

1. 依据上述相关费用数据计算镀锌钢管敷设项目的工程量清单综合单价，并填入"分部分项工程量清单综合单价计算表一"（表 5-50）中。在表下方列式计算配管的工程量。（注：计算结果均保留两位小数。）

分部分项工程量清单综合单价计算表一   表 5-50

工程名称：某房间照明安装工程   计量单位：＿＿＿＿＿＿＿

项目编码：   工程数量：＿＿＿＿＿＿＿

项目名称：电气配管 $\phi20$ 综合单价：＿＿＿＿＿＿＿

序号	工程内容	单位	数量	人工费（元）	材料费（元）	施工机具使用费(元)	管理费（元）	利润（元）	小计（元）
合计									

镀锌钢管 $\phi20$ 的工程量：

2. 依据上述相关费用数据计算管内穿线项目的工程量清单综合单价，并填入"分部分项工程量清单综合单价计算表二"（表 5-51）中。在表下方列式计算配线的工程量。（注：计算结果均保留两位小数。）

分部分项工程量清单综合单价计算表二　　　　　　　表 5-51

工程名称：某房间照明安装工程　　　　　　　　　　　计量单位：_____

项目编码：　　　　　　　　　　　　　　　　　　　工程数量：_____

项目名称：电气配线 ZRBV-1.5　　　　　　　　　　综合单价：_____

序号	工程内容	单位	数量	人工费（元）	材料费（元）	施工机具使用费(元)	管理费（元）	利润（元）	小计（元）
	合计								

电气配线管内穿线 ZRBV-1.5 的工程量：

参考文献

［1］湖北省建设工程标准定额管理总站. 湖北省通用安装工程消耗量定额及全费用基价表［M］. 武汉：长江出版社，2018.

［2］中华人民共和国住房和城乡建设部. 通用安装工程工程量计算规范：GB 50856—2013［S］. 北京：中国计划出版社，2013.

［3］湖北省建设工程标准定额管理总站. 湖北省建筑安装工程费用定额［M］. 武汉：长江出版社，2018.

［4］中华人民共和国住房和城乡建设部. 建筑给水排水及采暖工程施工质量验收规范：GB 50242—2002［S］. 北京：中国建筑工业出版社，2002.

［5］中华人民共和国住房和城乡建设部. 通风与空调工程施工质量验收规范：GB 50243—2016［S］. 北京：中国计划出版社，2017.

［6］中华人民共和国住房和城乡建设部. 建筑电气工程施工质量验收规范：GB 50303—2015［S］. 北京：中国建筑工业出版社，2016.